浙江省习近平新时代中国特色社会主义思想研究中心
课题（编号：23BWT12）成果

本研究得到浙江省哲学社会科学重点研究基地
"浙江大学中国开放型经济研究中心"资助

CULTIVATE NEW ADVANTAGES
IN TRADE COMPETITION

培育贸易竞争新优势

王　煌◎著

ZHEJIANG UNIVERSITY PRESS
浙江大学出版社
·杭州·

图书在版编目（CIP）数据

培育贸易竞争新优势 / 王煌著. — 杭州：浙江大学出版社，2023.11
　　ISBN 978-7-308-24038-3

　　Ⅰ. ①培… Ⅱ. ①王… Ⅲ. ①国际贸易－市场竞争－研究 Ⅳ. ①F740.2

　　中国国家版本馆 CIP 数据核字(2023)第 132866 号

培育贸易竞争新优势

PEIYU MAOYI JINGZHENG XIN YOUSHI

王　煌　著

策划编辑	吴伟伟
责任编辑	陈逸行
责任校对	郭琳琳
封面设计	雷建军
出版发行	浙江大学出版社
	（杭州市天目山路 148 号　邮政编码 310007）
	（网址：http://www.zjupress.com）
排　　版	杭州朝曦图文设计有限公司
印　　刷	浙江新华数码印务有限公司
开　　本	710mm×1000mm　1/16
印　　张	17.25
字　　数	273 千
版 印 次	2023 年 11 月第 1 版　2023 年 11 月第 1 次印刷
书　　号	ISBN 978-7-308-24038-3
定　　价	68.00 元

序

　　开放是当代中国的鲜明标识。改革开放以后，中国坚持对外开放的基本国策，打开国门搞建设，实现了从封闭半封闭到全方位开放的伟大历史转折。特别是进入新时代以来，中国积极践行自由贸易理念，全面履行"入世"承诺，大幅开放市场，实现更广互利共赢，不仅发展了自己，而且造福了世界，成为世界经济增长的主要稳定器和动力源。历史证明，以开放促改革、促发展，是我国现代化建设不断取得新成就的重要法宝。

　　对外贸易是开放型经济的重要组成部分。长期以来，在中国出口导向型外贸发展模式创造长期经济增长奇迹的同时，"低质量、低价格、低利润、低价值链地位"也成为出口市场难以去除的标签，出口企业呈现遭遇"低加成率陷阱"的阶段性特征。在过去开放型经济增长竞争政策的引导下，企业是否出口不仅取决于自身生产成本和市场竞争能力，还取决于是否能通过某种渠道获得廉价要素，并且将这种低成本优势转化为出口优势。回顾中国渐进式市场化进程可以发现，要素市场改革滞后于产品市场，不同程度上出现要素市场分割、要素流动障碍、要素价格刚性和要素价格低估等现象，同工不同酬现象普遍存在，这使得中国出口奇迹的创造大部分源于产品价格优势。但随着人口红利弱化、综合成本上升、资源环境约束加大等不利因素的增多，基于低成本、高投入的粗放型增长方式难以为继，出口企业面临出口越多收益越低的尴尬困境。那么，要素配置优化是否会影响企业出口绩效，企业能否继续以过往的要素基础观，采取低价格、低质量、低利润的出口模式融入国际分工体系进而掌握全球价值链话语权？如果不能，应该如何转型？转型的理论基础、基本逻辑和相应的激励机制与提升路径是什么？对这些问题的解答正是本书的研究目的。

基于这种逻辑,本书试图聚焦发挥"人口质量红利"优势作用的视角,以衡量企业竞争力的关键指标加成率为研究目标,将劳动力配置(价格、规模、质量)对出口企业加成率变动的影响纳入统一框架,全面系统地分析在"人口数量红利"逐步消失的背景下,中国出口企业"低加成率陷阱"的劳动经济学解释。研究结果表明,要素市场扭曲并非造成出口企业低加成率的唯一原因,要素低端大市场导致的集聚经济不充分、要素质量不匹配导致的结构性耦合锁定同样会使出口企业陷入"低加成率陷阱"。也就是说,随着"人口数量红利"的逐渐消失,劳动力低成本优势不再是推进外贸发展的永恒动力,加快要素跨国跨界流动伴随的要素激活、融合和优化过程,将在比较优势向竞争优势转化的过程中产生更强的效率增进效应和质量升级效应,最终引领中国出口贸易由"大进大出"转向"优进优出"。具体来说,提升我国出口竞争力,亟须使企业摆脱廉价要素的束缚,逐步实现出口方式和竞争策略的转型升级,为贸易强国建设不断培育新的要素优势、发展优势、制度优势。一是要改变以往过度依赖价格扭曲获得成本优势的要素推动格局,通过自主创新的动力转换机制促进出口竞争力提升;二是要扭转以往出口市场低成本低价竞争的规模拥堵格局,通过高质量劳动力的集聚经济机制促进出口竞争力提升;三是要破解以往人力资本与产业结构低质量匹配的技术锁定格局,通过劳动力培育的耦合协调机制促进出口竞争力提升。

党的二十大提出,高质量发展是全面建设社会主义现代化国家的首要任务。推动高质量发展,要求坚定不移深化改革开放、转变发展方式,以效率变革、动力变革促进质量变革,加快形成可持续的高质量发展体制机制,更好统筹质的有效提升和量的合理增长。构建以国内大循环为主体、国内国际双循环相互促进的新发展格局,是贯彻新发展理念、推动高质量发展的重大战略举措。加快构建新发展格局,必须充分发挥贸易对畅通国内国际双循环的关键枢纽作用,强化贸易在商品和要素流动上的载体功能,加快推动要素市场化改革和创新环境培育,促进市场相通、产业相融、创新相促、规则相联。要发挥大国大市场优势,破除阻碍要素自由流动的体制机制障碍,扩大要素市场化配置范围,健全要素市场体系,全面提高要素配置效率;深入挖掘制度激励创新、保护创新红利,真正让市场在创新资源配置中起决定性作用,推动科技创新、制度创新、业态和模式创新,为促进企业自主创新营造良好的政策与制度环境。

过去我国经济腾飞离不开贸易的带动作用。未来,贸易仍将是我国经济高质量发展的重要动力。尽管近些年世界经济复苏乏力,逆全球化思潮抬头,单边主义、保护主义、孤立主义明显上升,国际贸易和国际投资大幅萎缩,给人类生产生活带来前所未有的挑战和考验,但世界决不会退回到相互封闭、彼此分割的状态,开放合作仍然是历史潮流,互利共赢依然是人心所向。我们必须坚持党对经济工作的全面领导,树立全球视野,坚定战略自信,主动参与、推动引领经济全球化进程,拉紧与世界各国的利益纽带,实施更大范围、更宽领域、更深层次的对外开放,建设更高水平的开放型经济新体制,稳步扩大制度型开放。同时,充分依托我国超大规模市场优势,增强国内国际两个市场、两种资源的联动效应,提高贸易发展质量和效益,培育贸易竞争新优势,增强贸易发展新动能,加快从贸易大国迈向贸易强国,为推动经济全球化持续向前提供源源不断的正能量。

王 煌

2023 年 1 月

目　录

第一章 绪 论

劳动力市场一直是社会热门话题,也是政府和学界普遍关注的领域。党的十九大明确要求,破除妨碍劳动力和人才社会性流动的体制机制弊端,加快农业转移人口市民化,根本上就是要通过改革提高劳动力配置效率。2020年4月发布的《中共中央 国务院关于构建更加完善的要素市场化配置体制机制的意见》瞄准要素市场存在的突出矛盾和薄弱环节,对提高包括劳动力在内的要素质量和配置效率提出了明确的改革方向。党的二十大强调,要构建全国统一大市场,深化要素市场化改革,建设高标准市场体系,充分凸显了要素市场化改革对构建高水平社会主义市场经济体制、实现经济高质量发展的重要性和紧迫性。本章结合最新的政策导向和前沿的学术判断,提出本书的选题背景与研究意义,并基于中国出口企业低加成率现状,从劳动力配置视角提出破解出口企业低加成率陷阱的研究思路、研究框架与研究内容,简述主要研究方法、研究的重难点与可能的创新之处。

第一节 选题背景与研究意义

一、选题背景

党的十九大指出,经济体制改革必须以完善产权制度和要素市场化配置为重点,实现产权有效激励、要素自由流动、价格反应灵活、竞争公平有序、企业优胜劣汰。这赋予了新时代以供给侧结构性改革推动外贸转型新的内涵。

第一,传统比较优势式微倒逼要素供给质量和配置效率升级。随着"人口数量红利"的逐渐消失,劳动力低成本优势不再是推进外贸高质量发展的永恒动力,以加快要素跨国跨界流动伴随的要素激活、融合和优化过程将在比较优势向竞争优势转化的过程中产生更强的效率增进效应和质量升级效应,最终实现引领中国出口由"大进大出"转向"优进优出"。

第二,产业转型涵盖的技术结构升级对人力资本质量提出更高要求。建设现代化经济体系需要实现科技、人才、资本、数字和制度等要素的高效组合,尤其是在产业技术能力发展的不同阶段,人力资本与产业结构匹配中体现出的相对比较优势源于技术模仿应用和技术创新的周期性差异,推动人力资本投入和产业技术需求耦合协调是实现新旧动能转换和焕发内生增长动力的重要基础。

第三,推动形成新型国际竞争优势需要以创新发展作为有效支撑。在全球要素分工体系下,知识要素、信息网络、数字技术等非与生俱来的"获得性"要素成为参与国际竞争的关键因素,完善知识产权保护制度,发挥创新要素的集聚、溢出和关联效应,提升要素层级,有利于推动覆盖高级劳动力集聚、产品创新、管理升级和跨国公司行为等方面的要素结构和要素质量动态系统化建构。

然而,基于比较优势的传统贸易在提高中国出口规模和优化贸易结构的同时,使得"低质量、低价格、低利润、低分工地位"成为改革开放40余年中国外贸发展不可否认的现实。一方面,随着全球贸易保护主义的抬头,中国面临的贸易壁垒增多,贸易摩擦加剧,甚至一些领域也面临着较大的反倾销风险;另一方面,尽管资本密集型和技术密集型产品的出口价格和相关产业的国际分工地位有所提升,但总体上对国内增加值贡献较少,中国贸易收益核算存在"虚高"现象。"中国出口企业低加成率陷阱"是对我国贸易发展质量的客观描述,即中国出口奇迹的创造大部分源于产品价格优势,中国出口产品价格明显低于国外同类产品甚至国内销售的同类产品价格,但实际上未能达到参与国际竞争的"质量门槛"。其根本特殊性在于伴随着生产率的提高,出口产品加成率却在下滑。按照 Melitz(2003)的观点,出口企业由于生产率更高,可在克服出口固定成本后进入出口市场,出口企业加成率一般高于非出口企业。但不可否认的是,贸易盈利是体现贸易竞争力的重要方面,而加成率能有效衡量企业的盈利水平和市场势力。如果说全要素生产率表现的是要素配置比例和结构优化过程中的成本效率优势,属于微观要素层面的"点"竞争优势,产品质量表现的是从原材料采购质量、产品生产质量、技术升级质量和品牌服务质量等方面,以满足消费质量升级为重点的产品"线"竞争优势,那么可以说,加成率是衡量企业盈利能力的综合"面"指标,集合了要素"点"上的成本效率优势和产品"线"上的质量阶梯优势,能够较好地反映企业的定价能力和市场势力。加成率低不仅体现了产品在定价和成本上的生产"劣势",还表明产品质量难以符合消费者质量需求,无法在产品市场上形成差异化竞争条件,而最为本质的原因在于生产要素结构和配置效率不具备价值链分工优势。尽管不少学者从出口退税、加工贸易占比过高、产品质量阶段性选择等视角对这一有悖于主流理论的现象进行了解释,却对如何跨越"低加成率陷阱"并提高出口加成率缺乏系统的理论和实证探讨。

随着我国城市化和工业化的快速推进,大量农村人口向城市转移,劳动力集聚通过产品需求多样性和专业性导致市场规模扩大和企业数量增多,使生产同质产品的出口企业因出口空间饱和而竞相竞价,产生相互挤占或压缩对方出口空间的过度竞争行为(陈旭等,2016;叶宁华等,2014)。也就是说,要素集聚在产生正向外溢效应的同时也会因产品市场过度竞争和要素成本上升给出口企业带来负向拥堵影响,集聚对出口绩效的影响应该是集聚经济正向效应和出口拥堵负向效应的综合反映。尤其在中国各地区开放型经济增长竞争政策的引导下,企业是否出口不仅取决于自身的生产成本和市场竞争能力,还要看是否能通过某种渠道获得廉价生产要素,并且将这种低成本优势转化为出口优势(张杰、刘元春和郑文平,2013)。尽管这种模式在一段时期内推动了我国外贸迅速发展,但随着劳动力、资本、土地、环境等要素成本的不断上升,外资企业与本土企业的竞争力差距越来越大,出口企业面临"出口越多,收益越低"的尴尬困境,亟须扭转对廉价要素的过度依赖,逐步实现出口方式和竞争策略的转型升级。那么,在全球价值链分工背景下,劳动力配置(价格、规模、质量)是不是出口企业加成率的影响因素? 企业能否继续以过往的要素基础观,采取低价格、低质量、低利润的出口模式融入国际分工体系进而掌握全球价值链话语权?如果不能应该如何转型?转型的理论基础、基本逻辑和相应的激励机制与提升路径是什么?对这些问题的解答正是本书的研究目的。

二、研究意义

本书试图聚焦发挥"人口质量红利"作用的视角,以企业加成率为研究对象,将劳动力配置对出口企业加成率变动的影响纳入统一理论框架,通过规范分析和实证分析、静态分析和动态分析、定性分析和定量分析相结合,全面而系统地分析在"人口数量红利"逐步消失的背景下中国出口企业低加成率陷阱的劳动经济学解释,揭示出基于劳动力价格扭曲的动力转换机制、劳动力规模拥堵的集聚经济机制、劳动力质量匹配的耦合协调机制与出口企业加成率之间的影响效应,并提出相应的提升企业加成率的路径。本书的研究意义在于以下两个方面。

(一)理论意义

以出口企业加成率衡量出口竞争力既能体现企业在产品定价和生产成本上的质量优势和竞争优势,也能反映出口企业在全球价值链上的市场势力。基于对 M-O 异质性企业贸易模型的拓展,遵循"典型事实—理论建构—经验揭示—提升路径—政策启示"的延展性思维逻辑,构建起涵盖劳动力价格、劳动力规模和劳动力质量的劳动力配置影响出口企业加成率变动的统一理论框架。一是借鉴 Manova 和 Zhang(2012)、Hsieh 和 Klenow(2009)的方法引入企业产品质量和劳动力价格扭曲,构建劳动力价格扭曲影响出口企业加成率的理论模型,拓展分析动态条件下劳动力价格扭曲效应矫正机制的有效性和异质性,揭示出企业摆脱对廉价要素的依赖转向自主创新,通过动力转换机制提升出口绩效的可能战略取向。二是从"集聚经济效应"和"出口拥堵效应"两个渠道讨论开放条件下城市劳动力规模对出口企业加成率的影响机理,从需求端分析在"人口数量红利"逐渐消失的情况下,如何让出口企业采取可持续的"竞争逃避"方法,在集聚经济中释放本国大市场的"人口质量红利"。三是借鉴 Aghion 等(2018)的方法将创新纳入传统的 M-O 框架,分析劳动力质量对出口企业加成率变动的影响效应和中间机制。从人力资本激励效应与工资成本效应两个渠道讨论人力资本与产业结构匹配程度对出口企业加成率的影响机制,从创新激励效应与创新成本效应两个渠道讨论人力资本与产业结构匹配质量对出口企业加成率的影响机制。四是提出基于劳动力配置价格、规模与质量提升出口企业加成率的动力转换路径、集聚经济路径和耦合协调路径。

(二)政策意义

建设现代化经济体系是我国积极应对社会主要矛盾转化的客观要求,也是适应经济由高速增长转向新常态高质量发展的必然要求。但出口企业存在低加成率陷阱的现象表明,我国对外开放的发展导向迫切需要从规模扩张转向质量提升。本书以工业企业为研究对象,分析了劳动力价格、劳动力规模、劳动力质量等配置变量对出口企业加成率的影响效应、作用机理、调节机制及其路径选择。研究发现,以推动要素市场化改革和创新制度环境培育促进外贸转型升级至关重要,并提出"三个迫切需要"和"三个提升"。具体表现为:迫切需要改变过度依赖价格扭曲获得成本优势的要素推动格局,通过自主创新的动力转换机制促进出口竞争力提升;迫切需要扭转出口市场低成本低价竞争的规模拥堵格局,通过高质量劳动力的集聚经济机制促进出口竞争力提升;迫切需要破解人力资本与产业结构低质量匹配的技术锁定格局,通过劳动力培育的耦合协调机制促进出口竞争力提升。

第二节 研究思路、框架与内容

一、研究思路

基于中国企业低价出口的客观事实,首先分析中国劳动力配置与出口绩效两个维度的典型化事实,围绕劳动力市场价格扭曲、劳动力规模拥堵分布、劳动力质量结构锁定和出口绩效效率失衡等现象进行指标刻画,并从时间趋势、空间分布、演进特征、异质性规律等方面进行系统的分析。在此基础上,从劳动力配置视角构建一个从价格、规模到质量影响出口企业加成率的理论框架,试图将劳动力配置价格、规模、质量三方面不同视角贯穿全书,构建出可清晰刻画出口企业加成率动态演进的内生机制与转型路径,分别讨论基于价格扭曲的动力转换机制、规模拥堵的集聚经济机制和人力资本培育的耦合协调机制在相应逻辑体系下的影响效应和中间作用机制。

在动力转换机制方面,研究发现,劳动力价格扭曲是影响中国出口企业加成率的重要因素,短期内劳动力价格负向扭曲会通过"成本节约效应"和"质量扭曲效应"影响出口企业加成率,"成本节约效应"远大于"质量扭曲效应"是劳动力价格扭曲产生正向加成率效应的根本原因。但从动态效应来看,劳动力价格扭曲并不能持久提高出口企业加成率,"工艺创新"和"垂直创新"是矫正劳动力价格扭曲效应的有效机制,企业能否获得长期出口竞争力取决于工艺创新水平和产品质量层级。也就是说,价格扭曲并非提升出口质量的长效机制,由扭曲依赖导致的创新动力不足会使企业陷入"低加成率陷阱"。

剥离制度内生扭曲的价格因子,进一步考虑不存在制度性价格扭曲时,中国劳动力规模分布和劳动力质量结构同样是造成出口企业低加成率的原因。劳动力既是生产者也是消费者,一方面,作为企业生产的基本要素,劳动力价格的高低直接影响企业生产成本;另一方面,劳动力扩大了企业面临的消费市场和竞争市场,将直接影响企业的生产决策和产能评估。其一,在需求端劳动力规模方面,从城市劳动力集聚视角分析企业低价出口的可能原因:由于"集聚经济效应"发挥不充分,"出口拥堵效应"大于"集聚经济效应"会导致劳动力集聚产生负向加成率效应,进一步认为,提升出口企业加成率应该发挥本国大市场的"人口质量红利"。其二,在供给端劳动力质量方面,当"人力资本—产业结构"匹配程度较低(较高)时,人力资本激励效应大于(小于)工资成本提升效应,出口企业加成率随着匹配程度的提升而上升(下降)。当

"人力资本—产业结构"匹配程度较低(较高)时,创新激励效应小于(大于)创新成本提升效应,出口企业加成率随着匹配程度的提升而下降(上升)。

根据理论分析和实证结果提出政策含义,并在分析现有不足的基础上指出可以进一步研究的方向,以期为促进我国外贸从"大进大出"转向"优进优出",我国实现从贸易大国向贸易强国转变的历史性跨越提供可能的理论和经验借鉴。

二、研究框架

根据以上研究思路,本书按照"典型事实—理论建构—经验揭示—提升路径—政策启示"的逻辑脉络进行研究。基于中国出口企业低加成率陷阱的现实情境,首先隔离企业面临的其他激励环境,从制度因素劳动力市场扭曲视角分析改革开放 40 余年出口规模大幅度增长的要素成因。虽然劳动力价格扭曲短期内会助推出口企业市场势力提升,但过度依赖廉价要素下的低价低质量生产决策并不是提升出口企业加成率的长效机制,中国可能到了推动要素市场化进程以促进外贸转型升级的关键时期。其次在隔离劳动力价格扭曲外部环境时,本国要素低端大市场背景下的劳动力规模市场拥堵也可能对出口企业加成率产生负向影响。基于这样的假设,继而从城市劳动力集聚的视角构建了解释出口企业"低加成率陷阱"的异质性贸易模型,并使用"集聚经济效应"和"出口拥堵效应"两个渠道分析出口企业加成率的演进动态。另外,对行业加成率进行分解后,特别关注劳动力集聚对行业加成率影响的资源再配置效应是否存在,从而进一步验证由劳动力规模导致的市场结构变化。然而,对中国出口市场拥堵的刻画却反映出出口企业存在低端竞争锁定和要素质量不足的现实难题。因此,一个自然并且必要的拓展进一步展开:建立刻画城市层面劳动力质量结构的指标,以人力资本产业技术需求为切入点探讨出口企业竞争力提升面临的要素质量不足问题。在一系列理论与实证分析后,结合从需求端揭示的"人口质量红利"发挥不充分导致的出口规模拥堵效应、从供给端揭示的劳动力市场错配导致的价格扭曲效应和人力资本与产业结构错配导致的低质量耦合锁定效应等现实命题,在动力转化机制、集聚经济机制和耦合协调机制三个方面提出针对性的政策建议。

三、研究内容

根据上述研究思路和技术路线,本书主要研究内容如下。

第一章是绪论。主要介绍中国出口企业加成率的理论基础与中国现实,并结合中国劳动力成本不断上升的时代背景,探讨在基于"人口质量红利"视角的全球要素分工体系下,中国外贸从成本比较优势到创新竞争优势转型的可能机制和战略选择,从而提出研究意义、研究思路与框架、研究方法、研究重难点,以及可能的创新之处。

第二章是要素市场配置与企业出口的理论与实证。主要梳理与主题密切相关的四类文献:一是中国出口企业低加成率陷阱的理论溯源与中国悖论,包括加成率的测度方法和影响因素、开放条件下企业加成率与进出口互动机制和中国企业低价出口之谜的现有经济学解释等相关研究;二是要素扭曲、结构优化与出口互动机制研究,包括要素市场扭曲与企业出口互动机制和创新、效率增进与企业出口选择等方面的理论与实证分析;三是要素集聚、生产率与企业出口决策的相关理论,包括劳动力集聚与生产率提升、市场拥堵与企业出口行为等领域的研究;四是要素投入、技术进步与出口竞争力相关研究,主要涉及人力资本高级化与产业转型的动态演进和人力资本、创新与出口绩效等领域的相关文献。

第三章是中国劳动力配置与出口绩效的典型化事实。分析了中国劳动力配置与出口绩效失衡两个维度的典型化事实,对劳动力价格市场扭曲、劳动力规模分布拥堵、劳动力质量结构锁定和出口绩效效率失衡等方面进行指标刻画,从时间趋势、空间分布、演进特征、异质性规律等方面进行了系统的分析,从而基于廉价要素推动外贸增长的效率扭曲根源、出口市场低水平竞争的要素禀赋基础、人力资本—产业结构匹配的低质量耦合锁定、出口企业低加成率陷阱等视角揭示出研究的切入点和侧重点。

第四章是劳动力配置与出口企业加成率变动:理论框架。基于劳动力配置视角,构建了一个从价格、规模到质量影响出口企业加成率的统一框架。

以 Melitz 和 Ottaviano（2008）的理论模型为基础，借鉴 Manova 和 Zhang（2012）、Hsieh 和 Klenow（2009）的方法将企业产品质量和劳动力价格扭曲引入模型，同时引入刻画要素市场规模的城市劳动力集聚指标，并借鉴 Aghion 等（2018）的方法纳入创新，从而构建出以价格扭曲衡量的劳动力配置效率、以城市集聚衡量的劳动力市场规模和以人力资本—产业结构匹配程度与匹配质量衡量的劳动力质量结构影响出口企业加成率的理论框架以及中间作用机制。

第五章从价格扭曲视角，研究劳动力价格扭曲对出口企业加成率的影响效应及作用机制。拓展分析了动态条件下劳动力价格扭曲效应的矫正机制，以及市场化水平和行业技术差距等因素影响矫正机制的异质性。采用养老保险企业缴费制度改革的准自然实验（PSM-DID）、替换关键变量法、考虑进入世界贸易组织（WTO）和汇率改革的政策变动、纳入价格和边际成本的影响渠道再检验、纳入企业进入与退出行为的行业资源再配置效应检验、面板分位数回归等方法检验本章结论的稳健性。

第六章从集聚规模视角，研究中国出口企业低加成率之谜的人口学解释。发现城市劳动力集聚形成了低端涌入、竞争强化、市场分散、创新不足、退出失灵的出口市场拥堵现象，并通过中介效应模型对劳动力集聚产生加成率效应的中间影响渠道进行分析。按照 Griliches 和 Regev（1995）对生产率的分解思路，将行业加成率分解为企业内效应、企业间效应、进入效应和退出效应，以此分析劳动力集聚产生的城市—行业资源再配置效应是否存在。采用"撤县设区"准自然实验、面板分位数回归、替代变量回归等方法检验本章基本结论的稳健性。

第七章从质量匹配视角，研究劳动力质量匹配对出口企业加成率的影响效应和中间渠道。利用中国城市统计数据和微观企业数据对劳动力质量匹配与出口企业加成率的经验关系和中间渠道进行研究。进一步将劳动力质量匹配与行业技能密集度、行业技术水平、行业显性比较优势、企业自主升级行为相结合，试图寻找企业破解"人力资本—产业结构"匹配低质量耦合锁定的方法和路径。采用建立国家级经济技术开发区的准自然实验、替换变量法、引入单产品企业价格和渠道的机制再检验、使用工业企业新数据等方法检验了基本结论的稳健性。

第八章是本书的结论与启示。对全书进行系统总结,从动力转换机制、集聚经济机制、耦合协调机制等劳动力配置视角提出促进出口企业竞争力提升的理论逻辑和路径选择,并指出研究的局限及可能的进一步拓展方向。

第三节　研究方法

一、规范分析与实证分析相结合

基于拓展的 M-O 模型,探讨了开放条件下中国出口企业低加成率之谜的人口学解释及其影响机理,系统分析了劳动力价格扭曲、劳动力规模拥堵和劳动力质量匹配对出口企业加成率变动的影响效应和作用机制,通过构建局部均衡模型提炼出相应的理论假设。结合严密的数理推导和演练,为实证研究提供了较强的理论支撑。在实证分析部分,利用中国工业企业数据库、海关数据库、产品产量数据库、专利数据库、《中国城市统计年鉴》《中国统计年鉴》等宏微观数据库和年鉴的数据进行命题的基准回归和异质性子样本检验等实证研究,寻找出研究对象之间的基本关系和可能存在的异质性关系,精细挖掘影响效应中的深层内涵和客观规律,从而对理论命题进行较为理想的佐证和诠释。通过规范分析与实证分析相结合,有效提高研究命题的科学性、客观性和准确性。

二、定性分析与定量分析相结合

本书一个比较突出的特点是定性分析与定量分析相结合。一方面,在理论推导过程中,适当引入相关文献进行逻辑切入和假设说明。尤其在阐述要素价格扭曲以低成本依赖形成的比较优势不能持续时,引用了较多理论和实证文献进行解释说明,并对工艺创新和产品质量垂直创新可能存在的矫正效应有效性进行了定性分析。另一方面,在实证分析中,通过 DLW 法对企业加成率进行测算,引入物理学中的耦合协调度概念对劳动力质量匹配指标进行度量,通过固定效应模型、差分广义矩估计(GMM)模型、系统 GMM 模型、倾向评分匹配(PSM)法、倍差法(DID)等模型和方法进行实证研究,并多次用到准自然实验(quasi natural experiment)进行内生性处理。在实证结果分析中,在叙述客观回归结果的同时,也引用一些文献进行观点补充或解释说明。

三、静态分析与动态分析相结合

本书试图从静态错配与动态转型双重视角分析中国出口企业竞争力的提升机制。一方面,从城市劳动力集聚经济的生产率效应和出口拥堵的竞争效应对出口企业加成率的影响进行静态分析,发现集聚经济效应和出口拥堵效应的权衡是影响出口企业加成率的重要因素。另一方面,基于劳动力配置的"人口质量红利"要素定位,着眼转型动力弱化、低端竞争锁定和要素质量不足等制约出口绩效提升的关键因素,从动力转换机制、集聚经济机制、耦合协调机制对出口企业加成率的动态提升路径进行理论与实证研究,结果表明,出口企业提高劳动力质量结构,实现从廉价要素的低成本依赖到创新效率提升和创新质量匹配的高质量发展转型,是实现出口竞争力提升的关键抓手和可靠路径。本书在这种纵向逻辑和思路延伸中,实现了静态分析与动态分析相结合。

第四节 研究的重难点与可能的创新之处

一、研究重点和难点

(一)理论研究层面

本书研究的重点和难点主要集中在如何将劳动力价格扭曲、劳动力集聚规模和劳动力质量匹配引入 M-O 模型中,构建出基于同一基准模型下影响出口企业加成率提升的动力转换机制、集聚经济机制和耦合协调机制,并观察这三种关于提升出口企业加成率的转型工具在劳动力成本不断上升背景下的动态演进效应。因此,保持本书系列研究的理论框架一致性具有较大的难度。

(二)实证研究层面

一方面,从数据本身来看,尽管出口企业加成率、劳动力价格扭曲、劳动力集聚规模等指标目前有明确的测算方法,但劳动力质量匹配的测度目前尚无直接可行的借鉴。另一方面,主要自变量与因变量之间可能存在较强的内生性问题,如何较好地处理内生性问题是本书的一个重要难点,实证方法的确定、工具变量的选取以及准自然实验的冲击挖掘都是技术性较强的工作。

二、可能的创新之处

本书的可能创新之处在以下四个方面。

第一,跳出传统以廉价要素依赖为特点的外贸增长模式,以工艺创新和垂直创新为动能,构建起劳动力价格扭曲视阈中提升出口加成率的矫正框架,提供"人口数量红利"逐渐消失背景下以动力转换为核心的出口竞争力动态转型机制。借鉴 Manova 和 Zhang(2012)、Hsieh 和 Klenow(2009)的方法,首次从企业盈利水平这一新颖而独特的视角构建劳动力价格扭曲影响出口企业加成率的理论框架,认为劳动力价格扭曲既通过强化 R&D 劳动力投入而产生"成本节约效应",也会促进市场竞争强化使得"低成本、低价格、低质量"成为企业利润最大化的内生选择,从而对加成率产生负向"质量扭曲效应"。但过度依赖廉价要素下的低价、低质量生产决策并不是提升外贸竞争力的长效机制,以工艺创新和产品质量升级为内涵的自主创新能矫正扭曲效应并提升企业出口绩效。在此基础上,纳入存在行业技术差距和地区市场化差异的调节环境,对扭曲矫正效应可能存在的异质性规律进行解释说明,提出中国目前可能到了推动要素市场化进程以促进外贸转型升级的关键时期。在研究方法上,利用辽阳市、鞍山市养老保险企业缴费比例下调这一场景进行准自然实验,克服了可能存在的内生性问题。

　　第二,跳出传统直接从价格或成本视角讨论出口企业低加成率陷阱的逻辑体系,纳入知识外溢和市场竞争二重机制,以市场规模需求端为切入点,提供了除隔离市场扭曲制度环境外,由本国低端要素大市场导致的规模拥堵对企业低价出口的新解释。在 M-O 模型基础上,将可变加成率内生化,构建了一个封闭经济和开放经济条件下从劳动力规模视角分析出口企业加成率动态变化的理论框架,直观地表现劳动力集聚对出口企业加成率的影响效应和作用渠道。以往有关集聚对企业绩效的研究缺乏对中间机制的解释,本书对出口企业加成率的影响机制进行分解,提供了劳动力集聚通过"集聚经济效应"和"出口拥堵效应"两个渠道影响出口企业加成率的模型推导和经验证据,当"出口拥堵效应"大于"集聚经济效应"时会产生负向加成率效应。同时将分析视角从微观企业层面过渡到城市—行业层面,论证了劳动力集聚资源再配置效应的内涵折射,即出口市场"低水平竞争锁定"是出口市场拥堵的现象本质,发挥本国大市场"人口质量红利"是跨越出口市场低水平竞争锁定的可能战略取向。本书通过"撤县设区"准自然实验进行了内生性处理,所得结论对优化城市空间布局和提升外贸竞争力具有重要启示。

　　第三,跳出传统孤立看待人力资本与产业结构横向增长效应的战略定式,通过对城市"人力资本—产业结构"低质量耦合锁定的结构研判,从供给端提供了开放条件下以劳动力质量匹配为内核的出口竞争力动态提升机制。在 M-O 模型基础上,纳入熊彼特创新机制构建了一个从城市劳动力质量匹配视角分析出口企业加成率动态变化的理论框架。率先测算城市层面"人力资本—产业结构"系统耦合度和协调度,全面刻画我国城市劳动力投入与产业结构间的匹配程度和匹配质量,研究发现工资效应和创新效应是劳动力质量匹配作用于出口企业加成率的重要因素。结合行业、企业层面调节机制,对破解劳动力匹配低质量耦合锁定进行动态分析。探讨通过劳动力质量匹配与行业技能密集度相协调、与行业技术水平相嵌套、与比较优势动态升级相结合、与企业自主升级行为区间互补实现出口企业加成率提升的客观必要性。结合太原、南宁、拉萨、银川等 4 座城市建立国家级经济技术开发区的准自然实验,以及纳入价格与成本的机制再检验、使用工业企业新数据等方法,验证了结论的科学性和一致性。

第四，尝试以劳动力配置与出口企业加成率为逻辑起点，为我国外贸竞争力从以低成本依赖的比较优势向以高质量发展为内核的竞争优势转型构建一个覆盖"典型事实—理论建构—经验揭示—提升路径—政策启示"的中微观多层式理论框架。目前关于加成率的文献多数停留在微观层面，缺乏从中观层面切入的考量。本书充分关注出口市场过度竞争而形成的低端涌入、竞争强化、市场分散、创新不足、退出失灵的出口拥堵现象，探讨发挥高质量劳动力集聚经济优势推动出口质量提升的战略可能。针对出口企业存在的转型动力弱化、低端竞争锁定和要素质量不足等现实难题，聚焦高质量要素投入和创新转型两个重点，以需求端和供给端相结合，中观视角和微观视角相配合，从劳动力配置的"价格—规模—质量"三个维度为出口企业加成率变动构筑起完备的理论基础和经验证据，进而提炼出要素跨国跨界流动条件下出口企业从"低加成率陷阱"转向"优势优价"的逻辑依据和路径安排。

第二章　要素市场配置与企业出口的理论与实证

本章围绕要素市场配置和中国出口企业绩效两条主线，从企业加成率、要素价格扭曲、要素集聚规模、要素投入质量四个角度进行文献回顾。主要包括：一是出口企业低加成率陷阱的理论溯源与中国悖论；二是要素扭曲、结构优化与出口互动机制研究；三是要素集聚、生产率与企业出口决策研究；四是要素质量、技术进步与出口竞争力研究。通过对前沿文献的梳理，归纳总结现有文献的不足和需要拓展的领域。

第一节　中国出口企业低加成率陷阱：
理论溯源与中国悖论

加成率通常采用产品或服务的价格与边际成本的比值或差值衡量企业生产经营的市场势力和盈利能力，反映的是经济主体参与国际市场竞争和融入国际分工体系的福利所得。研究和解释中国出口企业加成率的影响因素和作用机理，有必要在要素跨国自由流动和全球价值链分工视角下梳理分析现有关于加成率的理论与实证文献。本节立足中国企业普遍存在的"低价出口"现状，梳理加成率的测度方法与影响因素、开放条件下企业加成率与进出口互动机制、中国企业低价出口之谜的现有经济学解释等方面的文献，以期对加成率的研究基础进行较为全面的把握。

一、加成率的测度方法与影响因素

加成率的测度是产业组织理论中的重要内容，但由于边际成本数据缺乏并难以度量,加成率早期实证研究进展缓慢。根据现有相关文献,主要有宏观层面、行业层面、企业层面和企业—产品层面四个维度的测度方法。在宏观层面,能够追溯到的较早的文献为 Obstfeld 和 Rogoff(1995)关于汇率波动对宏观加成率的影响研究,该文章采用的是不变替代弹性效用函数,意味着加成率在行业内外生不变。随着计量方法的优化改进,Smets 和 Wouter (2004)、Fujiwara 等(2011)、Dew-Becker 和 Bond(2014)等逐步采用修正后的动态随机一般均衡模型,从宏观经济、技术创新、贸易开放等视角研究了加成率的动态演进和作用机制。在行业层面,Hall(1988)基于要素市场完全竞争、生产规模报酬不变等假设,开创性地推导出不完全竞争市场下的行业加成率测度方法:

$$\mathrm{dln}(Y_{it}/K_{it}) = \mu_{it}s_{it}^1\mathrm{dln}(L_{it}/K_{it}) + \mathrm{dln}A_{it} \tag{2-1}$$

其中,Y_{it}、K_{it}、L_{it}、A_{it} 分别表示行业内代表性企业 i 在 t 时期的产出、资本投入、劳动力投入和全要素生产率,μ_{it} 为企业加成率,s_{it}^1 为企业 i 在 t 时期劳动力要素投入占销售收入的比重。只要代入相应行业层面的要素投入与产出数据,即可算出加成率。比较遗憾的是,Hall(1988)测度时的较强假设条件限制了该方法的深入应用。Klette(1999)在 Hall(1988)的基础上,放宽了生产规模报酬不变假设,通过同时估计加成率和规模报酬,推动了行业加成率测度方法的新发展。但 Klette(1999)的方法存在内生性问题,工具变量的有效性限制了该方法的广泛应用。Roeger(1995)主要着手解决 Hall(1988)模型中产出增长和要素投入增长的同时性偏差问题,并避免了不可消除的生产率冲击对要素投入的影响,从而在内生性处理上较为科学。但无论如何,这三类测度方法均只能估算行业加成率,不能满足微观异质性企业理论研究需要,直到 De Loecker 和 Warzynski(2012)提出企业加成率的测算框架(简称 DLM 模型)。该方法不需要对企业所在市场结构和需求特性作出任何附加假设,而是通过建立成本最小化函数确定企业的最优投入和一种可变要素产出弹性,得到企业加成率表达式为:

$$\mu_{it} = \theta_{it}^v(\alpha_{it}^v)^{-1} \tag{2-2}$$

其中,θ_{it}^v 为可变投入要素 v 的产出弹性,α_{it}^v 为可变投入要素 v 的总支出占销售收入比重,其中产出弹性一般使用中间品投入进行测算,并使用动态面板模型或半参数估计方法解决生产函数估计过程中的内生性问题。然而,这种方法只适合估算单产品企业加成率,无法捕捉到多产品企业加成率在不同产品上的异质性。为了解决多产品企业加成率测度问题,De Loecker 等(2016)对 DLW 模型做进一步拓展,运用企业产品数据测算出印度工业企业加成率水平。但由于此方法对数据要求比较高,需要汇报同一企业不同产品间的要素投入比例,因此应用该方法计算产品加成率的研究目前尚少,只有Lamorgese 等(2015)、Hottman 和 Monarch(2017)、祝树金等(2018)使用同比例要素投入原则进行了测算。但随着微观企业数据的完善和发展,采用 De Loecker 等(2016)的方法测算产品加成率的研究将会愈来愈多。

加成率测算体系的不断完善为微观企业绩效相关的理论与实证研究奠定了方法基础,尤其当垄断竞争市场结构与国际贸易理论相结合之后,加成率的研究一般分化为两个不同阵营:其一,假定加成率是外生不变的;其二,假定加成率是内生改变的。前者主要基于不变替代弹性和垄断竞争市场结构,比如 Krugman(1986)的垄断竞争模型、完全竞争下的李嘉图模型和拓展的 Melitz(2003)企业异质性模型,都假定加成率外生给定不变。但随着全球化和贸易自由化、一体化发展的深化,加成率随市场结构和消费者需求特性变化而显示出动态演进特征,越来越多的研究放宽了加成率严格外生的假设,使得加成率的影响因素成为异质性企业绩效研究的热点领域。

在宏观因素方面,盛丹和刘竹青(2017)、刘竹青和盛丹(2017)考虑了汇率对企业成本加成的影响,认为汇率变动可通过成本渠道和价格渠道作用于企业加成率,影响效应的大小随企业规模、所有制类型和行业技术水平等的不同而呈现出显著差异。总体上人民币实际有效汇率升值降低了企业成本加成率,提高了资源配置效率。在贸易自由化方面,Noria(2013)、De Loecker等(2016)、毛其淋(2017)等研究了开放条件下贸易自由化对企业加成率的影响,认为最终品贸易自由化会通过竞争效应降低企业加成率,而中间品贸易自由化显著提高企业成本定价能力,并且产品质量和生产效率是贸易自由化影响企业加成率的重要渠道。在要素流动方面,Halpern 等(2015)、毛其淋和许家云(2016)等研究认为跨国公司进入会通过水平溢出和产业关联等渠道影响企业生产率和加成率,在制度越完善的地区,跨国公司对本土市场的效率增进效应越大。诸竹君等(2016)基于中国工业企业—对外直接投资匹配数据进行实证研究,发现对外直接投资对中国企业存在显著的滞后正向加成率效应。在企业创新方面,刘啟仁和黄建忠(2016)研究了产品创新对企业加成率的影响,认为一方面产品创新会通过降低产品需求弹性而获得市场份额效应,另一方面由产品创新带来的生产率提升能够促进企业边际生产成本下降而产生成本效应。而诸竹君、黄先海和王煌(2017)认为,产品创新提高企业加成率的主要渠道是产品质量升级,也从工艺创新和产品质量升级两个渠道对劳动力成本上升背景下提高企业加成率提供了新的分析视角。在制度方面研究企业加成率的文献稍少,李俊青等(2017)从金融契约执行效率影响企业进入和市场竞争的视角进行了实证分析,认为金融契约执行效率越高的企业成本加成率越低,并且对融资依赖性较强的企业成本加成率下降得更快。主要原因在于,金融契约执行效率越高的行业企业进入概率越高,从而使得市场集中度和企业盈利水平下降。

二、开放条件下企业加成率与进出口互动机制

这部分文献主要集中探讨企业加成率动态变化与进出口行为的互动机制。自 Melitz 和 Ottaviano(2008)构建起异质性企业垄断竞争模型后,研究生产率与进出口行为对企业加成率的影响逐步成为新新贸易理论的热点话题。Cosar 等(2016)通过构建一般均衡贸易模型,认为出口厂商加成率更高的原因在于要素市场的摩擦使得其无法根据实际情况对生产能力进行自由调整。Kugler 和 Verhoogen(2012)首次将生产要素和产品质量选择内生化,从理论上证明了出口企业通过生产高质量产品获得更高加成率。但由于企业加成率测算方法滞后,有关加成率的实证研究直到 De Loecker 和 Warzynski(2012)提出生产法测度加成率后才逐步兴起,他们通过使用微观数据研究发现,出口行为会使企业加成率提高 4% ~ 5%。Bellone 等(2016)运用微观数据对 M-O 模型进行检验,发现企业出口行为显著提高了成本加成

率,产品质量提高会导致企业在出口市场的竞争效应弱于价格效应,并从运输成本和出口固定成本等方面对这一结论进行了解释。Antoniades(2015)将产品质量纳入 M-O 模型中,得出了与 Bellone 等(2016)同样的结论:出口企业因产品质量较高而获得较高的加成率,并且出口市场竞争不仅提高了出口生产率的门槛值,也扩大了产品质量差异。但是高运胜等(2017)基于中国 28个细分行业的产品质量与加成率的实证分析呈现些许不同的结果。他们认为,出口加成率并没有随产品质量的提高而提高,对于劳动密集型行业来说,出口产品质量升级会提高加成率,而资本和技术密集型行业无论产品质量高低仍处于阶段性加成率陷阱。也有研究从出口模式视角对企业加成率进行了异质性探讨,如诸竹君等(2019)首次将不同出口学习效应引入 M-O 模型,结果表明:静态条件下直接出口企业加成率比间接出口企业更高,但动态条件下间接出口企业绩效将下降,进一步从"出口中学"效应和需求冲击适应效应渠道进行了中介检验。

从进口视角研究生产率和加成率的文献也有不少,集中体现为研究进口中间品对企业效率增进的影响。较早的微观文献当数 Kasahara 和 Rodrigue (2008),研究结果显示,进口中间品投入能够显著提高企业全要素生产率水平。Halpern 等(2015)主要从贸易自由化视角分析进口中间品投入对企业效率的增长效应,发现进口中间品是企业生产率约 1/3 的增长来源,主要通过质量机制和种类互补机制提高企业生产率。陈勇兵等(2012)认为,进口企业在反映企业经营的各项指标上均优于非进口企业,企业从非进口状态向进口状态转型能促进生产率提高 7.49%。唐东波(2014)从全球化视角分析了垂直专业化分工对企业劳动生产率的影响,认为外购中间品边际收益大于国内中间品,全球纵向分工体系的建立能有效提高企业生产率。从对企业加成率的影响效应来看,Bugamelli 等(2010)、Altomonte 等(2013)研究发现,来自中国的进口对意大利企业加成率存在显著的短期负向影响,但长期会提高企业产品质量和加成率。罗长远等(2015)运用泰国微观数据,讨论了来自中国的中间品进口对泰国企业加成率的影响,研究发现来自中国的进口削弱了泰国企业加成率,其中负面效应主要来源于中国的最终品进口。黄羽(2017)通过对

Hall(1988)和 Domowitz 等(1988)的模型进行拓展,发现进口竞争显著降低了国内企业加成率,进口竞争每增加 10% 会导致加成率下降 3.42 个百分点,但对出口强度较大和赋税更强的企业的加成率下降具有一定的缓解作用。诸竹君等(2018b)基于扩展的 Kee 和 Tang(2016)理论框架,发现进口中间品质量提高通过创新促进了企业加成率提升,而降低了国外/国内相对价格。耿伟和李占霞(2018)则认为进口技术复杂度可通过技术外溢和竞争效应影响企业加成率,但这一促进作用对东部地区的企业、技术密集型行业中的企业、国有企业和非出口企业影响更大。

三、中国企业低价出口之谜的现有经济学解释

Melitz 和 Ottaviano(2008)异质性垄断竞争模型表明,企业生产率越高,越有可能克服出口固定成本进入国际市场,并获得比非出口企业更高的加成率。也就是说,新新贸易理论对中国出口企业加成率显著低于非出口企业的现实解释力不足,即学界普遍认为存在"低加成率陷阱"。中国出口产品不仅比国外同类产品的价格更低,甚至低于国内同类产品价格。在生产成本基本相同的条件下,产品定价差异反映了企业在不同市场的价格加成存在明显差别,使得我国出口产品的加成率低于国内销售产品的加成率。对于产生这一特殊现象的原因,目前主要存在以下四种观点。

第一,出口退税、补贴政策及出口市场过度竞争会导致中国出口企业加成率过低,并从市场竞争、资源配置等方面进行解释。盛丹和王永进(2012)较早关注了中国企业低价出口现象——出口产品价格远低于国内价格,并对这一现象背后的原因进行了解释。他们认为,中国出口企业价格过低在不同异质性子样本企业中均显著存在,中国长期存在的出口退税、补贴政策及出口竞争是企业低加成率现象产生的重要原因。钱学锋等(2015)进一步将出口退税纳入 M-O 模型框架,探讨了出口退税政策对部门间资源配置效率的影响。研究结果表明,出口退税政策促进了市场竞争,对企业加成率产生负面影响,并且加深了出口部门和非出口部门之间的资源配置程度。

第二,由于出口企业中加工贸易比例较高,其面临的是被动接受国际发

包方的订单式价格,因此出口企业并不意味着高加成率。李卓和赵军(2015)利用 LP 法测算了不同进出口状态下企业成本加成率,认为加工贸易大量存在是中国出口企业加成率较低的重要原因,很多加工贸易表面上技术复杂度较高,但是中国仅仅承担了代工、加工、装配等价值链低端环节。许明和李逸飞(2018)利用双边随机前沿分析方法分析了选择效应和竞争效应对出口企业加成率的影响。研究结论表明,加工贸易是中国参与全球价值链分工的主要形式,尽管目前中国参与加工贸易的企业超过 40%,但出口—加成率悖论仅在纯加工贸易类出口企业中更加显著,主要原因在于较多从事加工贸易的出口企业以"数量—价格"优势存活于出口市场中的现象广泛存在,过度激励企业出口是形成中国出口企业低加成率的重要原因。

第三,低加成率出口是低效率企业最优出口产品质量选择的一种阶段性现象。黄先海等(2016)构建了一个生产率、产品质量与加成率内生变化的理论框架,认为企业出口加成率主要受"竞争加剧效应"和"质量升级效应"的综合影响。当生产率较低的企业进入出口市场时,因无法克服质量升级的固定成本,"竞争加剧效应"占主导;当企业生产率较高时,其能通过产品质量升级提高定价能力,从而使"质量升级效应"占主导。因此,出口企业阶段性"低加成率陷阱"应理解为出口企业因生产率不足而采取"低质、低价、低利润"竞争模式下的阶段性特征。许明和邓敏(2016)对中国情境下的出口产品质量与企业加成率之间的关系进行了实证验证,认为产品质量升级可通过价格机制和成本机制对加成率产生影响,在供给侧结构性改革的背景下,应充分发挥市场竞争对出口产品质量提升的激励机制,解决出口企业提升产品质量的内在动力缺失问题。

第四,成本差异、赋税不足、信用体系滞后、出口定价权等问题是制约企业加成率提升的重要原因。宾建成(2003)较早对中国出口商品低价倾销问题进行了分析和解释,他认为生产低水平重复建设、地方政府政绩考核压力、企业竞争力不足、市场体系不健全等是造成低价出口的主要因素。也有研究表明,在中国法治建设不健全的初期,虚假出口申报、虚假财务报表、虚假外销发票、虚假成本核算等非正常因素导致我国出口市场存在"量增价跌"现象

（卢洪雨,2004）。梁静波（2007）则讨论了出口企业低价竞争的现实根源,主要表现在国内需求不足、赊销账款难以回收、劳动者福利和环境成本没有纳入企业生产成本、部分行业生产能力严重过剩、企业缺乏核心竞争能力等方面。李秀芳和施炳展（2012）主要从出口定价权视角对中国低价出口之谜进行了解释,认为出口竞争对降低企业加成率的影响不足 1%,但进口国价格水平却解释了中国出口产品价格变化的 50%,获得产品定价权是解决低价出口的根本方法。

第二节 要素扭曲、结构优化与出口互动机制研究

异质性企业贸易理论提出,出口可以在行业内实现资源由效率较低的企业向效率较高的企业配置,也就是说出口贸易既可以提高行业生产率水平,也可以通过"出口中学"效应或技术溢出效应提高企业生产率。这相对于传统贸易理论,更进一步在行业层面甚至企业层面提出了获得贸易利得的新途径。可见,效率是研究出口行为和出口绩效不可忽视的关键因素。本节主要聚焦市场配置效率核心变量,系统梳理了资源配置视角下的结构优化与效率提升研究,要素市场扭曲的成因、程度及影响效应,要素市场扭曲与企业出口互动机制研究,企业创新、效率增进与出口行为选择等四方面文献,为后续从劳动力市场扭曲切入,探讨以成本节约低效率的出口模式转向创新驱动高效率的增长模式的理论与实证分析奠定了较好的文献基础。

一、资源配置视角下的结构优化与效率提升

以 Bain（1951）为代表的传统产业组织理论认为,产业环境会影响企业的生产率水平,而 Hopenhayn（1992）、Ericson 和 Pakes（1995）等的研究却发现企业之间本身存在的生产率差异能够引起资源跨企业配置,并按照 Foster 等（2006）的观点,美国制造业生产率因经济资源跨企业重新配置而显著提高。这种观点的逻辑链条为:具有新技术的高生产率企业会自然进入市场,并较

快建立起适应新型市场结构的制度体系。Jovanovic(1982)研究发现,由于企业之间生产率不同,新企业进入后市场竞争加剧,在市场竞争机制作用下,跨企业资源配置和产业组织重构使低生产率企业最终退出市场。这种企业进入、退出、扩张、收缩的动态市场行为成为异质性企业提升总量生产率的重要机制。简泽(2011)利用微观数据,对企业间生产率差异、资源再配置和产业总量生产率增长之间的关系进行了研究,结果表明,企业间生产率差异会激发跨企业的资源再配置和产业重组。尽管中国存在的市场扭曲一定程度上削弱了产业重组过程,但通过改革促进资源再配置依然是提升中国总量生产率水平的重要方式。

随着城市经济和新经济地理学理论的发展,较多文献结合中国发展现实从经济增长动力结构、空间集聚等视角对我国生产率提升进行了理论与实证探讨。Marshall(1920)、Jacobs(1969)分别从行业内和行业间的集聚效应研究了城市生产率增长的源泉。在此基础上,Baldwin 和 Okubo(2005)进一步将异质性企业的自选择行为纳入城市生产率的研究中,认为企业偏好、城市竞争与交易成本会对生产率产生重要影响。而近期的研究则更集中于探讨集聚效应和选择效应。Fujita 和 Thisse(2002)、Combes 等(2012)有关研究均表明,城市空间集聚会通过共享、匹配与学习对企业生产率存在显著提升效应;而"选择效应"指的是更大的市场会通过吸引新企业进入,进而利用竞争机制将低效率企业淘汰出局,最终实现生产率大幅度提升(Melitz and Ottaviano,2008)。郭晓丹等(2019)采用生产率分解法对中国大城市的生产率优势进行分析,结果表明,中国大城市制造业生产率存在静态和动态优势,大城市企业生产率提升的 39.5% 来自企业间资源配置效率改进,其中主要部分源自非国有企业,并且大城市企业间资源配置效率与中小型企业的差距正在不断扩大。

在部门整体上,刘伟和张立元(2018)测算分析了中国各产业部门的全要素生产率和年均增长率,认为目前中国存在整体生产率年均增长率较高但三大产业部门却处于较低水平甚至负增长的"悖论",主要原因是三大产业部门全要素生产率之间的本身差异和部门间规模化人力资本转移形成的"结构效益"。也有很多研究从不同视角分析了资源配置效率的影响机制。张军涛和黎晓峰(2019)则从城镇化视角对生产率的影响机制进行了研究,结果表明,城镇化会通过要素流动效应、进入退出效应和扩散效应影响资源配置效率,在不同区域和不同城市类型中存在异质性影响。孙浦阳和彭伟瑶(2014)用企业生产率的离散程度衡量资本市场配置效率,并使用倍差法分析了FDI流入对企业间资本配置效率的影响,认为FDI通过缓解外部融资约束提高了资本在企业间的配置效率,从而使企业生产率趋于集中分布。于良春和王雨佳(2016)以汽车产业为例,利用政策偏度测度了产业政策中固定资产投资和研发补贴对生产率的影响,认为固定资产投资对汽车产业全要素生产率具有显著的正向影响,但补贴的影响有限。由于政府产业政策有偏,不同子行业的生产率发展存在明显差异。

二、要素市场扭曲的成因、程度及影响效应

结构主义观点认为,当经济体处于远离前沿发展的阶段时,由于市场机制不完备,往往需要某种强制扭曲调动资源配置,从而培育国内比较优势,存在"良性扭曲"是发展过程中的必要特征;但当经济步入准前沿或前沿阶段时,随着产业体系和市场机制逐步完备,过度的扭曲行为将因资源错配而产生效率损失,尤其因扭曲而衍生出的"寻租"行为将改变市场行为与激励机制(张晓晶等,2018)。无论是政策性扭曲还是内生性扭曲,纵观我国经济体制改革历程,要素市场市场化改革滞后于产品市场市场化改革的"不对称"事实导致了严重的要素价格扭曲,地方政府为了经济发展战略目的而对要素资源行使配置、管制权和定价权,使得土地、资本、劳动力等要素价格存在不同程度的低估现象(张杰等,2011)。盛仕斌和徐海(1999)、杨帆和徐长生(2009)、史晋川和赵自芳(2007)、Skoorka(2000)、Allen(2001)等纷纷对要素价格扭曲的原因、测算及其对经济的影响做了大量研究。大致有以下几种观点。

第一,政府干预行为是造成要素价格扭曲的主要因素,主要体现在户籍制度、地方保护主义、就业歧视、城乡资本劳动力资源错配等方面,严重压低了要素价格(冼国明和徐清,2013)。简泽(2011)认为,由市场不完全导致的

资源跨企业配置扭曲是产生生产率差异的主要因素,地区市场分割和金融市场不完全是要素市场扭曲的重要原因。鞠蕾和王璐(2018)通过研究战略性新兴产业产能过剩问题,发现地方政府的不当竞争造成了要素市场扭曲,财政支持和污染纵容是导致产能过剩的重要因素。于江宁等(2017)的研究结果表明,生产率波动与资源错配之间呈现正相关关系,生产率波动大约能够解释10%~30%的行业层面、省份层面的资源错配问题。

第二,我国资本和劳动力要素价格均存在长期稳定负向扭曲,即要素边际产量大于实际价格(王宁和史晋川,2015)。余东华等(2018)认为,我国资本价格绝对负向扭曲更高,而劳动力价格相对负向扭曲更为严重,并且要素价格扭曲是影响技术进步偏向的主要因素。李建平等(2019)构建了一个包含非位似偏好和产业间效率差异的三部门动态一般均衡模型,对我国劳动力跨部门迁移机制进行了研究,发现2006—2015年我国劳动力价格扭曲系数约为0.78,由此造成的产出损失约为3%。文东伟(2019)认为,我国制造业各行业在不同程度上出现资本配置不足、劳动力配置过度问题,国家所有权不利于资源配置效率提升,资源配置效率改善能缩小实际产出和有效产出之间的缺口。马颖等(2018)对各行业人力资本错配程度进行了分析,认为第一产业中人力资本供给过多且呈恶化趋势,第二产业中制造业人力资本供给严重不足,第三产业中生活性服务业和公共服务业人力资本供给不足且呈加重趋势,这种错配结构使得2007年和2013年我国产出损失1.79%和1.63%。

第三,要素价格扭曲的影响效应具有异质性,一方面可通过资源错配降低企业全要素生产率(罗德明等,2012),从而改变企业研发行为和进入决策(Peters,2013);另一方面扭曲降低生产成本使得企业更有资本和空间进行创新活动,从而激励企业增强出口动机和盈利能力(张杰等,2011;Brandt et al.,2013)。姚惠泽和张梅(2018)研究发现,较高的要素市场扭曲度能缓解对外直接投资对技术创新的抑制作用,要素市场扭曲对对外直接投资(OFDI)创新绩效存在门槛效应。吕承超和王志阁(2019)利用制造业上市公司数据研究发现,劳动力错配整体上促进了企业创新,但影响效应在中部、东部、西部地区依次递减。王文珍和李平(2018)通过对我国1998—2013年23个行业的分析,发现要素市场扭曲尽管总体上显著抑制了产业间的技术溢出,但通过产业关联效应渠道增强了溢出效应。李德山和邓翔(2018)通过引入要素相对价格研究价格扭曲、资源错配和创新效率之间的关系,结果表明,价格扭曲是影响资源配置效率和创新效率最直接的因素。也有部分研究从企业的进入和退出行为视角分析了要素价格扭曲导致企业全要素生产率存在改进空间(Hsieh and Klenow,2009;龚关和胡关亮,2013;盖庆恩等,2015)。

三、要素市场扭曲与企业出口互动机制研究

在中国长期开放型经济体制构建中,要素市场改革滞后引起的劳动力要素价格低估使劳动力价值"剪刀差"成为企业低生产成本的竞争优势,即除了企业自身的生产成本和竞争能力,企业能否获得低成本要素并将低成本优势转化为出口优势也是影响企业出口行为的重要原因(张杰等,2011)。唐杰英(2015)认为,要素价格扭曲对出口具有显著的正向效应,其中劳动力价格扭曲对国有企业出口的正向效应最明显。从出口多样性来看,耿伟(2013)发现,要素价格扭曲提升了企业产品出口多样性,并且对私营企业、政府补贴企业、新出口企业的影响更显著。同时,地方政府对要素市场的割据和干预,加剧了不同地区间的竞争,通过降低企业出口竞争的相对成本而迫使部分低效企业进入出口市场(朱希伟等,2005)。更值得关注的是,政府补贴行为也具有明显的促进出口的动机,对出口贸易的优惠政策特别是对低效企业的补贴政策会提高企业出口积极性,形成"低价竞争、数量取胜"的出口模式(刘竹青和佟家栋,2017;苏振东等,2012;李秀芳和施炳展,2012)。郑腾飞和赵玉奇(2019)则构建了一个纳入交通基础设施的异质性出口厂商决策模型,认为交通基础设施能有效提升企业出口倾向和增加企业出口数量,但当进入国内市场的固定成本高于进入国际市场时,地区要素市场扭曲程度越高越容易强化交通基础设施的促进效应。

也有一些文献从垂直专业化和技术复杂度等视角研究了要素价格扭曲与出口质量之间的关系。王明益(2016)基于2000—2007年中国工业企业数据库和海关数据库匹配数据的研究发现,尽管短期内劳动力价格扭曲不利于

产品质量的提升,但长期会通过经验积累效应、规模经济效应及研发创新提高出口产品质量。资本价格扭曲会通过规模经济效应和要素错配效应作用于产品质量,最终作用方向取决于这两种效应的相对大小。吴艳芳和王明益(2018)进一步研究了中间品价格扭曲对出口产品质量的影响,他们认为跨国公司"转移定价"会导致中间品贸易的实际价格与市场价格偏离,具有正向价格扭曲的中间品投入会促进出口产品质量升级,而负向价格扭曲的中间品投入会抑制产品质量升级。戴魁早(2018)认为,要素价格扭曲会通过扭曲收益效应、研发抑制效应、技术锁定效应和人力资本效应对出口技术复杂度产生负向影响,其中对技术密集型企业、外向度不高的企业以及垂直差异化程度较低的企业扭曲效应更显著。并且在加入 WTO 和金融危机发生后,要素价格扭曲对出口技术复杂度的影响效应逐步减弱。

还有部分文献研究了要素价格扭曲与企业盈利能力和国际竞争力的关系。高翔等(2018)基于测算的中国企业出口国内附加值率,进一步研究了要素市场扭曲程度对其的影响机制。研究认为,要素价格扭曲是提高中国企业出口国内附加值率的显著关键因素,原因在于要素价格扭曲不仅能够提高国外和国内中间要素的相对价格,而且能抑制企业加成率而产生成本加成效应,相对价格效应大于成本加成效应是要素价格扭曲推动出口国内附加值率(DVAR)上升的重要原因。曾淑桂(2018)的研究也表明,要素市场扭曲通过成本改进效应、竞争转移效应和需求不足效应对增加值贸易的拓展边际产生促进作用,而通过人力资本效应、融资约束效应和研发抑制效应对集约边际产生抑制作用。余东华等(2018)研究发现,劳动力价格扭曲对国际竞争力的影响效应呈倒 U 形关系,而资本价格扭曲对国际竞争力的影响为 U 形关系。要素价格扭曲产生的技术进步偏向会随行业异质性的不同而呈现差异,进而对产业竞争力造成不同影响。

四、企业创新、效率增进与出口行为选择

按照新新贸易理论,企业生产率与出口状态和创新行为具有较强的内生机制,也就说明理解好企业的市场决策行为对分析企业出口选择效应至关重

要。目前学界的研究主要基于两种逻辑思路。

第一，出口—促进创新—提高生产率。这种观点认为高生产率企业才能进入出口市场，贸易自由化加速了出口和创新行为，从而有利于企业内在生产率的提升，即出口与创新行为存在互补性关系（Costantini and Melitz，2008；Bloom et al.，2011），这体现的是"出口中学"假说。但针对中国工业企业的研究表明，许多规模小、生产率低的企业首先进入出口市场，形成了生产率增长和初始生产率的逆向选择现象（戴觅和余淼杰，2011）。

第二，创新—生产率提高—促进出口。这种观点认为，创新研发能提高企业生产率，进而使创新型企业在出口市场上获得更高回报。王思文等（2018）通过建立出口和创新联合决策模型发现，规模较大、生产率更高的企业更愿意进行技术升级。企业进入出口市场通常会带来更多创新，最终使效率最低的企业退出市场，中低端企业主要开拓国内市场，中高端企业采用低端技术进行出口，最高效率企业采用先进技术并出口。夏广涛和胡汪音（2018）进一步对中国出口企业生产率悖论进行了解释，认为企业出口份额的提高不在于生产率有多高，而在于寻租能力有多强。

创新与企业出口决策方面的研究主要有两大分支：一种是基于产品生命周期模型，认为企业为了维持市场份额必须开展创新活动（Vernon，1966）；另一种是异质性企业内生增长模型，代表性研究有 Aghion 和 Howitt（1998）、Lachenmairer 和 Woessmann（2006）等。在实证研究方面，王奇珍等（2016）认为，技术创新对企业出口集约边际和扩展边际均具有显著的正向影响。而郝良峰等（2016）却认为，创新对出口扩展边际具有促进作用，并不利于集约边际增长。姚相如等（2016）则反向讨论了出口二元边际对出口的影响，认为扩展边际而非集约边际对企业创新有显著的促进作用。崔娜和柳春（2018）从行业异质性视角分析了创新对出口本土市场效应的调节作用，发现行业创新对出口本土市场效应具有显著的增强作用。Becker 和 Egger（2013）利用德国1000 家企业的创新调研数据，结合 PSM-DID 的研究方法研究发现，只有产品创新对企业出口具有正向影响。黄先海等（2015）的研究结果表明，产品创新和工艺创新对企业出口倾向均具有显著的促进作用，并且存在一定的门槛值,但产品创新促进效应更大。吴飞飞和邱斌(2015)也得出了类似结论。胡馨月等(2017)进一步对创新促进企业出口的原因进行解释,他们认为产品创新蚕食效应和工艺创新规模效应的相对大小将决定企业以何种创新进入出口市场。李兵等(2016)认为,出口对创新的正向影响仅体现在发明专利和实用新型专利方面。纪月清等(2018)则从进口中间品视角探讨了出口与创新的关系,认为进口中间品会通过水平和垂直溢出促进出口企业的产品创新。

"出口中学"效应是研究异质性企业理论永恒的主题,尤其是对转轨国家的研究不胜枚举。Blalock 和 Gertler(2004)、Van 和 Biesebroeck(2005)、Trofimenko(2008)、Yang 和 Mallick(2010)等分别针对印度尼西亚、撒哈拉以南非洲国家、哥伦比亚、中国等国家或地区进行了研究。尤其是当中国出口"低质、低价"现象被广泛关注后,大量关于中国如何跨越"比较优势陷阱""低加成率陷阱"的研究不断涌现。易靖韬和蒙双(2016)认为,企业出口决策和创新行为联动有利于生产率的提升,主要通过自选择效应、"出口中学"效应和生产率动态效应实现利润最大化决策。江波和李美云(2012)聚焦生产性服务业出口贸易与创新的互动机制对企业生产率的影响效应,研究认为发达国家生产率提升主要依赖于技术—知识密集型生产性服务业的发展。亢梅玲和王靖慧(2014)研究发现,全要素生产率能直接影响出口技术复杂度,而专利、R&D 投入、人力资本等对出口技术复杂度有间接影响。黄先海等(2018)对出口影响企业加成率的微观机制进行了分析,认为资本密集型制造业企业出口会带动企业创新,继而提升加成率水平,创新作为企业出口绩效的关键中介,大约能够解释出口企业 1/3 的加成率提升。

第三节　要素集聚、生产率与企业出口决策研究

随着生产要素在空间上流动的规模和强度的不断升级,经济活动空间集聚呈现出明显的"东高西低"的非均衡性特征。特别是在中国出口增长奇迹背后,90%以上的出口企业集聚在东部沿海地区,不由得引起学界既开始关注城市化道路选择和最优城市规模体系建设,也更加关注城市规模扩张和空

间集聚背后的福利经济效应。为更好地从劳动力规模视角分析中国出口企业加成率变动的影响效应和作用机制,本部分主要梳理了三类文献:第一类是关于劳动力集聚、知识溢出与生产率提升的研究;第二类是基于经济集聚视角对中国出口奇迹的解释;第三类是关于城市集聚、市场拥堵与企业出口行为的相关研究。这三类文献为后续研究提供了较好的思路和方向。

一、劳动力集聚、知识溢出与生产率提升

按照新经济地理学框架倒 U 形曲线,由规模扩张产生的劳动力集聚一般会引发本地市场效应、价格指数效应、知识溢出效应和市场竞争效应。当大量劳动力在某一个区域内集聚时,由于较易满足异质性劳动力需求和较低的员工搜寻成本,因此能显著提升企业人岗匹配度,从而有利于促进边际生产率的提升。与此同时,在较低劳动成本和本地市场需求关联效应的强化作用下,劳动力会进一步向核心区集中,导致消费市场不断扩大,同时吸引更多企业入驻核心区市场。但当劳动力集聚到一定程度时,也会产生劳动力价格下降、企业利润下跌、地租上涨、城市拥堵等负向效应,使得企业和劳动力由核心区向边缘区迁移,从而打破良性集聚经济反馈系统(王静文和王明雁,2019)。不可否认的是,生产外部性是经济活动集中的重要表现形式,不同于一般自然资源或产业集聚,劳动力集聚产生的投入产出关联效应、劳动力池效应和知识信息外溢效应将有效促进效率和绩效的提升,目前关于投入产出关联效应和劳动力池内搜寻匹配效应的讨论较多,却鲜有对知识技术等信息外溢效应的相关研究。

新增长理论强调知识外溢对经济增长的作用,但对知识外溢的作用机制却语焉不详。随着新经济地理学的发展,由劳动力规模扩张和向主要城市集聚产生的知识溢出理论基础及传导机制方才开始明晰,认为知识溢出的传导过程是不同主体通过直接或间接的交流,从而产生无意识传播过程,并且主体间距离越小,知识传播的效率越高(Maurseth and Verspagen,2002;Rosenthal and Strange,2012),最终提高就业者劳动生产率和工资(Harris and Ioannides,2000;Charlot and Duranton,2004;Addario and Patacchini,

2008)。对于隐性知识和互补性知识的转化和共享,更依赖于人与人之间面对面的接触和交流。劳动力集聚产生的关系型交流渠道不仅能实现知识转化和共享,还能促进员工之间相互扶持,进而提升企业生产率(梁启华和何晓红,2006)。Bacolod等(2009)研究发现,集聚对劳动者技能工资产生显著影响,并且在大城市效应更大(Glaeser and Mare,2001;Wheeler,2006)。Martin等(2011)、Matano 和 Naticchioni(2012)等的研究均发现,专业化集聚经济对企业生产率有显著的促进作用,但存在一定的门槛效应。劳动力集聚导致的地理邻近不仅能降低创新活动的内在风险,同时能够提高交换思想和创意的概率和有效性,通过集聚的专业化经济(马歇尔外部性)和多样化经济(雅克布斯外部性)影响企业创新水平和工资。Cockburn 和 Henderson(1998)、Carlino(2001)、彭向和蒋传海(2011)、王永进和张国锋(2015)等均发现沟通外部性是集聚影响企业创新的重要渠道。

二、基于经济集聚视角的中国出口奇迹解释

按照 Duranton 和 Puga(2004)的观点,集聚推动出口扩张的原因大致可分为三个方面:一是学习效应,生产者之间的技术学习、交流、模仿、创造和扩散,能为企业出口提供强有力的原动力;二是共享效应,城市集聚可为市场带来多样化效应、专业化分工和公共资源共享,能够有效降低市场交易成本;三是匹配效应,即通过市场供给者与需求者之间、劳动力买方与卖方之间、上下游产业链之间匹配效率的提升降低市场搜寻成本。因此,较多文献从城市经济集聚视角对区域经济增长、生产率提升、出口扩张等方面进行了检验和说明。相关研究表明,城市经济活动集中会使出口企业或潜在出口企业通过信息共享、交流增进、溢出吸收等机制节省市场进入成本,进而提高出口参与的规模和概率,并通过出口外溢效应促进市场规模扩张(Greenaway and Kneller,2007;Krauthrim,2007;Ma,2006;易靖韬,2009)。包群等(2012)利用 2000—2006 年持续经营的 47000 多家制造业企业的数据,分析了外资参与、地理集聚与出口外溢对中国企业出口模式的影响,认为外资进入不仅提供了企业自身出口的可能性,还能通过对内资企业的出口外溢效应形成企业

出口的地理扩散和行业集聚效果。

文东伟和冼国明(2014)认为,制造业空间集聚推动了企业出口,并且验证了"生产率悖论"客观存在,即生产率越高的企业出口强度反而越低。佟家栋和刘竹青(2014)利用 EG 指数测算了行业集中度,并从融资约束视角切入发现,地理集聚显著促进了中国民营企业的出口倾向和出口量,对国有企业出口抉择没有明显影响,地理集聚可通过缓解融资约束提高企业间商业信用能力,进而获得出口规模扩张(王永进和盛丹,2013;张杰等,2013;Manova,2013)。郑小碧(2019)则从出口信息外溢角度分析了空间集聚对出口增长的作用机制,认为空间集聚显著降低了出口门槛下限,一般贸易企业主要通过集聚型贸易中介拓展出口扩展边际,而加工贸易企业更易通过集聚外溢性促进出口规模增长。与此同时,也有较多研究从集聚视角研究了中国出口企业绩效。高晓娜和彭聪(2019)认为,产业集聚对出口产品质量存在显著的规模效应和拥挤效应,产业集聚与出口产品质量之间存在倒 U 形关系,现阶段仍处于拐点左侧,产业集聚对高生产率企业的产品质量促进效应更大。闫志俊和于津平(2019)研究发现,企业空间集聚程度提高有助于提升企业出口国内增加值,主要是因为空间集聚能产生显著的中间品替代效应和资源再配置效应,其影响效应的大小与企业贸易方式、产品技术复杂度和出口目的地有关。

三、城市集聚、市场拥堵与企业出口行为

随着新新贸易理论相关的实证研究不断深化,从微观视角分析企业出口参与的影响因素和作用机理的研究日渐涌现。较多研究认为集聚与出口之间普遍呈现正向效应:随着劳动力、企业和外资逐步向东部沿海地区集聚,东部沿海地区形成了相当大规模的劳动力池、产业带和城市群,并通过集聚外部经济效应使出口企业实现了生产率和出口二元边际的同步提升。但这些研究先验性地假设集聚外部经济效应对企业的影响是线性的,鲜有文献关注集聚外部经济性和市场拥堵性间可能存在此消彼长的关系。王静文和王明雁(2019)在新经济地理学框架倒 U 形曲线的基础上,构建了基于劳动力集聚的成本—收益理论模型,认为劳动力集聚存在"集聚红利期",并测算出中国劳动力集聚对

经济增长的贡献率达到 14.05%。也就是说，当集聚处于一定区间内时，才会产生有利的正向效应；当集聚偏离某段区间时，负向的拥挤效应将占据显著影响。按照这种思路，由集聚导致的诸如出口市场过度竞争的拥堵效应也应是学界关注的焦点，但目前只有少量研究对中国出口市场的拥堵现象进行了解释和说明。

大量同质企业挤在狭小的地理空间内，可能会促使企业进行恶性竞争而挤压彼此的出口市场，从而产生出口市场过度集聚的现象。Broersma 和 Oosterhaven(2009) 与 Rizov 等(2012)发现，当出口企业集聚达到一定程度后，出口表现并未受到集聚经济的推动。陈旭等(2016)将空间外部性和新新贸易理论相结合，研究了资本、产出、就业、中间投入空间集聚对企业出口参与的动态影响，认为出口市场拥挤导致了中国出口二元边际与空间集聚之间存在显著的倒 U 形关系，并且目前中国的空间集聚尚未达到最优水平。Arnott 和 Kraus(1998)、Palma 和 Proost(2006)、Arnott(2007)均基于集聚的经济效应评价研究了区域最优集聚水平。也有研究对城市规模与企业加成率之间的影响规律进行了研究。赵瑞丽等(2019)在 Combes(2012)的理论基础上，引入城市规模和集聚的外部性，研究发现大城市企业加成率分布比小城市更加均匀，但是加成率水平更低。城市规模扩大会降低企业加成率水平，主要表现为大城市存在负向竞争效应和集聚效应，但较高生产率企业的加成率降低幅度相对更小。

第四节　要素质量、技术进步与出口竞争力研究

在外贸结构转型过程中，人力资本的专用性既可能是转型的动力也可能是转型的约束，关键在于产业技术发展的不同阶段是否具有与其匹配的人力资本结构。一座城市或者一个地区的人力资本的质量不仅通过人力资本的绝对水平体现，更在于人力资本与产业结构的匹配协调程度。为后文更好研究"人力资本—产业结构"匹配程度和匹配质量对企业绩效的影响，本节主要对以下四类文献进行梳理和阐述：第一类是研究劳动力要素高级化与产业转

型动态演进的相关文献;第二类是基于人力资本视角的外部经济效应的相关研究;第三类是关于高级劳动力投入与技术进步的机理与实证;第四类是聚焦研究人力资本、创新与企业绩效之间的影响效应和作用机制。

一、劳动力要素高级化与产业转型的动态演进

根据新结构主义学派的观点,技术结构变化是影响经济增长的重要因素,一个经济的最优技术结构和产业结构由要素禀赋结构内生决定,也就表明劳动力质量结构必然对产业结构和经济增长产生有效的推动作用(干春晖等,2011),主要表现在以下两个方面。

第一,劳动力质量结构高级化有利于技术结构升级。Acemoglu 和 Zilibotti(2001)认为以技术创新为标志的技术结构必须和要素投入结构相匹配。从前工业化时期向工业化时期转型的过程中,机器设备的投入使得生产逐步由半机械化向机械化发展,手工技能劳动力逐步被技术应用知识突出的劳动力替代。随着知识经济的发展和自动化、智能化的发展与升级,知识结构丰富、专业理论突出的创新型劳动力成为产业的选择。这表明原始手工技术、机械化技术、自动化技术、信息智能化技术逐步演进的技术结构升级过程,也是劳动力质量结构与之匹配升级的高级化过程(刘智勇等,2018;郭继强,2005)。王玥(2018)通过利用中国 285 座城市的面板数据分析认为,随着城市人口规模的扩张,总体上人口集聚对产业结构升级的作用由弱到强,并着重分析了人口集聚影响产业结构升级的三个渠道,即人力资本积累效应、偏向性技术进步效应及政府干预效应。刘忠璐和刘榆(2015)研究认为,企业家人力资本的技术外溢效应显著促进了产业结构高级化与服务化。武晓霞和金素(2015)则从劳动力质量异质性、知识外溢等因素对人力资本的产业结构升级效应进行了解释。陈朝阳等(2019)基于空间杜宾模型也得出了类似结论,认为高级劳动力集聚对本地产业结构升级具有显著的促进作用,但邻近地区的高级劳动力集聚会对本地产业结构产生负向效应。也有研究从人口老龄化这一反向视角研究了其对产业结构的影响。例如,汪伟等(2015)的研究结果表明,中国人口老龄化并没有抑制产业结构升级,反而通过增加消

费需求、人力资本积累和倒逼企业用资本和技术替代劳动力来促进产业升级。逯进等(2018)则进一步考虑人口迁移因素,认为人口老龄化对产业结构的边际影响随着人口迁移的增强而强化。

第二,劳动力质量结构高级化有利于实现与产业结构升级间的动态匹配。以高端人力资本替换初级人力资本为形式并占据主导地位的人力资本结构转换过程能够为技术模仿、应用、创新提供有力的人力资本要素支撑,从而推动技术结构升级和产业结构优化。而产业结构升级也会因对要素质量需求的提升而带动劳动力质量结构高级化,致使高端劳动力在人力资本总量结构中的比重不断增加(Acemoglu,2002;林毅夫和刘培林,2003)。王海晨和方大春(2016)认为,当前中国处于工业化加速阶段,工业对经济增长的促进作用仍大于服务业。因此,劳动力质量的提升对经济增长的促进作用需要与一定的产业结构相匹配。李静和楠玉(2017)认为,人力资本结构和产业技术选择是一个不断匹配的动态过程,一个国家或地区人力资本结构与产业技术需求相协调会有效驱动产业结构升级。如果一个落后国家具有初始资本积累,想跨越比较优势陷阱,只需要鼓励原本稀缺要素的技术进步。与此同时,李静(2017)指出,人力资本和产业结构错配是阻碍产业转型和比较优势动态转型的关键因素,并且人力资本单独规模提升只能产生短期静态比较优势,而较难形成长期动态产业优势(李静和楠玉,2016b)。也有文献分别从其他视角研究了人力资本和产业结构的互动关系。刘智勇等(2018)分析了中国区域发展差距产生的原因,认为人力资本高级化能够解释中、西部地区的发展差距,人力资本高级化对产业结构和技术结构升级具有显著的促进作用。纪玉俊和刘金梦(2016)则从人力资本视角分析了环境规制对产业升级的影响,认为人力资本的门槛效应使得环境规制驱动产业结构升级存在显著差异。孙海波等(2018)通过构建一个两部门的产业结构变迁模型,研究发现资本深化对产业升级的影响存在人力资本门槛,当人力资本跨越门槛值后,资本深化对产业结构升级的促进效应显著提升。

二、基于人力资本视角的外部经济效应分析

尽管少量研究认为人力资本不存在典型的外部经济性特征(Rudd,2000;Ciccone and Peri,2010;Südekum,2006),但依然有诸多证据支持人力资本存在经济外部性(Rauch,1993;Moretti,2004),其中较多关注了人力资本投入对工资的影响。Heuermann(2011)运用德国工人数据进行研究,发现合格工人占比每提高1个标准差,工资会增长3%,工人在行业内高技能区更换工作比在行业间更换工作的可能性提高50%,因为可以把特定产业知识资本化。Liu(2007)、Fan和Ma(2012)、孙三百(2016)等的研究都表明,提高人力资本投入能够提高工人收益,并且高等教育外部回报率能够缩小技能工人和非技能工人的收入差距。张龙和葛晶(2015)发现,人力资本能够解释行业间收入差距的62.29%,影响机制可以从人力资本存量、马歇尔外部性、雅各布斯外部性和本地劳动市场厚度等方面进行解释(Fu,2007;杨仁发,2013)。从城市层面的研究来看,杜静玄和张佳书(2018)利用CHIP2013微观数据研究发现,城市人力资本深度对个体工资具有显著的正向影响,并且信息技术服务业专业化也存在明显的促进作用。陈瑛(2018)通过对中国城市工资溢价进行分析,认为城市溢价主要发生在特大及超大城市,并且体制外集聚更多高生产率劳动力并取得更高工资。Yankow(2006)和Gould(2007)研究认为,城市工资差异一部分可以由人力资本本身的固定效应解释,另一部分则取决于城市对技能的筛选机制,使得更多高技能劳动力向城市集聚。也就是说,城市集聚可能对流动人口的工资产生非线性影响,对高技能劳动力的工资具有显著的促进作用,而不利于提升低技能劳动力的工资(余运江和高向东,2017)。类似的有,吴晓怡和邵军(2016)的研究也表明,经济集聚与制造业职工工资呈倒U形关系。从反向效应来看,郭凯明和余靖雯(2017)的研究表明,工资增长会通过生育率差异影响人力资本积累。李成友等(2018)基于对异质性企业模型的拓展分析,发现丰裕劳动力供给比资本存量增加更有利于人力资本形成,不同技能劳动力工资差距对人力资本发展产生显著的正向作用。

也有部分研究从人力资本视角分析了经济发展的质量与效率问题。比

如,Camacho 和 Conover(2010)对哥伦比亚微观企业进行实证分析,认为哥伦比亚经济增长的迟滞源于劳动力错配。Yang 和 Chen(2012)发现印度尼西亚的人力资本错配影响了企业效率。从国内研究来看,李静和楠玉(2019)认为,中国大量优秀人才配置到非市场低效率的公共部门对经济稳增长起到负面影响,要合理引导高素质人力资本向生产性部门集中。李静等(2017a)同样指出,中国人力资本市场配置机制可能已经失灵,政府通过提供社会信息共享和知识传递,能够为人力资本外溢提供有益渠道,从而推动人力资本在部门间合理配置。教育与人力资本在经济增长中的作用也被广泛研究,杜育红和赵冉(2018)研究发现,教育人力资本不仅通过要素积累效应直接作用于产出,还可通过效率提升作用促进竞争性增长。教育人力资本和物质资本的互补效应为长期经济增长提供了持续动力。方超和黄斌(2017)利用中国居民收入调查数据进行研究,结果表明,教育年限与工资收入呈正相关,并且教育人力资本投资能够缩小农村居民工资收入差距。赵曼和王玺玮(2017)认为,尽管农村公共教育支出提高了人力资本水平,但农村地区经济增长缓慢的原因在于劳动力外流产生了"财富转移效应"。进一步地,陈曦等(2018)从城乡社会保障差距视角分析了经济增长的动因,认为城乡社会保障差距对人力资本投资的经济增长效应产生负面影响,目前经济增长是以城乡社会保障有偏发展为代价的。而封进(2014)研究发现,企业会将低技能劳动力社保缴费额的 10%～50%转嫁于工资补偿。从国际比较来看,范兆斌(2015)认为外国技能劳动力转移通过"相对收入效应"和"结构效应"对目标国收入分配产生影响,OECD 国家间移民短期内降低了目标国收入不平等程度,但长期会拉大目标国收入差距。

三、高级劳动力投入与技术进步的机理与实证

Vandenbussche 等(2006)、Angel 等(2011)通过构建内生增长模型,发现经济体越是接近前沿,熟练劳动力的创新增长效应越显著,并且高等教育对技术进步增长的作用逐渐增强,而远离技术前沿时密集使用非熟练劳动力的技术模仿效应更加显著。但郝楠和李静(2018)在国际技术差距和技术扩散模型的基础上,发现发达国家的先进技术会通过技能溢价、人力资本依赖、技

术锁定等机制对发展中国家人力资本产生"侵蚀效应",并且垂直专业化分工会挤出研发部门的人力资本水平,从而产生技术迟滞现象(李静和楠玉,2016b)。上官绪明(2016)的研究表明,当前中国人力资本吸收效应在 FDI 渠道更强,而 R&D 吸收效应在进口领域更强。郭凯明等(2013)基于人口政策的内生增长模型,发现当存在资本与技术互补并且存在知识外溢效应时,人口政策的经济效应取决于资本与劳动力的匹配程度。缩小技术工人与非技术工人劳动生产率差距可以提高资本技能比。李军林等(2014)发现,在中国人口红利转型阶段,人力资本水平、人力资本投入、科技职工对高新技术产业生产率和研发投入存在促进效应,认为中国高质量发展亟须以人力资本驱动转型升级。梁军和赵青(2018)则认为,教育人力资本及其溢出效应对我国科技创新具有重要影响,考虑人力资本溢出效应将使我国科技创新水平提高0.14%。余凡等(2016)通过"中国企业—员工匹配调查"数据进行研究,发现技能溢价有助于人力资本质量提升,从而促进企业生产率提升和创新能力增强。"索洛悖论"是人力资本研究领域关注的热点话题,Fernandes(2008)发现企业研发活动和生产率之间未必是正相关关系,即研发投入与技术进步之间并非具有一致性。而国内张同斌等(2016)首先关注了"索洛悖论"这一现象,认为我国研发投入对高新技术产业的生产率增长的影响呈先减弱后增强的态势。李静等(2017b)则认为存在"索洛悖论"的原因之一是中国研发投入与人力资本投入错配。部分研究也关注了人力资本投入对产品质量的影响。Murphy 和 Shleifer(1997)、Schott(2004)研究发现,人力资本、资本密度等要素禀赋是形成产品质量差异的重要因素,本土市场需求和人力资本质量有利于促进产业内分工,进而提高产品质量,并且在规模经济行业更显著(Hanson and Xiang,2004;Hallak and Sivadasan,2013)。

　　人力资本导致的技能偏向性技术进步是劳动经济学和创新理论领域的热点话题,对于技术偏向方向产生的原因一般会从封闭条件和开放条件两个方面进行分析:在封闭条件下,Acemoglu(2002)认为价格效应会偏向稀缺要素技术进步,而市场规模效应则偏向丰裕要素技术进步;在开放条件下,大多数研究不仅关注了南北贸易和相似经济体贸易的影响,还就贸易对技术进步的要素偏向和部门偏向进行了研究（Acemoglu and Gancia，2012；Chu and Cozzi，2014）。大量研究对技能偏向性技术进步的影响因素进行了分析，比如杨飞（2013）基于技术前沿国家的研究发现，技能偏向型技术进步取决于高、中、低技能劳动力之间的替代弹性和劳动力禀赋的结构变化，这一结论为研究中国就业极化现象提供了较好的理论视野。沈春苗（2016）研究发现，垂直专业化分工促进了制造业技能偏向性技术进步，并且我国目前面临垂直专业化分工与偏向性技术进步"正向促进效应"与"反向浅化效应"的困境。许学军（2008）则研究了技能偏向性技术的作用机理，认为人力资本偏向性技术进步提高了人力资本投资收益率，并且导致高—低技能劳动力之间的工资溢价，有利于高质量人力资本结构形成。刘兰和肖利平（2013）通过理论推导发现，技能偏向性技术进步会提高高技能劳动力就业比重和收入份额，并通过个人教育投资对国家人力资本形成和技能结构优化产生重要影响。方超和黄斌（2018）的研究表明，目前人力资本与教育人力资本对经济的增长贡献有限，但是受过大学教育的高阶人力资本相对于未受过大学教育的低阶人力资本具有不可替代性，技能偏向性技术进步使得高校扩招并未降低大学教育溢价。

四、人力资本、创新与出口绩效的相关研究

这里主要聚焦人力资本、创新和企业竞争力之间的影响效应和作用机制。按照传统要素禀赋理论，人力资本丰裕的国家通常会出口人力资本密集型产品，但有时候关于人力资本与出口绩效之间关系的研究却得出截然不同的结论。例如，Schott（2008）、Xu 和 Lu（2009）发现人力资本与出口技术复杂度之间呈正向关系，但 Rodrik（2006）却认为两者之间的关系不显著。印梅和陈昭锋（2016）研究发现，人力资本对出口技术复杂度的带动作用大于人口年龄结构的影响。郑展鹏和王洋东（2017）研究了国际技术溢出和人力资本对我国出口技术复杂度的影响，发现进口贸易对我国出口技术复杂度存在显著的溢出效应，并且人力资本能够加剧各个区域的正向溢出效应。从反向关系来看，陈维涛等（2014）基于中国劳动力市场分割的特殊背景，发现出口技术复杂度的提高会提

高技能溢价,并且有利于农村劳动力人力资本投资。李建萍和辛大楞(2018)则分析了我国13个制造业行业人力资本影响出口比较优势的结构性差异,发现研发人员数量对出口比较优势的影响存在单一门槛效应,并且人力资本对出口比较优势变动的影响存在行业差异。不仅如此,陈维涛等(2014)还发现,在二元劳动力市场背景下,出口企业生产率的提升不仅有利于中国城镇和农村人力资本投资,也有利于劳动者对子女教育的投入,这能够显著提升人力资本的数量及质量。为了处理人力资本与出口之间可能存在的内生性问题,周茂等(2019)利用1999年高考扩招这一准自然实验,发现高考扩招推动了我国出口升级,主要原因归结于教育提升了劳动者技能水平,技能劳动力所提供的"要素集聚"和"技术载体"机制共同推动了出口技术复杂度提升。

Schumpeter(1934)认为,创新具有两个功能:一是可以抵消要素边际报酬递减的负面影响;二是通过生产要素的重新组合产生新的生产函数,从而可以突破资源稀缺性问题。按照新经济增长理论,创新研发对企业生产率具有显著的提升作用,这意味着企业可以节约边际成本,进而提高价格边际成本指数,从"成本机制"上提升企业市场势力。创新还能产生企业间市场配置效应,从而导致企业绩效差异。比如,Kim和Mauborgne(1997)认为,产品创新能通过创造和增强价值更好地满足消费者需求,从而比竞争对手获得更好的市场表现,这主要是通过增加市场份额降低产品需求弹性,使得企业可以索要更高的价格加成(Atkeson and Burstein,2008)。可惜的是,目前国内这方面的研究比较少,主要基于宏观视角研究人力资本的创新效应或与出口绩效之间的关系,几乎没有研究将三者纳入统一研究框架。从出口质量绩效来看,邵敏和武鹏(2019)认为,在出口扩张的外贸战略下,我国农民工就业稳定性较差,农民工过度转换工作不利于形成高技能产业工人队伍。程锐和马莉莉(2019)基于135个国家的全球面板数据,研究认为人力资本动态质量的升级可有效提高出口产品质量,并且人力资本结构高级化促进产品质量升级可通过技术进步机制和产业升级机制实现,这两种中介效应能够解释产品质量升级的46%。从出口竞争力来看,李金城和周咪咪(2017)利用39个国家互联网用户数和附加值出口贸易进行实证分析,发现互联网可通过信息成本节约效应和人力资本提升效应促进制造业企业出口。郭炳南和朱幼恩(2009)研究发现,技术创新可提高要素边际效率而形成贸易比较优势,人力资本不仅是推动技术创新的重要因素,人力资本与技术要素和出口绩效之间也存在长期均衡关系。杨阳等(2016)对高技术产品的不同发展阶段进行分析,发现当出口竞争力较弱时,人力资本和专利对出口竞争力的影响较大;但当出口竞争力较强时,研发人员、FDI和汇率对出口竞争力的影响较大。

第五节 现有研究的局限及拓展方向

改革开放40余年来,企业出口产生的城市集聚效应与创新溢出效应确实促进了我国出口贸易的快速扩张,但鲜有文献关注到我国出口市场可能存在过度集聚现象。依赖低要素成本的低端市场挤压和低价低质量竞争是否能成为长期推动出口竞争力提升并最终引领价值链前沿的永恒动力? 如果不能,那应该如何转型? 转型的侧重点应该在哪些方面? 然而,现有中国情境下的异质性企业贸易理论并没有给上述问题一个全面而系统的解释,主要存在以下局限及有待拓展延伸之处。

第一,虽然解释了要素市场扭曲与企业出口选择之间的互动机制,但忽略了因要素扭曲产生的低成本优势推动出口数量而非出口质量增长的现实,尚缺少在劳动力成本逐步上升情境下重塑外贸竞争力的动态转型机制。具体表现在:其一,劳动力价格扭曲一方面会压缩企业生产成本,另一方面可能因错配而降低企业生产率和研发决策。现有研究大多聚焦这两类效应中的一个方面,缺乏在一个框架内研究劳动力价格扭曲正向效应和负向效应的权衡。其二,劳动力价格扭曲本质上反映的是资源错配,现有研究大多聚焦于错配产生什么样的出口效应,但对纠正价格扭曲缺乏必要的关注,在推进要素市场化改革与外贸转型升级方面缺乏理论支撑。其三,目前劳动力价格扭曲与出口绩效相关的文献对于内生性处理较为欠缺,只有少数文献以最低工资制度改革为准自然实验进行处理,但由于最低工资制度对企业成本而言是一个水平概念,更适用于劳动力成本或工资的相关研究中,而要素扭曲属于相对概念。因此,以最低工资制度改革的准自然实验来处理内生性问题并不是一个较好的选择。

第二,对于中国出口企业低加成率之谜的解释目前仍停滞在企业或产品定价水平及与企业或产品定价相关的创新、质量、竞争等方面的微观分析,尚缺少与市场竞争主体直接相关的中观集聚视角。具体表现在:首先,虽然较多文献从企业的产出、资本、出口外溢、行业密集度等层面构造集聚指标并研究其经济效应,但鲜有文献对微观企业行为主体(人)的集聚进行研究,忽略了对劳动力集聚产生沟通、交流、示范等外部经济效应的现实考量,不能全面反映城市空间集聚在人口维度的经济效应。出口企业"生产率悖论"和"低加成率陷阱"可能是企业利润最大化的内生选择,现有文献大多只关注到集聚对企业出口行为的影响,却没有从企业盈利水平和市场势力等视角进行分析,可能对出口企业集聚的经济效应认识有偏。其次,大多数文献要么偏向探讨集聚的正向溢出效应,要么着重分析集聚的负向拥堵效应,缺乏将两者放在统一框架内的客观评价和对中间机制的研究,不能直观地理解集聚对出口企业绩效的影响机理。

第三,主要聚焦于人力资本与产业升级和出口绩效的横向平面分析,但忽略了人力资本与产业技术需求匹配的质量结构考量,尚缺少纳入"人力资本—产业结构"二重质量结构的指标刻画及其对企业竞争力提升的机理框架。具体表现在:其一,尽管现有文献讨论了人力资本和产业结构的相互作用机理和主要影响因子,但是缺少对人力资本与产业结构匹配指标的直观刻画,从而较难对我国当前的劳动力投入水平和质量进行客观评价和定位研判。其二,现有文献大多只关注到人力资本对工资、增长、技术进步等中宏观变量的影响,却鲜有文献考虑到劳动力质量匹配的结构性差异可能对企业绩效存在异质性影响,较难揭示出存在行业技术能力条件下劳动力质量匹配的作用规律,从而对城市人力资本的经济效应认识有偏。其三,目前在研究劳动力匹配水平和质量的经济效应时,缺乏对中间机制和条件机制的研究,不能直观地理解发挥人力资本经济效应的成本优势和质量优势以及对人力资本效能进行优化的方法和路径。

第三章 中国劳动力配置与出口
绩效的典型化事实

　　城市化进程中长期存在的资本和农村劳动力二元分工,使中国劳动力市场在较长时间内处于均衡分离状态,劳动力实际工资被压低削减层出不穷,同工不同酬现象普遍存在,这就使外来劳动力小时工资仅为城市劳动力小时工资的 60% 左右,造成中国劳动力要素市场存在严重的价格扭曲。本章从劳动力配置三维视角分析中国劳动力市场典型化事实,对劳动力价格制度化扭曲、劳动力规模非对称分布、劳动力质量结构性锁定和出口企业绩效悖论进行了刻画和分析。

第一节 劳动力价格制度化扭曲:廉价
要素推动的效率扭曲根源

　　劳动力价格扭曲是指劳动力要素边际产出与实际价格之间发生偏离,如果劳动力边际产出大于实际价格,则存在负向价格扭曲;如果劳动力边际产出小于实际价格,则存在正向价格扭曲。劳动力价格扭曲产生的原因一般分为两种:一是由于劳动力市场信息不对称、供需不平衡等内生因素,劳动力实际工资偏离均衡价格。比如,大量同质低技能劳动力长期供过于求,会使劳动力市场中形成以低工资雇佣关系为常态的固化模式;二是政府为达到某种目的推行的经济政策可能导致劳动力要素在资源配置中达到非均衡状态,比如户籍制度、行业垄断、市场分割等因素存在,劳动力在城乡之间、不同区域和不同所有制部门中无法自由流动,使劳动力价格的杠杆作用被严重削弱,从而导致劳动力价格扭曲。

一、劳动力价格扭曲的基本现状

要素市场化程度滞后于产品市场化程度使劳动力市场配置偏离最优状态,即不能使高技能人才配置到高效率企业。长期以来,随着部门之间的工资和生产率形成非对称匹配,大量技能劳动力为追求稳定、高薪的工作投身于效率较低的部门,而本需吸收高技能劳动力的高效率部门因要素错配反而无法雇到高技能劳动力。劳动力要素错配一方面造成社会效率浪费,另一方面难以为企业高质量发展和转型升级提供有力的要素支撑。具体表现为三大基本现状:一是劳动份额增长率滞后于人均 GDP 增长率;二是同一行业国有部门平均职工薪酬高于民营部门;三是东部地区城镇单位就业人员平均工资显著高于西部地区。

(一)增长率滞后:劳动收入份额增长率滞后于人均 GDP 增长率

一般来说,要素参与国民经济配置比例可通过要素收入份额衡量,要素收入份额不仅反映生产要素对产出的贡献度,也能间接衡量要素价格。劳动收入份额衡量的是劳动力要素在一定时期内对产出的贡献,可利用职工报酬除以 GDP 得到劳动收入份额,其中职工报酬包括以现金和实物形式发放的工资、奖金、津贴和佣金等。但遗憾的是,这种方法计算的职工报酬因不包括个体经营者和农户劳动收入而造成劳动收入份额被低估。参考高雅丽(2018)、刘穷志和罗素(2015)的方法,纳入对农业和个体经济混合收入、隐性收入的测算调整[①],得到中国 2000—2016 年劳动收入份额和人均 GDP 增速测算结果,如表 3-1 所示。主要结论如下:一是样本期间中国劳动收入份额基本保持在一半左右,2000 年调整后劳动报酬占 GDP 的比重为 51.45%,2016 年仅达到 56.56%,样本期间平均水平为 55.9%。除 2004 年外,其他年份的劳动收

[①] 劳动收入份额＝(劳动者报酬＋个体业主收入＋隐性劳动收入)÷(GDP＋劳动报酬分劈比例×隐性收入),其中隐性劳动收入＝(隐性收入×工资性收入)÷(工资性收入＋经营性净收入＋财产性收入)。

入份额呈现一定的衰减或缓慢增长趋势。二是样本期间劳动收入份额增速显著低于人均 GDP 增速,劳动收入份额平均增速为 0.66％,而人均 GDP 增速达到 12.78％,甚至在人均 GDP 高速增长的背景下,劳动收入份额增速显著负增长。所以说,中国劳动收入份额长期增长动力不足,劳动力价格存在严重负向扭曲。

表 3-1 2000—2016 年中国劳动收入份额与人均 GDP 增速对比

年份	劳动收入份额/％	劳动收入份额增速/％	人均 GDP/元	人均 GDP 增速/％
2000	51.45	—	7942	—
2001	51.17	−0.54	8717	9.76
2002	50.44	−1.43	9506	9.05
2003	49.99	−0.89	10666	12.20
2004	56.52	13.06	12487	17.07
2005	57.98	2.58	14368	15.06
2006	57.41	−0.98	16738	16.49
2007	57.37	−0.07	20494	22.44
2008	58.54	2.04	24100	17.60
2009	59.21	1.14	26180	8.63
2010	57.03	−3.68	30808	17.68
2011	56.60	−0.75	36302	17.83
2012	56.88	0.49	39874	9.84
2013	57.04	0.28	43684	9.56
2014	57.46	0.74	47005	7.60
2015	58.61	2.00	50028	6.43
2016	56.56	−3.50	53680	7.30
平均值	55.90	0.66	26622	12.78

资料来源:以上数据均为计算所得,原始数据来源于历年《中国统计年鉴》《中国劳动统计年鉴》《中国国内生产总值核算历史资料(1952—2004)》和《新中国六十年统计资料汇编》。

（二）所有制扭曲：国有部门平均职工薪酬显著高于民营部门

一般来说，在完全竞争市场中，劳动力质量层级决定了劳动力价格，劳动力价格差异直接反映为劳动力质量差异。但在我国现实经济活动中，劳动力价格差异也存在于同一行业的不同所有制部门中，即使劳动力质量相同，同一劳动力在不同所有制的同一行业内工资仍存在显著差异。表3-2列举了部分年份不同行业的国有部门和民营部门平均职工薪酬和相对比值，发现国有部门平均职工薪酬显著高于民营部门，其中农林牧渔业、建筑业、房地产业等行业的薪酬差距较小，电力、燃气及水的生产和供应业、金融业和文化、体育及娱乐业薪酬差距较大。总体来看，农林牧渔业薪酬所有制差距最小，其国有部门和民营部门薪酬比值约为 1.05，而金融业薪酬所有制差距最大，其国有部门和民营部门薪酬比值约为 2.32。由此可见，职工平均薪酬明显存在所有制扭曲，由于所有制分割阻碍了劳动力跨部门流动，部分愿意接受低于国有部门工资的高效率劳动力无法配置到国有部门，使国有部门一定程度上存在"低效率、高工资"现象，从而导致劳动力市场存在配置扭曲。

（三）区域不平衡：东部地区城镇单位就业人员工资显著高于西部地区

随着城市化的不断推进，大量劳动力人口从农村转移到城市，从西部地区转移到东部地区，实现了劳动力大规模空间流动。但由于东部和西部地区在要素禀赋、制度环境、区域文化等方面存在显著差异，逐步形成了"东高西低"的工资分布格局。表3-3汇报了东、西部地区主要城市城镇单位就业人员平均工资及增长率，从中可以看出东部地区平均工资显著高于西部地区。从2017年的数据来看，东部省份中，上海市城镇单位就业人员平均工资最高，达到约13万元，而西部省份中青海省城镇单位就业人员平均工资最高，但不到7.6万元，约为上海市的六成。如果把劳动力分为高技能劳动力和低技能劳动力，比较容易解释东、西部地区平均工资的区域差异：一是东部地区在产业基础、中间品种类数和质量、生产者服务等方面具备明显优势，导致大量制造业在东部地区集聚，从而加大高技能劳动力工资差异；二是由于区域间市场分割较为严重,要素特别是低技能劳动力在城市间有限流动造成的负向效应更大,较容易拉大低技能劳动力之间的工资差异(谢燮和杨开忠,2016)。

二、劳动力价格扭曲的测算和比较:基于生产函数法

劳动力价格扭曲是指劳动力要素价格与其机会成本的背离,一般用劳动力要素的边际收益与实际成本之比表示。本章采用 C-D 生产函数对劳动力价格扭曲程度进行刻画:一是通过生产函数计算生产要素的边际产出;二是将要素边际产出与实际价格进行对比,从而得到要素价格扭曲程度。一般假设生产函数基本形式为: $Y_{jt} = AK_{jt}^{\alpha}L_{jt}^{\beta}$。其中, Y_{jt} 为实际总产出,用地区生产总值衡量; K_{jt} 为资本存量,利用永续盘存法计算得到; L_{jt} 为劳动力投入,用地区从业人数表示; α、β 分别为资本和劳动力的产出弹性系数, j 为省份, t 为时间。劳动力要素的边际产出 $MP = \beta Y_{jt}/L_{jt}$。假定劳动力要素价格为 w,则劳动力价格扭曲 $DisL_{jt} = MP/w = \beta Y_{jt}/(wL_{jt})$。该式含义在于,扭曲值越偏离 1,劳动力价格扭曲程度越大。若扭曲值大于 1,说明劳动力市场存在负向扭曲,即实际工资低于劳动力要素边际产出;若扭曲值小于 1,说明劳动力市场存在正向扭曲,即实际工资高于劳动力要素边际产出。

图 3-1 汇报了样本期间中国劳动力价格扭曲程度及其变动率的动态变化趋势。总体来看,劳动力价格扭曲程度显著大于 1,并经历了一段长时间内不断上升到逐渐改善的过程,其中 1998—2003 年和 2012—2016 年变化速度较慢,2004—2012 年变化速度较快。说明我国劳动力市场长期存在负向扭曲状态,即劳动力实际工资低于劳动力要素边际产出。1998—2003 年,劳动力价格扭曲趋于恶化,但基本维持在较低扭曲水平;2003 年后,扭曲恶化趋势不断升级,直到 2007 年达到扭曲程度最高点,2007 年后开始出现逐步改善现象。从扭曲变动率来看,除 2004 年、2008 年和 2009 年外,其他年份变动率绝对值均处于 0%～5%,并且下降的变动率显著小于上升的变动率。也就是说,样本期间内劳动力价格负向扭曲上升速度较快,但下降速度缓慢,呈不断改善趋势。

表 3-2 部分年份我国不同行业分所有制企业平均职工薪酬水平

行业	2017年			2015年			2013年			2011年		
	国有部门/元	民营部门/元	比值	国有部门/元	民营部门/元	比值	国有部门/元	民营部门/元	比值	国有部门/元	民营部门/元	比值
全国	81114	45761	1.77	65296	39589	1.65	52657	32706	1.61	43483	24556	1.77
农、林、牧、渔业	35886	34272	1.05	31374	28869	1.09	25444	24645	1.03	19253	19223	1.00
采矿业	71402	41236	1.73	59673	38192	1.56	56317	33081	1.70	53387	25519	2.09
制造业	77649	44991	1.73	64931	38948	1.67	54094	32035	1.69	43031	24138	1.78
电力、燃气及水的生产和供应业	91375	41510	2.20	80066	34631	2.31	68146	29597	2.30	53333	22091	2.41
建筑业	55623	46944	1.18	49544	41710	1.19	43849	34882	1.26	36071	26108	1.38
交通运输、仓储和邮政业	83848	45852	1.83	70908	40495	1.75	59516	33141	1.80	47318	25949	1.82
信息传输、计算机服务和软件业	82762	70415	1.18	69858	57719	1.21	60182	44060	1.37	50401	35562	1.42
批发和零售业	81907	42359	1.93	69300	36635	1.89	55980	30604	1.83	41337	22791	1.81
住宿和餐饮业	50816	36886	1.38	43621	31889	1.37	36298	27352	1.33	28756	20882	1.38
金融业	109128	52289	2.09	100672	44898	2.24	87732	37253	2.36	74650	28664	2.60
房地产业	67632	48025	1.41	55922	41767	1.34	45435	35038	1.30	43814	27017	1.62

续　表

行业	2017 年			2015 年			2013 年			2011 年		
	国有部门/元	民营部门/元	比值	国有部门/元	民营部门/元	比值	国有部门/元	民营部门/元	比值	国有部门/元	民营部门/元	比值
科学研究、技术服务和地质勘查业	99164	58102	1.71	80409	50441	1.59	69501	42854	1.62	60316	31320	1.93
教育业	84860	43263	1.96	67442	37040	1.82	52283	31521	1.66	43436	23636	1.84
卫生、社会保障和社会福利业	92796	47296	1.96	73490	40558	1.81	59200	33862	1.75	47185	25590	1.84
文化、体育和娱乐业	87850	41201	2.13	73447	34974	2.10	59437	30402	1.96	48690	22666	2.15

表 3-3　我国东、西部主要城市城镇单位就业人员平均工资

地区	省 (区、市)	2017 年 /元	2015 年 /元	2013 年 /元	2011 年 /元	2009 年 /元	2007 年 /元	年均 增长率/%
东部	上海	129795	109174	90908	75591	58336	44976	11.18
	江苏	78267	66196	57177	45487	35217	27212	11.14
	浙江	80750	66668	56571	45162	36553	30818	10.11
	山东	68081	57270	46998	37618	29398	22734	11.59
	福建	67420	57628	48538	38588	28366	22277	11.71
	广东	79183	65788	53318	45060	36469	29658	10.32
西部	陕西	65181	54994	47446	38143	29566	20977	12.01
	甘肃	63374	52942	42833	32092	26743	20657	11.86
	青海	75701	61090	51393	41370	32481	25318	11.58
	宁夏	70298	60380	50476	42703	32916	25723	10.58
	新疆	67932	60117	49064	38238	27617	21249	12.32

资料来源:根据数据整理测算得到。

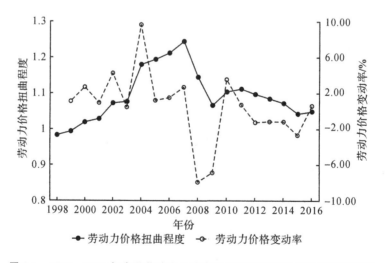

图 3-1　1998—2016 年我国劳动力价格扭曲程度及其变动率动态变化趋势

为进一步分析中国劳动力价格扭曲的区域差异,图 3-2 汇报了东部、中部、西部地区劳动力价格扭曲的变化趋势。从中可以发现:劳动力价格负向扭曲程度大于正向扭曲,并且东部地区负向扭曲程度最大,中部次之,西部最小,东部和中部地区价格负向扭曲水平显著高于全国平均水平。随着改革开放的不断深化,东部地区成为劳动密集型产业转移集聚区,使大量劳动力实际所得低于其劳动边际产出,所以东部地区价格扭曲最为严重。相比东部地区而言,中部地区一方面向东部输送了大量劳动力,另一方面劳动力成本较低,以致中部地区价格扭曲程度略小。但 2003 年后,中部地区价格扭曲程度较东部、西部呈明显上升趋势。主要原因在于,2003 年政府出台了促进农民增收和取消农民工进城就业限制的相关政策,加剧了中部地区劳动力素质分层,从而导致中部地区劳动力价格扭曲不断恶化。对于西部地区而言,特别是西藏、新疆、广西、贵州等省份,由于地理条件、文化差异、劳动力质量等方面的原因,通常采用较高工资和其他政策待遇吸引东部、中部地区劳动力前往就业,所以西部地区出现了劳动力价格正向扭曲现象。

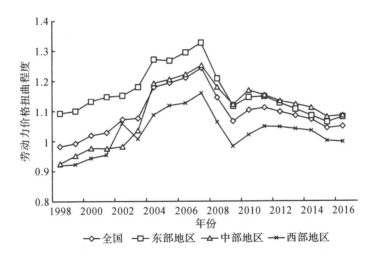

图 3-2 东部、中部、西部地区劳动力价格扭曲程度变化趋势

三、基于单位劳动力成本的国际比较:成本优势弱化

尽管劳动力价格因要素市场扭曲被压低,但中国劳动力成本上升依然是不可阻挡的趋势。根据国家统计局公布的数据,2000年城镇单位就业人员平均工资为10955元,2018年增长到141692元,增长了近13倍。职工工资上升,使中国劳动力成本优势不断弱化。但需明确的是,劳动力成本优势不只与劳动报酬相关,也与劳动生产率相关。如果劳动报酬增长速度快于劳动生产率增长速度,则劳动力成本优势会减弱;如果劳动报酬增长速度慢于劳动生产率增长速度,则劳动力成本优势会强化。本章参考王昆和李兆千(2018)的做法,利用单位劳动力成本,即劳动报酬与劳动生产率的比值衡量劳动力成本优势,并将中国单位劳动成本和其他主要新兴经济体进行对比。

图3-3汇报了中国和印度尼西亚、墨西哥、俄罗斯、土耳其等新兴经济体单位劳动成本的变化趋势。从中可以发现:第一,中国单位劳动成本呈现稳

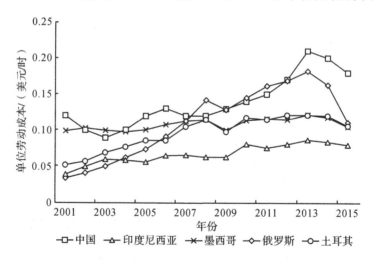

图3-3 中国和部分新兴经济体单位劳动成本变化趋势

资料来源:根据数据测算得到。劳动报酬数据来源于EIU数据库,其中中国劳动报酬根据《中国统计年鉴》和国际劳工组织相关数据测算得到。劳动生产率数据来源于美国经济咨商局,其中中国劳动生产率根据《中国劳动统计年鉴》和EPS数据库相关数据计算得到。

步上升趋势,从 2001 年的 0.12 美元/时上升到 2015 年的 0.18 美元/时,2018 年单位劳动成本远超印度尼西亚(2.25 倍)、墨西哥(1.71 倍)、俄罗斯(1.62 倍)、土耳其(1.70 倍)等新兴经济体。第二,从变化趋势来看,2011 年中国单位劳动成本上升速度明显加快,主要原因是从 2011 年开始,中国劳动生产率在劳动报酬保持增长的情况下有所下降,导致单位劳动力成本上升。也就是说,随着中国劳动力成本优势的不断弱化,中国制造业发展不仅不能依靠廉价要素获得生产经营优势,甚至部分制造业可能会转移到更具成本优势的墨西哥、印度尼西亚、土耳其等新兴经济体,中国制造业要素驱动战略亟须做出适应性调整和优化。

第二节　劳动力规模非对称分布:低水平
竞争的要素禀赋基础

随着外贸开放程度和城镇化水平的提高,大规模人口流动为不同层次的经济活动和产业集聚提供了要素基础,重塑了城市间分布格局。城市规模扩大,不仅能通过集聚的正外部性促进产业关联、知识溢出和劳动力供需匹配,也会因存在负外部性而产生拥堵效应。城市作为产业集聚载体,它的投入产出效率取决于要素配置效率的高低,如果一段时间内某种要素的投入多于其他要素,自然会产生要素拥堵,从而影响城市体系配置效率,更为直观的表现就是影响城市产业增长和生产绩效水平。本节主要从城市劳动力规模视角出发,分析中国制造业企业出现的"高效率、低盈利"现象。研究发现,以劳动人口集聚产生的竞争拥堵效应大于集聚经济效应是大城市企业绩效降低的可能原因,并且城市发展不均衡、人力资本较弱不利于提升城市和产业竞争力。

一、城市劳动力规模分布与企业绩效:竞争拥堵效应显著

按照新新经济地理学的观点,只有生产率高的企业才能克服市场拥堵效应而在城市规模扩张中存活,大城市中企业平均生产率更高,并且不同规模

城市的集聚经济效应和竞争拥堵效应存在显著差别。具体来说,对于大城市而言,城市规模扩张会产生更强的市场竞争效应,使得城市价格上限下降,进而导致企业平均利润率下降。对于低效率企业来说,利润缩减程度较大将被迫退出市场。图 3-4 和图 3-5 检验了不同规模城市企业生产率(由 LP 法计算得到)和加成率(由 DLW 法计算得到)之间的关系,其中图 3-4 是基于城市人口密度将城市分为大城市(人口密度大于均值)和小城市(人口密度小于均值),图 3-5 是基于城市就业密度将城市分为大城市(就业密度大于均值)和小城市(就业密度小于均值),分别绘制不同城市企业加成率和生产率的核密度图,基本得出同样的结论:由于存在广泛的共享、匹配和学习机制,大城市生产率核密度图相对右偏,表现为高生产率企业数量更多,大城市集聚经济效应作用更加明显。但同时发现,大城市加成率核密度图相对于小城市相对左偏,说明大城市低加成率企业更多。如果城市规模扩张引致的集聚经济效应大于竞争拥堵效应,企业加成率和生产率的分布特征应该基本一致。但目前出现的大城市中"高效率、低盈利"的普遍现象表明,大城市存在的竞争拥堵效应产生更强的"逆反"作用,企业更倾向于降低价格应对市场竞争冲击,从而表现为更低的加成率。

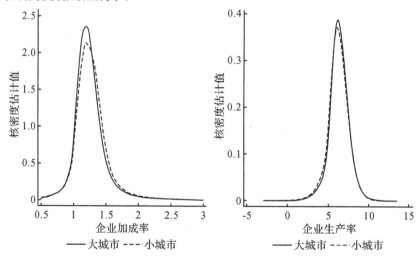

图 3-4　基于人口密度划分的城市企业加成率(左)和生产率(右)核密度

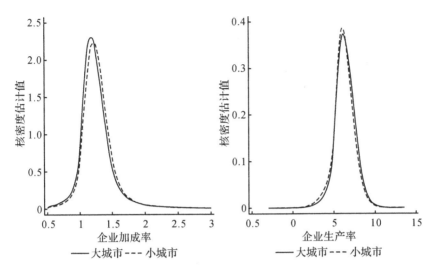

图 3-5 基于就业密度划分的城市企业加成率(左)和生产率(右)核密度

二、城市劳动力规模分布与工资溢价:大城市发展不足

城市劳动力规模分布会影响工资溢价。一般来说,城市人口规模越大,整体工资水平越高。由于大城市对劳动力尤其是技能劳动力流入具有锁定效应,城市工资溢价主要来源于高技能劳动者工资增长。国务院印发的《关于调整城市规模划分标准的通知》把城市按规模划分为五类:城区常住人口超过 1000 万人的城市为超大城市,城区常住人口在 500 万~1000 万人的城市为特大城市,城区常住人口在 100 万~500 万人的城市为大城市,城区常住人口在 50 万~100 万人的城市为中等城市,城区常住人口在 50 万人以下的城市为小城市。比较不同规模城市的职工平均工资水平变化趋势,如图 3-6所示,可以发现,小城市的职工平均工资最高,与超大城市基本接近。尤其在 2008 年之后,小城市职工平均工资增长速度加快。相比较而言,特大城市、大城市职工平均工资却低于中等城市、小城市。这说明特大城市和大城市平均工资增长趋势并不完全符合城市工资溢价理论的观点。可能的解释是:一方面,大城市内部存在就业体制二元分割,体制外企业因存在更多高效率劳动者而使集聚经济效应大于体制内,这种所有制差异改变了城市规模扩张的工

资溢出机制。另一方面,由于中国城市体系发展不充分,大约有 51%～62% 的城市存在规模不足问题(陈瑛,2018;Au and Henderson,2006),而劳动人口的集聚效应和溢出效应更易作用于大规模城市。因此,打破城市内与城市间的制度性壁垒,提升中小城市人力资本质量和溢出效应仍是优化城市体系的重要方向。

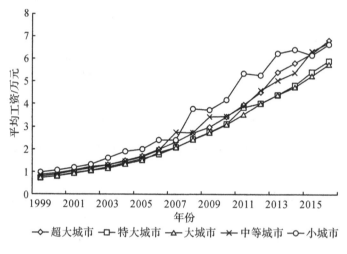

图 3-6　不同规模城市的职工平均工资变化趋势

三、城市劳动力规模分布与技能结构:高级人力资本短缺

在城市化进程中,劳动力区域流动有利于扩大城市规模,从而优化城市要素配置效率。以户籍制度为代表的限制政策是人口跨区域流动的筛选器,劳动力技能程度越低,进入大城市的门槛越高。尽管大城市进入门槛很高,但由于其在发展平台、就业环境、生活舒适度和便利度等方面存在明显优势,因此劳动者无论自身技能高低,在就业时都倾向于选择大城市,这样就导致不同城市规模分布下的劳动力技能结构存在显著差异。由于数据可得性的原因,这里利用中国工业企业数据库中研究生学历、本科学历、专科学历、高中学历和初中及以下学历等五类技能劳动力数据,比较不同城市规模下企业劳动力技能结构占比的行业差异、地区差异和所有制差异。

　　图 3-7 汇报了按照常住人口数量划分的五类城市不同行业异质性劳动力就业人数占比情况。从中可以得出以下三点结论：第一，样本期间内，无论城市规模大小，专科、高中和初中及以下学历劳动力均占较大比重，本科及以上学历劳动力占比均低于 10%，说明中国劳动力技能结构整体较低。第二，在资本密集型和技术密集型行业，研究生、本科及专科学历劳动力占比显著高于劳动密集型行业。第三，代表最高技能程度的研究生学历的劳动力在不同规模城市中的分布具有显著差异，超大城市中研究生学历劳动力占比达 0.5%，远远超过其他规模城市，在小城市中仅占 0.16%。但不可否认的是，大城市仍存在较多低技能劳动力，"高端不足，低端拥堵"依旧是中国城市劳动力结构的主要特征。

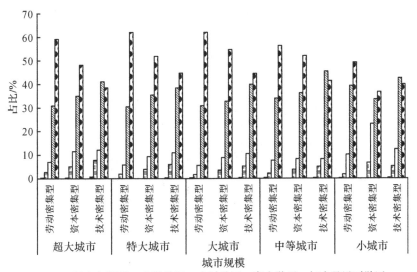

图 3-7　不同城市规模下企业劳动力技能结构占比行业异质性对比

从不同地区劳动技能结构来看(见图 3-8),大量劳动力集聚在东部地区的超大城市和特大城市,使该区域本科和研究生学历劳动力占比较大。并且,随着城市规模的缩小,研究生学历劳动力占比显著降低。但不可忽视的是,尽管东部地区高级技能劳动力占比高于中、西部地区,但人口流动也导致东部地区高中和初中及以下学历劳动力比重较高。从不同所有制企业劳动力技能结构来看(见图 3-9),国有企业和外资企业本科和研究生学历劳动力占比较大,并且随着城市规模的扩大,高层次技能劳动力所占比重也在增大。由于认为国有企业工资待遇更有保障、社会保险和医疗保险更为完善、社会地位和晋升空间更加明朗,技能劳动力更愿意选择到国有企业就业。而外资企业较多有资本密集或技术密集属性,具有需要更高技能劳动力的发展需求,所以外资企业和国有企业的技能结构相对民营企业更优。

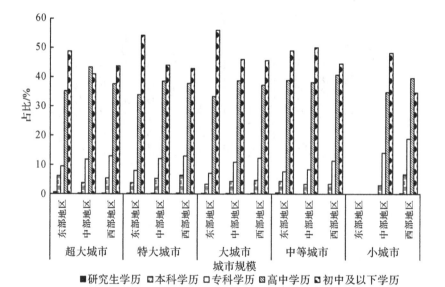

图 3-8 不同城市规模下企业劳动力技能结构占比区域异质性对比

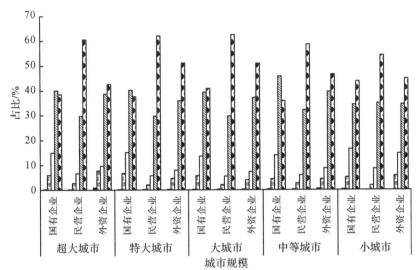

图 3-9 不同城市规模下企业劳动力技能结构占比所有制异质性对比

第三节 劳动力质量结构性锁定：
人力资本—产业结构低质量耦合

技术能力的形成和提高是促进创新的前提条件。由于劳动力在学历层次、技能结构、知识质量上存在差异，因此在产业技术成长的不同阶段需要相匹配的劳动力质量结构或人力资本结构。如果人力资本结构与产业技术需求不匹配，将不利于发挥人力资本的创新能力和技术外溢作用，从而有碍于产业结构和城市层级的优化调整；如果人力资本结构与产业技术需求相适应，将有利于发挥劳动力质量效应，通过技术模仿、技术引进或技术创新，产生较高的技术升级收益成本比。在改革开放 40 余年转型过程中，中国各城市人力资本投入是否与产业结构调整相匹配正是本节内容主要关注的问题。研究发现，2000—2013 年，中国各城市人力资本与产业结构匹配程度（耦合度）较高，但是匹配质量（协调度）整体较低，"人力资本—产业结构"系统处于低质量耦合结构性锁定状态。

一、劳动力质量匹配耦合协调度测算框架

参考鞠晓伟和赵树宽(2009)、曾繁清和叶德珠(2017)等的做法,采用城市"人力资本—产业结构"耦合协调度衡量人力资本的匹配程度和匹配质量。[①] 耦合最早是物理学领域的概念,指两个及以上系统或两种运动形式相互影响、协调发展的动态演进状态,通过对城市"人力资本—产业结构"两个系统的耦合协调度进行测算,可以刻画出该城市劳动力质量与产业结构之间的协调互动关系和匹配质量的演变动态。该指标具体计算过程可以分为以下几步。

第一步:确定功效函数。设 $X_{ij}(i=1,2;j=1,2,\cdots,n)$ 为第 i 个系统第 j 个指标,即序参量,其中 $i=1$ 表示人力资本子系统, $i=2$ 表示产业结构子系统。 α_{ij} 、 β_{ij} 是系统稳定临界点序参量上、下限值。一般地,将序参量最大值和最小值分别作为上限值和下限值。标准化功效系数 x_{ij} 为变量 X_{ij} 对系统的功效贡献值,且 $x_{ij} \in [0,1]$,其中 0 为最不满意,1 为最满意,功效系数 x_{ij} 的表达式为[②]:

$$x_{ij} = \begin{cases} (X_{ij} - \alpha_{ij})/(\alpha_{ij} - \beta_{ij}), & X_{ij} \text{ 具有正功效} \\ (\alpha_{ij} - X_{ij})/(\alpha_{ij} - \beta_{ij}), & X_{ij} \text{ 具有负功效} \end{cases} \tag{3-1}$$

第二步:计算综合序参量。设 U_1 、 U_2 分别为人力资本系统和产业结构系统的综合序参量, x_{ij} 为序参量 j 对子系统 i 的功效, χ_{ij} 为对应权重,综合序参量计

---

① 目前"人力资本—产业结构"系统耦合协调度测算较多在省级层面进行,鲜有文献对城市层面耦合协调度进行研究。参考有关文献的做法,并结合数据可得性,在人力资本系统选择的变量有:教育科技投入指标(每万人在校大学生数、教育支出占财政收入比重、科技支出占财政收入比重)、文化卫生健康投入指标(每万人医院床位数、每百人公共图书馆藏书数、每万人剧场电影院数)、空间配置指标(城镇失业率、港澳台和外商直接投资占工业总产值的比重);产业结构系统选择的变量有:高度化指标(第二、三产业从业人数占比、产业结构层次系数)、合理化指标(第二、三产业 GDP 占比,产业结构偏离度)、高效化指标(第二、三产业劳动生产率,产业结构质量系数),其中产业结构层次系数、产业结构偏离度、产业结构质量系数参考袁航和朱承亮(2018)的做法测算得到。

② 若序参量对系统的贡献为正,则其具有正功效;若序参量对系统的功效为负,则其具有负功效。

算公式为：$U_i = \sum_{j=1}^{n} \chi_{ij} x_{ij}$，$\sum_{j=1}^{n} \chi_{ij} = 1$，$i = 1, 2$。进一步地，借鉴 Shannon(1948)的方法，采用熵值赋权法确定序参量的权重 χ_{ij}。计算过程为：(1)将功效系数做比重变换，令 $s_{ij} = x_{ij} / \sum_{i=1}^{n} x_{ij}$；(2)计算熵值，有 $h_j = -\frac{1}{\ln n}(\sum_{i=1}^{n} s_{ij} \ln s_{ij})$，从而得到熵值的信息效用价值 $d_j = 1 - h_j (j = 1, 2, \cdots, m)$；(3)得到 x_{ij} 的熵权：$\chi_{ij} = d_j / \sum_{j=1}^{m} d_j$。其中 n 和 m 分别为系统样本数和指标个数。

第三步：计算系统耦合度和协调度。设定系统耦合度为 C，且有 $C = 2i\sqrt{(U_1 \times U_2)}/(U_1 + U_2)$，$C \in [0, 1]$。[①]由于人力资本与产业结构系统存在交错、动态和不平衡的特点，仅依靠耦合度难以区分两者之间的整体功效和协调效应，还应考虑不同人力资本水平和产业层级情况下的匹配质量，从而有效识别人力资本和产业结构"双低高耦合"情形。为进一步识别人力资本系统和产业结构系统在不同发展水平下的耦合程度，本章构造了衡量人力资本和产业结构匹配质量的协调度指标，令系统综合协调指数 $T = aU_1 + bU_2$，$T \in [0, 1]$，其中 a 和 b 为两个子系统在整个系统中的重要程度，一般设定 $a = b = 0.5$，即两个系统同等重要，则有系统协调度 $D = \sqrt{C \cdot T}$，$D \in [0, 1]$。[②]系统耦合度和协调度数值范围均为 0~1，反映的是城市人力资本和产业结构匹配程度和匹配质量的高低。其中 $C = 0$ 表示耦合度极度错位，系统处于二元分离状态；$C = 1$ 表示耦合度匹配完全，系统之间或者要素之间达到良性共振耦合，系统趋向于有序结构；$D = 0$ 表示极低水平耦合，匹配质量极差；$D = 1$ 表示极高水平耦合，匹配质量极高。比较协调度和耦合度有助于识别人力资

---

① 参考一般做法，将"人力资本—产业结构"系统耦合的演变按照耦合度数值从低到高划分为低水平耦合(0,0.3]、颉颃(0.3,0.5]、磨合(0.5,0.8]和高水平耦合(0.8,1]四个阶段。

② 参考魏金义和祁春节(2015)的做法，将系统协调度按照数值从低到高划分为失调(0,0.2]、濒临失调(0.2,0.4]、勉强协调(0.4,0.6]、中度协调(0.6,0.8]、高度协调(0.8,1]五种类型。

本和产业结构之间是存在发展质量不足问题还是耦合协调较差问题[①]，从而较为科学有效地分离出两个系统的匹配程度和匹配质量。

系统耦合协调度的经济学含义可通过图 3-10 体现。图中三条曲线是人力资本和产业结构组合的等发展质量线，表示不同人力资本和产业结构组合有相同发展质量水平。而 45 度线表示耦合度最优，用 $C=1$ 表示。该线两侧均为 $C<1$，表明耦合程度未达到最优。在图 3-10 中，A 点与 B 点有相同发展质量水平但耦合度不同，A 点与 D 点有相同耦合度但发展质量水平不同。通过引入协调度就可以区分 A 点、B 点和 D 点的关系，即区分人力资本和产业结构系统的匹配程度高低和匹配质量强弱。一方面，仅强调协调的匹配可能会导致系统耦合度较低，如 B 点，尽管协调度明显高于 E 点，但耦合度低于 A 点、E 点和 D 点，说明人力资本与产业结构的配合缺乏效率；另一方面，仅强调耦合的匹配可能会导致系统协调度较低，如 E 点，尽管耦合度高于 B 点，但协调度低于 A 点、B 点和 D 点，也就是说在缺乏外力作用的情况下，E 点表示系统可能陷入"低质量耦合锁定"。最佳的状态应该是耦合度和协调度均较高，即为图中 D 点。

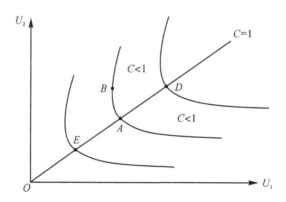

图 3-10 耦合度、协调度与发展水平经济学含义示意

---

① 需要说明的是，现有文献并无法对两种状态进行精准的阶段划分，目前只是一种大致划分标准，主要目的是让读者更直观地感受计算得到的不同数值所表示的匹配程度和匹配质量的大致含义。

二、劳动力质量匹配时间趋势与空间分布

（一）系统匹配度测算结果

如表 3-4 所示，2000—2013 年中国各城市"人力资本—产业结构"系统平均耦合度整体较高，说明样本期间各城市人力资本和产业结构表现出较为同步的发展步伐。一方面，产业结构的变化信息能够快速传导给人力资本体系，通过倒逼机制产生优化人力资本结构、加大人力资本投资等效应，为产业结构升级提供人才和智力支撑。另一方面，城市人力资本投入优化提升，也会有效促进创新产出、产业升级和效率提升。但从系统协调度来看，"人力资本—产业结构"系统协调类型总体处于勉强协调阶段，甚至 2008 年金融危机后转为濒临失调。也就是说，尽管我国城市的人力资本和产业结构系统长期处于高度耦合阶段，但发展层次非常低。从演变趋势来看，基本得出两点结论：第一，产业结构综合序参量长期高于人力资本综合序参量，人力资本仍有较大提升空间；第二，2001 年中国加入 WTO 后，人力资本与产业结构的综合序参量差距逐步缩小，显著提升了系统耦合度和协调度，但 2008 年全球金融危机对中国实体经济产生了不可忽视的影响，系统耦合度和协调度出现双重恶化。随着财政政策、产业政策的相继实施，中国产业发展和人力资本投资有序扩张，使得系统耦合度和协调度有所恢复，2011 年后实现了明显"双增长"。但总体来说，城市人力资本发展滞后于产业结构发展，系统匹配趋向于低质量耦合锁定阶段。

表 3-4　城市"人力资本—产业结构"系统匹配度测算结果

年份	人力资本综合序参量	产业结构综合序参量	耦合度	耦合阶段	协调度	协调类型
2000	0.1218	0.3225	0.8511	高水平耦合阶段	0.4291	勉强协调
2001	0.0952	0.3145	0.8004	高水平耦合阶段	0.4002	勉强协调
2002	0.1367	0.3051	0.8798	高水平耦合阶段	0.4416	勉强协调
2003	0.1219	0.2797	0.8707	高水平耦合阶段	0.4132	勉强协调

续　表

年份	人力资本综合序参量	产业结构综合序参量	耦合度	耦合阶段	协调度	协调类型
2004	0.1339	0.3236	0.8523	高水平耦合阶段	0.4443	勉强协调
2005	0.1379	0.2435	0.9186	高水平耦合阶段	0.4170	勉强协调
2006	0.1336	0.2585	0.9050	高水平耦合阶段	0.4208	勉强协调
2007	0.1271	0.2535	0.8982	高水平耦合阶段	0.4119	勉强协调
2008	0.0948	0.2354	0.8700	高水平耦合阶段	0.37810	濒临失调
2009	0.1264	0.2239	0.9239	高水平耦合阶段	0.3997	濒临失调
2010	0.1315	0.2442	0.9159	高水平耦合阶段	0.4130	勉强协调
2011	0.0998	0.2152	0.8930	高水平耦合阶段	0.3736	濒临失调
2012	0.1212	0.2616	0.8879	高水平耦合阶段	0.4109	勉强协调
2013	0.1558	0.3236	0.8959	高水平耦合阶段	0.4619	勉强协调

资料来源:根据数据整理测算得到。

(二)系统匹配度空间分布

图 3-11 和图 3-12 汇报了各城市"人力资本—产业结构"系统不同耦合阶段和协调程度城市数量变化趋势。从耦合阶段来看,处于磨合阶段的城市数量从 2000 年的 81 座减少到 2013 年的 26 座,其中 2009 年最少,只有 9 座城市处于磨合阶段,占城市总数的 4%;而处于高水平耦合阶段的城市数量呈显著上升趋势,由 2000 年的 178 座增加到 2013 年的 224 座,其中 2009 年最多,达到了 243 座城市,占城市总数的 96%,表明各城市人力资本耦合程度总体向好。但从系统协调程度来看,大多数城市处于濒临失调和勉强协调阶段,这两个阶段内城市数量在 2008 年前长期呈现此消彼长的变化趋势,2008 年后濒临失调的城市数量连续下降,勉强协调的城市数量大幅度上升。而较少城市处于中度协调阶段,几乎没有或极少城市处于高度协调阶段(2004 年东莞市)。

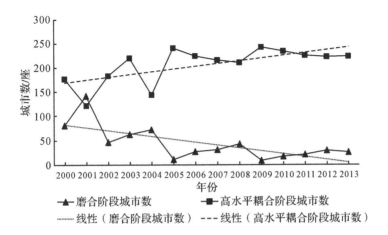

图 3-11　"人力资本—产业结构"系统各耦合阶段城市数变化趋势

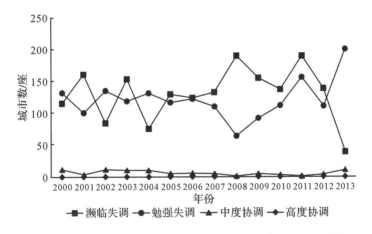

图 3-12　"人力资本—产业结构"系统各协调程度城市数变化趋势

　　关于样本期间内各城市系统的平均耦合阶段和协调程度,大部分城市处于高水平耦合阶段,占城市总数的 89%。[①] 而处于磨合阶段的城市大多聚集

────────────

　　① 样本中共有 275 座城市,其中 39 座城市处于磨合阶段,246 座城市处于高水平耦合阶段。

在四川、安徽、山东、湖南、河南等省份。① 就系统协调程度而言,在285座城市中,有162座城市处于系统失调阶段,119座城市处于濒临失调阶段,且大部分城市位于东部沿海省份,只有4座城市处于勉强协调阶段,分别为上海市、广州市、深圳市和东莞市。总的来说,系统耦合度和协调度呈现出明显的差异性,表现为系统耦合度与协调度非对称匹配。

第四节　中国出口企业绩效悖论:低加成率之谜

异质性企业理论从微观层面进行理论架构,认为出口企业与非出口企业存在显著的异质性特征,一般来说,出口企业规模更大,生产率更高。但根据中国制造业企业的现实情况,出口企业生产率相较于非出口企业反而更低,存在显著的"生产率悖论"现象。与此同时,中国出口产品价格不仅低于国外同类产品价格,甚至低于国内同类产品价格。不同学者分别从出口退税、补贴政策、产品质量选择等角度对中国企业低加成率陷阱的理论与现实进行了解释和说明。为了更好地理解中国出口企业存在的"生产率—加成率"绩效悖论,本节首先基于工业企业数据库测算了企业层面加成率和生产率,并对出口与非出口企业加成率的行业异质性进行了对比分析,较为直观地反映了中国出口企业低加成率之谜的基本现实。

一、加成率和全要素生产率的测算框架

参考 De Loecker 和 Warzynski(2012)的方法,采用结构方程对企业加成

---

① 具体表现为:安徽省(5座),包括安庆市、阜阳市、巢湖市、亳州市、宣城市;四川省(8座),包括泸州市、遂宁市、眉山市、宜宾市、广安市、达州市、巴中市、资阳市;山东省(4座),包括枣庄市、德州市、聊城市、滨州市;湖南省(4座),包括衡阳市、常德市、郴州市、娄底市;河南省(3座),包括濮阳市、许昌市、商丘市;贵州省(2座),包括六盘水市、遵义市;云南省(1座),为曲靖市;山西省(1座),为榆林市;广东省(1座),为茂名市;福建省(1座),为宁德市;江西省(1座),为鹰潭市;河北省(2座),包括沧州市、衡水市;山西省(1座),为朔州市;内蒙古自治区(1座),为鄂尔多斯市;辽宁省(1座),为葫芦岛市;吉林省(1座),为松原市;黑龙江省(1座),为七台河市;江苏省(1座),为宿迁市。

率进行估算。假设 j 行业 i 企业 t 时期的生产函数为 $Y_{ijt} = Q_{ijt}(l_{ijt}, k_{ijt}, m_{ijt}, \zeta_{ijt})$，其中 Y 为企业最终产出，l、k、m 分别表示劳动力、资本和中间投入品，ζ_{ijt} 为企业生产率，满足希克斯中性。企业加成率通过构造成本最小化问题进行求解：

$$\min \omega_{ijt} l_{ijt} + r_{ijt} k_{ijt} + \kappa_{ijt} m_{ijt}$$
$$\text{s. t. } Q_{ijt}(l_{ijt}, k_{ijt}, m_{ijt}, \zeta_{ijt}) \geqslant \overline{Y_{ijt}} \tag{3-2}$$

建立拉格朗日方程求导可得到：$\text{markup}_{ijt} = \sigma_{ijt}^M (\vartheta_{ijt}^M)^{-1}$，其中 markup_{ijt} 表示企业加成率，σ_{ijt}^M 和 ϑ_{ijt}^M 分别表示企业 i 所需中间品投入的产出弹性和占投入份额。根据 DLW 法，企业需要充分调整该投入要素，但在中国劳动力尚且不能实现充分流动，并且资本投入往往被认为是一种动态投入，所以在估算企业加成率时应该使用中间品投入作为估计产出弹性的要素。中间品投入产出弹性采用 Levinsohn 和 Petrin(2003) 半参数法估计得到，设定如下。

$$y_{ijt} = \beta_l l_{ijt} + \beta_k k_{ijt} + \beta_m m_{ijt} + \beta_{ll}(l_{ijt})^2 + \beta_{kk}(k_{ijt})^2 + \beta_{mn}(m_{ijt})^2$$
$$+ \beta_{lk} l_{ijt} k_{ijt} + \beta_{lm} l_{ijt} m_{ijt} + \beta_{km} k_{ijt} m_{ijt} + \beta_{lkm} l_{ijt} k_{ijt} m_{ijt} + \xi_{ijt} + \varepsilon_{ijt} \tag{3-3}$$

其中，ε_{ijt} 为不可预期冲击的误差项。分两步进行估计：首先，采用生产率代理变量对模型进行估计，得到被解释变量和残差项的预测值；然后，使用 GMM 法对超越对数生产函数进行参数估计，得到中间品投入产出弹性估计值：

$$\theta_{ijt}^M = \beta_m + 2\beta_{mm} m_{ijt} + \beta_{lm} l_{ijt} + \beta_{km} k_{ijt} + \beta_{lkm} l_{ijt} k_{ijt} \tag{3-4}$$

为了解决生产函数 OLS 估计存在的同时性偏误和选择性偏误问题，本书使用 Levinsohn 和 Petrin(2003) 计算企业全要素生产率。以中间品投入作为企业生产率代理变量。若企业中间品投入是生产率的严格增函数，则有 $m_{ijt} = m(\xi_{ijt}, k_{ijt}, l_{ijt})$，可得到 $\xi_{ijt} = m^{-1}(m_{ijt}, k_{ijt}, l_{ijt})$，进一步将生产率冲击代入超越对数生产函数

$$va_{ijt} = \beta_l l_{ijt} + \beta_k k_{ijt} + \beta_{ll}(l_{ijt})^2 + \beta_{kk}(k_{ijt})^2 + \beta_{lk} l_{ijt} k_{ijt} + \xi_{ijt} + \varepsilon_{ijt} \tag{3-5}$$

令 $\phi(l_{ijt}, k_{ijt}, m_{ijt}) = \beta_l l_{ijt} + \beta_k k_{ijt} + \beta_{ll}(l_{ijt})^2 + \beta_{kk}(k_{ijt})^2 + \beta_{lk} l_{ijt} k_{ijt} + \xi_{ijt}$，采用半参数估计法对 $\phi(l_{ijt}, k_{ijt}, m_{ijt})$ 进行拟合，得到利用 LP 法测算的生产率。

二、中国出口企业低加成率之谜：时间趋势与行业特征

按照 Melitz(2003) 新新贸易理论的观点，出口企业生产率一般高于非出

口企业。并且,根据 Melitz 和 Ottaviano(2008)的垄断竞争模型,加成率是企业边际成本与进入行业临界边际成本之差的函数。也就是说,出口企业生产率越高,越可能获得更高加成率。然而,中国出口产品价格低是不争的事实,随着企业生产率的提高,出口加成率却在不断下降(见图 3-13)。学术界已对此类现象提出了较多命题,如"中国企业低价出口之谜""中国出口企业低加成率陷阱"等。需要说明的是,在衡量出口企业和非出口企业异质性时,加成率比生产率更能反映企业的市场竞争力和盈利情况。主要原因如下:一是加成率不仅包括成本因素,还包括价格因素。产品质量是衡量市场竞争力的指标,产品质量差异在一定程度上可通过价格表现,所以仅利用产品数量数据测算的生产率衡量企业绩效具有不完全性。二是由于出口企业和非出口企业面临的市场竞争环境、地方保护主义、要素市场分割等存在差异,生产率不再是影响企业出口行为决策的唯一因素。

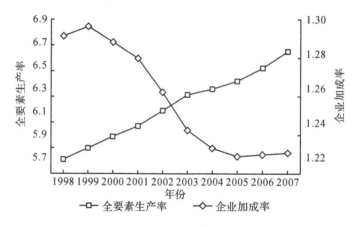

图 3-13　中国工业企业全要素生产率和加成率变化趋势

资料来源:根据中国工业企业数据库整理测算得到。

本章测算出 39 个二位码行业出口企业与非出口企业平均加成率,结果比较如表 3-5 所示。从中可以看出,除了煤炭开采和洗选业、黑色金属矿采选业、有色金属矿采选业、非金属矿采选业等资源密集型行业和烟草制品业、水的生产和供应业等垄断性行业,以及废弃资源和废旧材料回收加工业,其余32 个行业出口企业平均加成率均低于非出口企业。其中负向差距较大的劳

表3-5　中国二位码行业出口企业与非出口企业加成率比较

行业名称	非出口	出口	差距	t值	行业名称	非出口	出口	差距	t值
煤炭开采和洗选业	1.40	1.63	0.23	21.58***	化学原料及化学制品制造业	1.30	1.27	−0.03	−18.19***
石油和天然气开采业	1.64	1.41	−0.23	−3.24***	医药制造业	1.38	1.33	−0.05	−13.36***
黑色金属矿采选业	1.47	1.47	0.00	0.14	化学纤维制造业	1.24	1.24	−0.00	−1.21
有色金属矿采选业	1.38	1.38	0.00	0.18	橡胶制品业	1.28	1.22	−0.06	−18.24***
非金属矿采选业	1.34	1.35	0.01	1.87*	塑料制品业	1.26	1.21	−0.05	−34.11***
其他采矿业	1.34	1.33	−0.01	−0.22	非金属矿物制品业	1.30	1.28	−0.02	−7.93***
农副食品加工业	1.30	1.28	−0.02	−7.12***	黑色金属冶炼及压延加工业	1.29	1.27	−0.02	−5.68***
食品制造业	1.28	1.27	−0.01	−4.83***	有色金属冶炼及压延加工业	1.29	1.26	−0.03	−8.46***
饮料制造业	1.36	1.36	−0.00	−1.04	金属制品业	1.26	1.21	−0.05	−32.40***
烟草制品业	1.59	2.00	0.41	11.89***	通用设备制造业	1.28	1.24	−0.04	−22.57***
纺织业	1.25	1.21	−0.04	−42.52***	专用设备制造业	1.27	1.25	−0.02	−8.82***
纺织服装、鞋、帽制造业	1.23	1.18	−0.05	−32.52***	交通运输设备制造业	1.25	1.23	−0.02	−10.69***
皮革、毛皮、羽（绒）及其制品业	1.25	1.18	−0.07	−37.95***	电气机械及器材制造业	1.26	1.20	−0.06	−51.96***

续 表

行业名称	非出口	出口	差距	t值	行业名称	非出口	出口	差距	t值
木材加工及木、竹、藤、棕、草制品业	1.30	1.25	−0.05	−19.49***	通信设备、计算机及其他电子设备制造业	1.27	1.21	−0.06	−26.40***
家具制造业	1.27	1.20	−0.07	−21.84***	仪器仪表及文化、办公用机械制造业	1.26	1.22	−0.04	−10.83***
造纸及纸制品业	1.27	1.23	−0.04	−15.15***	工艺品及其他制造业	1.23	1.22	−0.01	−0.08
印刷业和记录媒介的复制	1.26	1.24	−0.02	−5.62***	废弃资源和废旧材料回收加工业	1.29	1.34	0.05	1.73*
文教体育用品制造业	1.23	1.17	−0.06	−20.74***	电力、热力的生产和供应业	1.41	1.36	−0.05	−1.45
石油加工、炼焦及核燃料加工业	1.34	1.26	−0.08	−11.65***	燃气生产和供应业	1.25	1.16	−0.09	−2.10**
水的生产供应业	1.28	1.30	0.02	0.31	总体	1.29	1.22	−0.07	−169.13***

注：*、**、***分别表示在10%、5%、1%水平上显著，后同。

资料来源：根据数据整理测算得到。

动密集型行业有皮革、毛皮、羽毛（绒）及其制品业，文教体育用品制造业，家具制造业，以及木材加工及木、竹、藤、棕、草制品业等，负向差距较大的资源密集型行业有橡胶制品业、燃气生产和供应业，以及电力、热力的生产和供应业等；负向差距较大的技术密集型行业有电气机械及器材制造业，金属制品业，通信设备、计算机及其他电子设备制造业等。

第五节　本章小结

本章主要分析了中国劳动力市场配置与出口企业绩效的典型化事实。一是从劳动力价格制度化扭曲出发，揭示了价格扭曲是廉价要素推动增长的效率扭曲根源。认为我国劳动力市场存在增长滞后、所有制扭曲、区域不平衡三大问题，分别表现为劳动收入份额增长率滞后于人均 GDP 增长率、国有部门平均职工薪酬显著高于民营部门、东部地区城镇单位就业人员工资显著高于西部地区。根据生产函数法测算结果，可以发现样本期间我国劳动力价格负向扭曲度上升速度较快，但下降速度缓慢，呈不断改善趋势。基于单位劳动力成本的国际比较可以发现，我国劳动力要素的成本优势正在弱化。二是从劳动力规模非对称分布出发，揭示了劳动力规模集聚经济发挥不充分是导致低水平竞争的要素禀赋基础。一方面，大城市中存在显著的"高效率、低盈利"现象，竞争拥堵效应产生更强的"逆反"作用，企业更倾向于降低价格应对市场竞争冲击，因此表现为更低加成率。另一方面，特大城市和大城市平均工资增长趋势并不完全符合城市工资溢价理论，城市劳动力规模与工资溢价呈现"非对称"分布特征。大城市中仍存在较多低技能劳动力，"高端不足，低端拥堵"依旧是中国城市劳动力结构的主要特征。三是从劳动力质量结构锁定出发，揭示了城市人力资本—产业结构匹配呈现低质量耦合锁定现状。2000—2013 年，中国各城市"人力资本—产业结构"系统平均耦合度整体较高，但"人力资本—产业结构"系统协调类型总体处于勉强协调阶段，甚至在2008 年全球金融危机后转为濒临失调。也就是说，尽管我国城市人力资本和产业结构长期处于高度耦合阶段，但发展层次非常低。四是从出口企业实际绩效出发,揭开了出口企业存在显著低加成率之谜。表现为出口企业生产率与加成率呈逆向趋势,除了部分资源密集型行业和垄断性行业,大多数劳动密集型、资源密集型和技术密集型出口行业加成率低于非出口行业。

第四章 劳动力配置与出口企业加成率变动：理论框架

本章以 Melitz 和 Ottaviano(2008)异质性企业模型为基础，从价格扭曲、要素规模、质量匹配三个维度分析劳动力配置对出口企业加成率的影响机制。这里的模型与 Melitz 和 Ottaviano(2008)的模型的主要区别在于：在需求层面，借鉴 Manova 和 Zhang(2012)的方法引入产品质量；在生产层面，放松 Melitz 和 Ottaviano(2008)中企业仅使用劳动力的假定，认为企业在生产中需投入资本、劳动力和中间品三类生产要素。

第一节 基准框架：基于异质性企业理论的建模基础

本节首先通过封闭经济模型构建劳动力配置影响出口企业加成率的基本分析框架，再将其拓展至开放经济情况。

一、封闭经济条件

假定本国仅生产并消费一种传统商品和一类工业品，并且传统商品市场完全竞争，因此将其标准化为一般等价物，即传统商品价格为1，而工业品市场垄断竞争，其产品种类 $\omega \in \Omega$ 是分布在 Ω 上的连续统。假定所有消费者均具有以下拟线性效用函数：

$$U = x_0 + \alpha \int_{\omega \in \Omega} q(\omega) x(\omega) \mathrm{d}\omega - \frac{1}{2}\lambda \int_{\omega \in \Omega} (q(\omega) x(\omega))^2 \mathrm{d}\omega - \frac{1}{2}\eta \left(\int_{\omega \in \Omega} q(\omega) x(\omega) \mathrm{d}\omega \right)^2$$

$$(4\text{-}1)$$

其中，x_0 表示传统商品，$x(\omega)$ 和 $q(\omega)$ 分别表示产品种类为 ω 的产品消费量和产品质量，参数 α、λ、η 均为正数且与需求相关，λ 表示工业品之间的弹性，α 和 η 表示工业品和传统商品之间的弹性，求解可得出企业需求函数为：

$$X = Mx(\omega) = \frac{M}{\lambda q(\omega)}\Big(p^{\max} - \frac{p(\omega)}{q(\omega)}\Big), \quad p^{\max} \equiv \frac{\eta \int\limits_{\omega \in \Omega} p(\omega)/q(\omega)\,\mathrm{d}\omega + \lambda\alpha}{\eta N + \lambda}$$

(4-2)

其中，$p^{\max}$ 为经质量水平调整后的价格指数。令总需求为 0，可得到第 ω 种商品价格上限（市场进入门槛）为：$p(\omega) \leqslant \dfrac{\eta \int\limits_{\omega \in \Omega} p(\omega)/q(\omega)\,\mathrm{d}\omega + \lambda\alpha}{\eta N + \lambda} = p^{\max}$，其中，$N$ 为产品多样性种类数，M 为消费者数量，即市场规模。在 Melitz 和 Ottaviano(2008)、Mayer 等(2014)的研究中，$p^{\max}$ 用于刻画市场竞争程度，该值越低意味着市场竞争程度越高。

在供给层面，假定企业进入市场前不知道其生产率，仅知道生产率分布，在支付市场进入成本 f_E 后得知其生产率。假定企业仅生产一种产品[1]，并且企业生产函数为：

$$x = AK^{1-\alpha-\beta}L^{\alpha}\big(\sum m_i^{(\sigma-1)/\sigma}\big)^{\beta\sigma/(\sigma-1)}$$

(4-3)

其中，K 和 L 分别表示企业在生产时所投入的资本和劳动力数量，其价格分别为 r 和 w，m_i 表示企业在生产中所投入的第 i 类中间品，其价格为 p_i^m，A 为企业生产率水平。结合消费者需求函数(4-2)式，可知企业利润最大化下的均衡价格和均衡产量为：

$$p(A,q) = \frac{q}{2}\Big(p^{\max} + \frac{\Phi(w,r,p_i^m)}{qA}\Big), \quad x(A,q) = \frac{M}{2\lambda q}\Big(p^{\max} - \frac{\Phi(w,r,p_i^m)}{qA}\Big),$$

$$\Phi(w,r,p_i^m) \equiv (1-\alpha-\beta)^{-(1-\alpha-\beta)}\alpha^{-\alpha}\beta^{-\beta}r^{1-\alpha-\beta}w^{\alpha}\big(\sum (p_i^m)^{1-\sigma}\big)^{\beta/(1-\sigma)}$$

(4-4)

---

[1]　若以 Eckel 和 Neary(2010)、Mayer 等(2014)的方法，采用企业边际生产成本阶梯形式引入多产品，则与单产品企业模型相比，企业加成率表达式仅仅多了一项与生产率阶梯相关的固定系数，并不会对结论造成影响。

其中，$\Phi(w,r,p_i^m)$ 表示企业生产所使用的综合要素成本。由(4-4)式得到企业均衡利润为

$$\pi(A,q) = \frac{M}{4\lambda}\left(p^{\max} - \frac{\Phi(w,r,p_i^m)}{qA}\right)^2 \tag{4-5}$$

由(4-4)式和(4-5)式可知，综合要素成本与产品价格呈正相关关系，与产品产量及企业利润呈负相关关系；生产率与产品价格呈负相关关系，与产品产量及企业利润呈正相关关系；产品质量与产品价格、企业利润呈正相关关系，对产品产量的影响并不明确。

在生产率分布情况上，与 Melitz 和 Ottaviano(2008)、Mayer 等(2014)采用相同的假定，即企业生产率服从帕累托分布，具体分布函数如下：

$$G(A) = 1 - (\underline{A}/A)^{k_A}, k_A > 1, A \in [\underline{A}, \infty) \tag{4-6}$$

其中，$\underline{A}$ 表示企业生产率下界。值得注意的是，这里企业生产率分布函数与 Melitz 和 Ottaviano(2008)、Mayer 等(2014)的有所不同，但实质是一样的，原因在于在 Melitz 和 Ottaviano(2008)、Mayer 等(2014)中，企业生产率为边际成本的倒数，而且有：

$$G(c) = \text{prob}(x < c) = \text{prob}(1/x > 1/c) = 1 - \text{prob}(A < 1/c)$$
$$= 1 - G(1/c) = [c/(1/\underline{A})]^k = (c/c_M)^k$$

因此，两者只是同一生产率分布的不同表示形式。

在产品质量分布上，采用与生产率水平分布相同的帕累托分布函数，函数形式为：

$$G(q) = 1 - (\underline{q}/q)^{k_q}, k_q > 1, q \in [\underline{q}, \infty) \tag{4-7}$$

其中，$k_q > k_A$，确保企业期望利润收敛。

由企业自由进出条件可知

$$\int_{\underline{q}}^{\infty} \int_{\frac{\Phi(w,r,p_i^m)}{p^{\max}q}}^{\infty} \pi(A,q)\,\mathrm{d}G(A)\,\mathrm{d}G(q) = f_E \tag{4-8}$$

从而可求出均衡条件下市场进入门槛为

$$p^{\max} = \left\{\frac{2\lambda f_E k_A(k_A+1)(k_A+2)(k_q-k_A)[\Phi(w,r,p_i^m)]^{k_A}}{\underline{A}^{k_A}\underline{q}^{k_A}M}\right\}^{1/(k_A+2)} \tag{4-9}$$

结合前文分析可知，消费者间接效用函数(福利水平)为

$$V = 1 + \frac{1}{2\eta}(\alpha - p^{\max})\left(\alpha - \frac{k_A + 1}{k_A + 2}p^{\max}\right) \tag{4-10}$$

二、开放经济条件

由于国家间异质性对企业加成率的影响并非本章分析重点,并且其不会影响本书所分析的劳动力配置作用于出口企业加成率的内在机理,为简化分析,开放经济条件下仅讨论两国模型。为区分本国与国外相关变量,以下标 H 表示本国变量,下标 F 表示国外变量。假定本国与国外消费者偏好结构、厂商生产技术相同,劳动力要素不能跨国流动,两国在要素成本上完全一致,企业出口冰山贸易成本为 $\tau > 1$,可知开放经济条件下企业在利润最大化下内销和出口的价格、产量和利润分别为:

$$p_{ii}(\varphi) = \frac{q}{2}\left(p_i^{\max} + \frac{\Phi_i}{q\varphi}\right), p_{ij}(\varphi) = \frac{q}{2}\left(p_j^{\max} + \tau_{ij}\frac{\Phi_i}{q\varphi}\right)$$

$$x_{ii}(\varphi) = \frac{M_i}{2\lambda q}\left(p_i^{\max} - \frac{\Phi_i}{q\varphi}\right), x_{ij}(\varphi) = \frac{M_j}{2\lambda q}\left(p_j^{\max} - \tau_{ij}\frac{\Phi_i}{q\varphi}\right)$$

$$\pi_{ii}(\varphi) = \frac{M_i}{4\lambda}\left(p_i^{\max} - \frac{\Phi_i}{q\varphi}\right)^2, \pi_{ij}(\varphi) = \frac{M_j}{4\lambda}\left(p_j^{\max} - \tau_{ij}\frac{\Phi_i}{q\varphi}\right)^2$$

$$i,j = H,F \tag{4-11}$$

其中,下标 ii 表示内销企业变量,下标 ij 表示从 i 国出口至 j 国变量。根据 Bernard 和 Jensen(1999)、Melitz(2003)等相关研究,出口企业生产率要高于内销企业。这里继续沿用这一假定,即 $p_j^{\max} < \tau_{ij}p_i^{\max}$,可知开放经济条件下企业自由进出条件为:

$$\int_{\underline{q}}^{\infty}\int_{\frac{\Phi_i}{p_i^{\max}q}}^{\infty}\pi_{ii}(A,q)\mathrm{d}G(A)\mathrm{d}G(q) + \int_{\underline{q}}^{\infty}\int_{\frac{\tau_{ij}\Phi_i}{p_j^{\max}q}}^{\infty}\pi_{ij}(A,q)\mathrm{d}G(A)\mathrm{d}G(q) = f_E \tag{4-12}$$

从而可求出均衡条件下市场进入门槛为:

$$p_H^{\max} = \left(\frac{1 - \tau_{FH}^{-k_A}}{1 - \tau_{HF}^{-k_A}\tau_{FH}^{-k_A}}\right)^{1/(k_A+2)} \cdot p_{au}^{\max} \tag{4-13}$$

其中,$p_{au}^{\max}$ 表示封闭经济条件下的市场进入门槛。由(4-13)式可知,开放经济条件下市场进入门槛要高于封闭经济,这是因为虽然开放经济下企业面临更大市场,使得企业获得更多利润,但国外企业进入同时加剧了竞争,竞争效应要大于规模效应。因此,竞争效应加剧将使市场进入门槛提升。而本国消费者的间接效用函数为

$$V_H = 1 + \frac{1}{2\eta}(\alpha - p_H^{\max})\left(\alpha - \frac{k_A+1}{k_A+2}p_H^{\max}\right) \tag{4-14}$$

结合(4-10)式和(4-13)式可知,开放经济条件下本国消费者福利要高于封闭经济,原因在于虽然开放经济条件下本国企业面临更激烈的竞争,从而使本国产品种类数下降,但由于国外产品进入,消费者所消费的产品多样性种类上升,福利水平也会上升。

在贸易自由化影响上,由(4-13)式可以看出:

$$\frac{\partial \ln p_H^{\max}}{\partial \tau_{HF}} = -\frac{k_A \tau_{FH}^{-k_A} \tau_{HF}^{-k_A-1}}{(k_A+2)(1-\tau_{HF}^{-k_A}\tau_{FH}^{-k_A})} < 0,$$

$$\frac{\partial \ln p_H^{\max}}{\partial \tau_{FH}} = \frac{k_A \tau_{FH}^{-k_A-1}(1-\tau_{HF}^{-k_A})}{(k_A+2)(1-\tau_{FH}^{-k_A})(1-\tau_{HF}^{-k_A}\tau_{FH}^{-k_A})} > 0$$

从上式中可以看出,不同国家单边贸易自由化对本国市场竞争程度的影响不同,本国所实施的单边贸易自由化(国外产品出口至本国的贸易成本下降)会使本国竞争程度下降,从而降低本国福利水平,国外所实施的单边贸易自由化(本国产品出口至国外的贸易成本下降)会使本国竞争程度上升,从而提升本国福利水平。随后将分析双边贸易自由化的影响,双边贸易自由化并非基于镜像国家的假定,而是指两国贸易成本下降程度相同,即

$$\frac{\Delta\tau_{HF}}{\tau_{HF}} = \frac{\Delta\tau_{FH}}{\tau_{FH}}$$

由(4-13)式可知

$$\Delta\ln p_H^{\max} = \frac{\partial \ln p_H^{\max}}{\partial \tau_{HF}}\Delta\tau_{HF} + \frac{\partial \ln p_H^{\max}}{\partial \tau_{FH}}\Delta\tau_{FH}$$

$$= \frac{k_A \tau_{FH}^{-k_A}\left[(1-\tau_{HF}^{-k_A}) - \tau_{HF}^{-k_A}(1-\tau_{FH}^{-k_A})\right]}{(k_A+2)(1-\tau_{FH}^{-k_A})(1-\tau_{HF}^{-k_A}\tau_{FH}^{-k_A})} \frac{\Delta\tau_{FH}}{\tau_{FH}}$$

当两国完全对称时,即 $\tau_{HF} = \tau_{FH}$ 时,双边贸易自由化会使本国竞争程度上升,从

而提升本国福利水平；当本国出口至国外的贸易成本足够低时，即 $\tau_{HF}^{k} + \tau_{FH}^{-k_A} < 2$ 时，双边贸易自由化会使本国竞争程度下降，从而降低本国福利水平。

三、出口企业加成率决定方程

在加成率定义上，文献中有两种不同的定义方式，即产品价格与边际成本之间的差额（Melitz and Ottaviano，2008；Mayer et al.，2014）以及产品价格与边际成本比值（De Loecker and Warzynski，2012）。为了与实证部分一致，沿用 De Loecker 和 Warzynski（2012）的定义，即 $\mu = p/c$。虽然两种不同定义下加成率均与产品价格正相关，与边际成本负相关，但加总层面两者差异显著。以封闭经济为例，在不考虑企业产品质量异质性的情况下，Melitz 和 Ottaviano（2008）、Mayer 等（2014）定义下整体加权加成率为：

$$\bar{\mu}_m = \frac{2k+3}{(k+1)(k+3)} \left[\frac{\lambda(2(k+1)(k+2)\Phi^k(w,r,p_i^m)f_E)}{A^k} \right]^{1/(k+2)}$$

从上式中可以看出，在 Melitz 和 Ottaviano（2008）、Mayer 等（2014）的定义下，整体加权加成率与计量单位相关，也就是说分别采用元和千元为单位，整体加权加成率不同，这与实证分析不一致。在 De Loecker 和 Warzynski（2012）的定义下，整体加权加成率为：

$$\bar{\mu}_{dlw} = \frac{2k^2 + 2k - 1}{(k+1)(k+3)}$$

从上式中可以看出，无论采用何种计量单位，整体加权加成率均相同，这意味着沿用 De Loecker 和 Warzynski（2012）对加成率的定义更合理。根据该定义，出口企业内销产品与出口产品加成率不一致，以产量为权重进行加权，得到出口企业加成率为

$$\mu_H(q,A) = \frac{qA}{2\Phi} \frac{\tau_{HF} p_H^{\max}(qA p_H^{\max} - \Phi) + p_F^{\max}(qA p_F^{\max} - \tau_{HF}\Phi)}{\tau_{HF}(qA p_H^{\max} - \Phi) + \tau_{HF}(qA p_F^{\max} - \tau_{HF}\Phi)} + \frac{1}{2}$$

$$(4\text{-}15)$$

从（4-15）式中可以看出，对于同一企业而言，其内销产品加成率要高于出口产品，原因在于由于没有贸易成本，内销产品边际成本要低于出口产品，从而使企业内销产品具有较高加成率。随后，本章将分析贸易自由化对出口企

业加成率的影响，同时考虑单边贸易自由化与双边贸易自由化对出口企业加成率的影响。

在单边贸易自由化上，由(4-15)式可知

$$2\mu_H(q,A) - 1 = \frac{qA}{\Phi}p_H^{\max}s + \frac{qA}{\Phi}\frac{p_F^{\max}}{\tau_{HF}}(1-s),$$

$$s = \frac{qAp_H^{\max} - \Phi}{(qAp_H^{\max} - \Phi) + (qAp_F^{\max} - \tau_{HF}\Phi)} > \frac{1}{2}$$

根据前文分析可知

$$\frac{\partial\ln s}{\partial\tau_{HF}} = \frac{(qAp_F^{\max} - \tau_{HF}\Phi)qAp_H^{\max}\frac{\partial\ln p_H^{\max}}{\partial\tau_{HF}} - (qAp_H^{\max} - \Phi)\left(qAp_F^{\max}\frac{\partial\ln p_F^{\max}}{\partial\tau_{HF}} - \Phi\right)}{(qAp_H^{\max} - \Phi)[(qAp_H^{\max} - \Phi) + (qAp_F^{\max} - \tau_{HF}\Phi)]}$$

$$< 0$$

$$\frac{\partial\ln s}{\partial\tau_{FH}} = \frac{(qAp_F^{\max} - \tau_{HF}\Phi)qAp_H^{\max}\frac{\partial\ln p_H^{\max}}{\partial\tau_{FH}} - (qAp_H^{\max} - \Phi)qAp_F^{\max}\frac{\partial\ln p_F^{\max}}{\partial\tau_{FH}}}{(qAp_H^{\max} - \Phi)[(qAp_H^{\max} - \Phi) + (qAp_F^{\max} - \tau_{HF}\Phi)]} > 0$$

从而可知

$$\frac{\partial[2\mu_H(q,A) - 1]}{\partial\tau_{HF}}$$

$$= \frac{qA}{\Phi}\left[sp_H^{\max}\left(\frac{\partial\ln p_H^{\max}}{\partial\tau_{HF}} + \frac{\partial\ln s}{\partial\tau_{HF}}\right) + \frac{p_F^{\max}}{\tau_{HF}}(1-s)\left(\frac{\partial\ln p_F^{\max}}{\partial\tau_{HF}} - \frac{1}{\tau_{HF}} - \frac{s}{1-s}\frac{\partial\ln s}{\partial\tau_{HF}}\right)\right]$$

$$< \frac{qA}{\Phi}\left[s\frac{\partial\ln s}{\partial\tau_{HF}}\left(p_H^{\max} - \frac{p_F^{\max}}{\tau_{HF}}\right) + \frac{p_F^{\max}}{\tau_{HF}}(1-s)\left(\frac{\partial\ln p_F^{\max}}{\partial\tau_{HF}} - \frac{1}{\tau_{HF}} + \frac{\partial\ln p_H^{\max}}{\partial\tau_{HF}}\right)\right] < 0$$

$$\frac{\partial(2\mu_H(q,A) - 1)}{\partial\tau_{FH}}$$

$$= \frac{qA}{\Phi}\left[sp_H^{\max}\left(\frac{\partial\ln p_H^{\max}}{\partial\tau_{FH}} + \frac{\partial\ln s}{\partial\tau_{FH}}\right) + \frac{p_F^{\max}}{\tau_{HF}}(1-s)\left(\frac{\partial\ln p_F^{\max}}{\partial\tau_{FH}} - \frac{s}{1-s}\frac{\partial\ln s}{\partial\tau_{FH}}\right)\right]$$

$$> \frac{qA}{\Phi}\left[s\frac{\partial\ln s}{\partial\tau_{FH}}\left(p_H^{\max} - \frac{p_F^{\max}}{\tau_{HF}}\right) + \frac{p_F^{\max}}{\tau_{FH}}(1-s)\left(\frac{\partial\ln p_F^{\max}}{\partial\tau_{FH}} + \frac{\partial\ln p_H^{\max}}{\partial\tau_{FH}}\right)\right] > 0$$

即本国所实施的单边贸易自由化（国外产品出口至本国的贸易成本下降）会使本国出口企业加成率下降，国外所实施的单边贸易自由化（本国产品出口至国外的贸易成本下降）会使本国出口企业加成率上升。随后将分析双边贸易自由化的影响，可知

$$2\Delta\mu_H = \frac{\partial[2\mu_H(q,A)-1]}{\partial\tau_{HF}}\Delta\tau_{HF} + \frac{\partial[2\mu_H(q,A)-1]}{\partial\tau_{FH}}\Delta\tau_{FH}$$

$$= \frac{qA}{\Phi}\frac{\Delta\tau_{FH}}{\tau_{FH}}\left\{\left[sp_H^{\max} + \frac{p_F^{\max}}{\tau_{HF}}(1-s)\right]\Psi_{p_H^{\max}} + s\left(p_H^{\max} - \frac{p_F^{\max}}{\tau_{HF}}\right)\Psi_s - \frac{p_F^{\max}}{\tau_{HF}}(1-s)\right\}$$

$$\Psi_{p_H^{\max}} = \frac{\partial\ln p_H^{\max}}{\partial\ln\tau_{HF}} + \frac{\partial\ln p_H^{\max}}{\partial\ln\tau_{FH}}, \Psi_s = \frac{\partial\ln s}{\partial\ln\tau_{HF}} + \frac{\partial\ln s}{\partial\ln\tau_{FH}}$$

从上式可看出,双边贸易自由化对出口企业加成率的影响并不明确,当两国完全对称,即 $\tau_{HF} = \tau_{FH}$ 时,双边贸易自由化会使出口企业加成率下降。基本观点总结如下:本国所实施的单边贸易自由化会使本国出口企业加成率下降,国外所实施的单边贸易自由化会使得本国出口企业加成率上升。双边贸易自由化对出口企业加成率的影响并不明确,当两国完全对称时,双边贸易自由化会使得出口企业加成率下降。

本章在接下来的部分,将在以上理论框架分析的基础上,讨论劳动力价格扭曲、劳动力集聚、劳动力质量匹配对出口企业加成率的影响,由于贸易自由化的影响并非后文核心内容,并且其对影响机制不会产生较大影响,为简化分析,本章之后部分将沿用 Krugman(1980)、Melitz(2003)中镜像国家的假定,即两国相关变量完全一致。

第二节 模型拓展一:基于劳动力价格的动力转型视角

本节在基准模型框架基础上,按照 Hsieh 和 Klenow(2009)的设定,引入以从价税形式表示的劳动力价格扭曲,论证劳动力价格扭曲对出口企业加成率的影响机理。

一、纳入劳动力价格扭曲变量的决策环境

借鉴 Hsieh 和 Klenow(2009)的方法对劳动力价格扭曲进行刻画,并根据中国实际情况,假定劳动力价格扭曲为负向扭曲,即 i 国劳动力价格存在负向扭曲,有 $w_i = \theta w, \tau^{-1/(\gamma+\mu\beta)} < \theta < 1$,其中,$\theta$ 表示劳动力价格扭曲程度,其值越

小意味着劳动力价格扭曲程度越高，$\theta > \tau^{-(\gamma+\beta\theta)}$ 意味着扭曲程度不能过低，否则所有潜在企业均进入市场。由于 R&D 劳动力流动性远低于 R&D 资本，因此 R&D 劳动力在合同期内一般不会自由流动。在要素市场扭曲程度越高的地区，市场分割程度一般会更高，由于不同行业对劳动者差异化的技能需求，R&D 劳动力流出率较低，并且随着企业 R&D 人员的不断培养和引进，要素价格扭曲程度会加大，R&D 劳动力投入存量也越多（戴魁早和刘友金，2015；余东华等，2018）。而 R&D 劳动力投入越多，越有利于对国际前沿技术的吸收和模仿，从而推动企业技术条件从最优生产前沿边界向外扩张或生产效率、资源配置效率优化，进而提高企业生产率（程虹等，2016；李唐等，2016）。对于产品质量而言，研究表明，要素价格扭曲导致的企业生产成本降低会刺激企业招募大量非熟练劳动力，并从事低质量和低附加值产品生产。长期依赖于廉价劳动力成本的出口企业生产率和盈利水平较在位企业更低，"熊彼特效应"与"逃离竞争效应"的权衡博弈使企业在短期内具有较弱的研发动机和研发投入，从而不利于出口产品质量提升（张杰等，2014；黄先海等，2016；王明益和戚建梅，2017[①]）。因此假定 $\partial q/\partial\theta > 0, \partial A/\partial\theta < 0$。

二、出口企业加成率的影响机制：质量扭曲与成本节约

在存在劳动力价格负向扭曲的情况下，企业自由进出条件有所变化，可表示为

$$\int_{\underline{q}}^{\infty}\int_{\frac{\theta^{\gamma+\beta\theta_{\Phi_i}}}{p_i^{\max}q}}^{\infty}\pi_{ii}(A,q)\,\mathrm{d}G(A)\,\mathrm{d}G(q) + \int_{\underline{q}}^{\infty}\int_{\frac{\tau_{ij}\theta^{\gamma+\beta\theta_{\Phi_i}}}{p_j^{\max}q}}^{\infty}\pi_{ij}(A,q)\,\mathrm{d}G(A)\,\mathrm{d}G(q) = f_E$$

$$(4\text{-}16)$$

从而可知本国市场进入门槛为

$$p_H^{\max} = \left(\frac{\theta^{k_A(\gamma+\beta\theta)} - \tau^{-k_A}}{1 - \tau^{-2k_A}}\right)^{1/(k_A+2)} \cdot p_{au}^{\max} \qquad (4\text{-}17)$$

---

① 王明益和戚建梅（2017）研究发现，劳动力价格扭曲对出口产品质量存在显著时间效应，严重的扭曲会通过抑制研发而阻碍产品质量升级。

结合(4-13)式可知,当存在劳动力价格负向扭曲时,本国市场进入门槛有所下降,并且劳动力价格负向扭曲程度越高,本国市场进入门槛越低,这意味着劳动力价格负向扭曲使消费者福利水平下降,并且扭曲程度越高,消费者福利水平越低。

结合(4-15)式可知,存在劳动力价格负向扭曲的情况下,出口企业加成率为:

$$\mu_H(q,A) = \frac{qA}{2\theta^{\gamma+\mu\beta}\Phi} \frac{\tau p_H^{\max}(qA p_H^{\max} - \theta^{\gamma+\mu\beta}\Phi) + p_F^{\max}(qA p_F^{\max} - \tau\theta^{\gamma+\mu\beta}\Phi)}{\tau(qA p_H^{\max} - \theta^{\gamma+\mu\beta}\Phi) + \tau(qA p_F^{\max} - \tau\theta^{\gamma+\mu\beta}\Phi)} + \frac{1}{2}$$

(4-18)

进一步可得到劳动力价格扭曲对出口企业加成率的影响为:

$$\frac{\partial \ln[2\mu_H(q,A)-1]}{\partial\theta} = \underbrace{\Psi_q\left(\frac{\partial q/\partial\theta}{q}\right)}_{\text{质量扭曲效应}} + \underbrace{\Psi_A\left(\frac{\partial A/\partial\theta}{A}\right)}_{\text{生产率提升效应}} - \underbrace{\Psi_\theta}_{\text{成本扭曲效应}}$$ (4-19)

其中

$$\Psi_q = \Psi_A$$

$$\equiv 1 - \frac{(B_2 - \tau/B_1)^2}{\left[(1-1/B_1) + \frac{B_2}{\tau}(B-\tau/B_1)\right]\left[(1-1/B_1)+(B-\tau/B_1)\right]}$$

$$> 0$$

$$\Psi_\theta \equiv \Psi_q\left[\frac{k_A(\gamma+\mu\beta)\theta^{k_A(\gamma+\mu\beta)-1}}{(k_A+2)(\theta^{k_A(\gamma+\mu\beta)}-\tau^{-k_A})} + \frac{\gamma+\mu\beta}{\theta}\right]$$

$$+ \frac{B_2\left[\left(\frac{2B_2}{\tau}-\frac{1}{B_1}-1\right)\left(1-\frac{1}{B_1}\right)+\left(\frac{B_2}{\tau}-\frac{1}{B_1}\right)\left(B_2-\frac{\tau}{B_1}\right)\right](1-\tau^{-2k_A})k_A(\gamma+\mu\beta)\theta^{k_A(\gamma+\mu\beta)-1}}{(k_A+2)(1-\tau^{-k_A}\theta^{k_A(\gamma+\mu\beta)})(\theta^{k_A(\gamma+\mu\beta)}-\tau^{-k_A})\left[\left(1-\frac{1}{B_1}\right)+\frac{B_2}{\tau}\left(B_2-\frac{\tau}{B_1}\right)\right]\left[\left(1-\frac{1}{B_1}\right)+\left(B_2-\frac{\tau}{B_1}\right)\right]} > 0$$

$$B_1 \equiv \frac{qA p_H^{\max}}{\theta^{\gamma+\mu\beta}\Phi}, \quad B_2 \equiv \left(\frac{1-\tau^{-k_A}\theta^{k_A(\gamma+\mu\beta)}}{\theta^{k_A(\gamma+\mu\beta)} - \tau^{-k_A}}\right)^{1/(k_A+2)}$$

上式表明,劳动力价格负向扭曲将产生质量扭曲效应、生产率提升效应及成本扭曲效应。其中,质量扭曲效应指劳动力价格负向扭曲使企业在低价格要素投入时采取低出口产品质量的竞争模式,进而从价格渠道对出口企业加成率产生负向影响;生产率提升效应指劳动力价格负向扭曲会促进企业R&D劳动力投入,进而提升企业生产率,从成本渠道对出口企业加成率产生正向影响；成本扭曲效应指劳动力价格负向扭曲使企业相对生产成本下降，对出口企业加成率产生正向影响。这里把由成本渠道间接影响的生产率提升效应与直接影响的成本扭曲效应统一称为"成本节约效应"。也就是说，一方面，劳动力价格扭曲导致的要素成本优势转化为企业出口优势，促进了企业生产规模扩张以及在"干中学"过程中提升了生产率[1]；另一方面，劳动力价格扭曲可能会扩大市场竞争，当缺乏有效的创新激励和产品质量升级动力时，会使"低成本、低价格、低质量"成为出口企业内生选择，从而削弱出口绩效。当成本节约效应大于质量扭曲效应时，劳动力价格扭曲能提升出口企业加成率；当成本节约效应小于质量扭曲效应时，劳动力价格扭曲能降低出口企业加成率。可得到命题1。

命题1：劳动力价格扭曲可通过成本节约效应和质量扭曲效应两个渠道影响出口企业加成率。成本节约效应大于质量扭曲效应将使出口企业获得正向加成率效应，成本节约效应小于质量扭曲效应将使出口企业获得负向加成率效应。

三、工艺创新、垂直创新与出口企业加成率

接下来探讨引入创新行为的间接效应。尽管由劳动力价格负向扭曲产生的 R&D 劳动力投入增加或"干中学"经验积累在一定程度上会提升企业生产率，但不可否认，低价低利润仍然是我国出口行为的基本特征（Amiti and Freund，2010），出口价格不仅低于国外同类产品价格，甚至低于内销产品价格，既降低了国内消费者的福利水平，又提高了出口企业面临的反倾销风险（Eichengreen and Irwin，1998），"低加成率之谜""低加成率陷阱"等特有名词表述正是学者对这一现象的关注（黄先海等，2016；盛丹和王永进，2012）。所以，因要素价格扭曲导致的廉价成本投入优势或许并不是可持续提高出口竞

---

① 一般认为企业生产率越高，生产的边际成本会越低。劳动力价格负向扭曲的直接效应是降低劳动力成本，间接效应会通过提高 R&D 劳动力投入或"干中学"经验积累提高企业生产率，进而降低企业生产的边际成本。

争力的有效机制。产品质量是区分产品垂直创新的重要指标,为解释产出价格与产出规模正相关提供了分析视角,尤其多产品企业往往通过增加核心产品研发创新,从而提高产品质量获取较高成本加成(祝树金等,2018),毛其淋和许家云(2017)、黄先海等(2016)、诸竹君等(2017)均对产品质量提升企业加成率做了分析和检验。那么,自然可得出一种猜想,垂直创新(产品质量升级)有可能是要素价格扭曲背景下提升出口企业绩效的长效机制。从(4-9)式可看出,出口企业生产率和产品质量越高,加成率也越高,而企业生产率和产品质量对企业加成率的影响也受劳动力价格扭曲的影响。因此,对于出口产品质量而言,进一步可得到

$$\frac{\partial^2 \ln[2\mu_H(q,A)-1]}{\partial q \partial \theta} = \frac{\partial(\Psi_q/q)}{\partial \theta} > 0 \qquad (4\text{-}20)$$

这意味着随着劳动力价格负向扭曲程度的提升,产品质量对企业加成率的影响也在不断提升。新经济增长理论认为,创新对全要素生产率有正向促进作用,意味着创新行为能促进企业节约边际生产成本,进而增加"价格边际成本指数"(刘啟仁和黄建忠,2016)。其中工艺创新是指通过改进原有工艺或采用新工艺、开发利用新资源,从而使企业提高生产效率,降低产品生产的边际成本。大量研究表明,工艺创新能显著提升企业出口倾向,并且对企业加成率有正向影响(Caldera,2010;黄先海等,2015;诸竹君等,2017)。因此,在考虑工艺创新时,假定企业创新程度为 η,创新后企业生产率为 $\Lambda(\eta)$,并且 $\Lambda'(\eta) > 0$,可进一步由(4-18)式得到

$$\frac{\partial^2 \ln[2\mu_H(q,A)-1]}{\partial \eta \partial \theta} = \frac{\partial(\Psi_A/\varphi)}{\partial \theta} \Lambda'(\eta) > 0 \qquad (4\text{-}21)$$

即随着劳动力价格负向扭曲程度的提升,创新对企业加成率的影响也不断提升。从长期动态效应看,劳动力价格扭曲虽然促进了出口规模在"量"上扩张,但自主创新仍是从"质"上提高企业竞争力的长效机制。具体来看,工艺创新和产品质量升级可从降低边际成本(成本渠道)和提高产品价格(价格渠道)两个方面矫正劳动力价格扭曲效应,为长期稳定提升出口企业竞争力提供可能。地区制度环境和行业技术水平可能影响劳动力价格扭曲的矫正效应。一方面,制度环境改善能通过促进劳动分工降低要素扭曲程度,从而

提高企业专业化生产水平,降低市场交易成本(Costinot,2009;Khanna and Rivkin,2001);另一方面,制度环境越好的地区,产权保护制度越完善,能够激励企业开展创新行为或者从更大范围获得复杂度或质量更高的中间品,从而提高企业生产率和产品质量,最终反映在企业的市场势力上(North,1990;耿晔强和狄媛,2017;毛其淋和许家云,2017)。而行业技术水平也可能会影响企业的创新行为和产品质量升级。根据后发国家赶超理论,一般距离技术前沿越远的经济体,越容易通过技术模仿创新实现赶超,而后发国家技术水平越接近前沿或达到准前沿时,创新难度反而更大,亟须采取从"追赶导向"转向"竞争导向"的创新路径(黄先海和宋学印,2017)。也就是说,行业层面不同的技术差距,可能会对企业工艺创新能力和产品质量升级水平产生影响,从而作用于出口企业加成率。因此,可得到命题2。

命题2:从动态效应来看,长期中以工艺创新和产品质量升级为内涵的自主创新可能是在劳动力价格扭曲背景下提升出口企业竞争力的有效机制。地区制度环境和行业技术水平是影响企业工艺创新和产品质量升级的重要因素,对劳动力价格扭曲效应的矫正机制可能存在异质性。

第三节　模型拓展二:基于劳动力规模的集聚经济视角

本节在基准模型框架基础上,引入劳动力规模变量,分析劳动力集聚对出口企业加成率的影响机理。

一、纳入劳动力规模集聚变量的决策环境

劳动力是生产者,也是消费者。大量人口向城市集聚可能会对微观出口企业产生三类效应:第一,学习效应。劳动力集聚存在"马歇尔技术外部性",可在"干中学"中加强劳动力之间的沟通和交流,有利于出口企业人力资本积累,提高企业工资和研发创新能力(Ciccone and Hall,1996;Fu and Ross,2010;王永进和张国锋,2015;吴晓怡和邵军,2016)。第二,共享效应。劳动

力集聚带来的知识共享,可通过正式或非正式网络实现转移和有机组合,使人力资源重新分配和交换而产生衍生知识(梁启华和何晓红,2006),进而提高出口企业创新潜力。此外,由集聚带来公共资源共享以及专业化和多样化的产品需求也可能会降低市场交易成本和促进市场规模扩张,由此形成规模经济效应。第三,匹配效应。劳动力集聚会提高生产者与劳动力要素匹配成功率而降低市场搜寻成本,提升市场运行效率。大量研究对集聚产生的外部经济性进行了检验和证明(Cerina and Mureddu,2012;刘修岩,2014;陈旭等,2016)。根据上述研究,这里假定劳动力集聚程度将对企业生产率造成影响,即

$$A = A_0 f(\vartheta(\overline{L})) \tag{4-22}$$

其中,A_0 为企业基准生产率,$\overline{L}$ 表示劳动力总供给,$\vartheta(\overline{L})$ 表示劳动力集聚程度,并且 $\frac{\partial \vartheta}{\partial L} > 0$,即集聚程度与劳动力总供给正相关,而 $f(\vartheta(\overline{L}))$ 表示劳动力集聚程度对生产率的影响。并且根据前面的分析可知有,$\frac{\partial f}{\partial \vartheta} > 0$。同时假定劳动力集聚还将影响市场规模,即劳动力集聚程度越高,市场规模越大。在生产率分布上,假定企业基准生产率水平服从帕累托分布,即

$$G(A_0) = 1 - (\underline{A_0}/A_0)^{k_A}, A_0 \in [\underline{A_0}, \infty)$$

二、出口企业加成率的影响机制:集聚经济与出口拥堵

在考虑劳动力集聚情况下,企业自由进出条件为

$$\int_{\underline{q}}^{\infty} \int_{\frac{\Phi_i}{p_i^{\max} q f(\vartheta(M))}}^{\infty} \pi_{ii}(A_0, q) \mathrm{d}G(A_0) \mathrm{d}G(q) + \int_{\underline{q}}^{\infty} \int_{\frac{\tau_{ij}\Phi_i}{p_j^{\max} q f(\vartheta(M))}}^{\infty} \pi_{ij}(A_0, q) \mathrm{d}G(A_0) \mathrm{d}G(q) = f_E$$

$$\tag{4-23}$$

从而可知本国市场进入门槛为

$$p_H^{\max} = \left[\frac{2\lambda f_E k_A (k_A + 1)(k_A + 2)(k_q - k_A) \Phi^{k_A}}{(1 + \tau^{-k_A}) M_H(\vartheta(\overline{L}))(f\vartheta(\overline{L})) \underline{A_0}^{k_A} \underline{q}^{k_A}} \right]^{1/(k_A + 2)} \tag{4-24}$$

结合(4-15)式可知,出口企业加成率为:

$$\mu_H(q,A) = \frac{qA_0 f(\vartheta(\bar{L})) p^{\max}}{2\Phi} \frac{(1+1/\tau)qA_0 f(\vartheta(\bar{L})) p^{\max} - 2\Phi}{2qA_0 f(\vartheta(\bar{L})) p^{\max} - (1+\tau)\Phi} + \frac{1}{2}$$

(4-25)

进一步可得到劳动力集聚对出口企业加成率的影响为：

$$\frac{\partial \ln(2\mu - 1)}{\partial \vartheta(\bar{L})} = \underbrace{\Psi \frac{f'(\vartheta(\bar{L}))}{f(\vartheta(\bar{L}))}}_{\text{集聚经济效应}} + \underbrace{\Psi\left[-\frac{1}{k_A + 2}\frac{M'(\vartheta(\bar{L}))}{M(\vartheta(\bar{L}))} - \frac{k_A}{k_A + 2}\frac{f'(\vartheta(\bar{L}))}{f(\vartheta(\bar{L}))}\right]}_{\text{出口拥堵效应}}$$

$$\Psi \equiv 1 + \left[\frac{(1+1/\tau)qA_0 f(\vartheta(\bar{L})) p^{\max}}{(1+1/\tau)qA_0 f(\vartheta(\bar{L})) p^{\max} - 2\Phi} - \frac{2qA_0 f(\vartheta(\bar{L})) p^{\max}}{2qA_0 f(\vartheta(\bar{L})) p^{\max} - (1+\tau)\Phi}\right]$$

$$< 1$$

(4-26)

从(4-26)式可以看出，劳动力集聚对内销企业加成率的影响主要取决于集聚经济效应和出口拥堵效应。其中，集聚经济效应是指集聚有利于劳动力之间的沟通交流和知识溢出，从而能够提升企业生产率；出口拥堵效应是指集聚降低了企业进入市场的门槛，通过市场规模扩大加剧企业间市场竞争。集聚经济效应可使企业加成率上升，而出口拥堵效应会使企业加成率下降。但是值得注意的是，若仅分析内销企业，则 $\Psi = 1$。这意味着对于出口企业而言，无论是集聚经济效应还是出口拥堵效应的影响均要大于内销企业。将以上分析总结为命题3。

命题3：劳动力集聚对出口企业加成率的影响取决于集聚经济效应和出口拥堵效应的相对大小。当集聚经济效应大于出口拥堵效应时，集聚将提升出口企业加成率；当集聚经济效应小于出口拥堵效应时，集聚不利于出口企业加成率提升。

第四节 模型拓展三：基于劳动力质量的结构匹配视角

本节在基准模型框架的基础上，通过将企业创新行为及工资水平内生化，引入"人力资本—产业结构"匹配的相关变量，分析"人力资本—产业结构"匹配程度和匹配质量对出口企业加成率的影响机理。

一、纳入"人力资本—产业结构"匹配变量的决策环境

假定企业在支付市场进入成本 f_E 后,得知初始生产率水平 A,再根据其初始生产率水平决定其创新程度 η 以及支付的工资水平 w,从而获得企业在生产中的实际生产率水平 $\eta \kappa A$,其中 κ 表示工资激励下的生产率提升程度。而 $\eta > 1$ 和 $\eta = 1$ 分别意味着企业进行创新活动和不进行创新活动。假定创新成本函数为 $c(\eta)$,并且 $c'(\eta) > 0, c''(\eta) > 0$,这意味着随着创新程度的提升,创新边际成本也相应上升。在人力资本与产业结构匹配程度上,假定匹配程度 $md \in [0,1]$ 主要通过影响劳动力获得激励工资的概率 pr 以及保留工资水平 w_0,具体影响为

$$\frac{\partial \mathrm{pr}}{\partial \mathrm{md}} < 0, \frac{\partial w_0}{\partial \mathrm{md}} > 0$$

从上式可以看出,随着匹配程度的上升,劳动者获得激励工资的概率有所下降,因为人力资本与产业结构匹配程度越高,企业在劳动力市场上寻找相适应的劳动力的成本就越低。因此,在相同生产率提升程度情况下,劳动力获得激励工资的概率越低,但劳动者保留工资会随匹配程度的上升而上升,这意味着匹配程度提升会使劳动者更容易找到适合自己的工资。也就是说,匹配程度的提升降低了劳动者与雇佣者之间的信息不对称程度,当匹配程度较低时,劳动者与雇佣者之间信息不对称程度较高,雇佣者无法准确识别劳动者的真实生产率,从而偏好于向所有劳动者支付相同水平的工资;当匹配程度较高时,劳动者与雇佣者之间信息不对称程度较低,雇佣者能准确识别劳动者的真实生产率,从而向不同劳动者支付与其生产率水平相当的工资,这与 Hamilton 等(2000)的研究结果相一致。而在生产率提升程度的影响上有:

$$\frac{\partial \mathrm{pr}}{\partial \kappa} > 0, \frac{\partial^2 \mathrm{pr}}{\partial \mathrm{md} \partial \kappa} < 0, \frac{\partial^2 \mathrm{pr}}{\partial \kappa^2} < 0$$

从上式可以看出,随着生产率提升程度的上升,劳动者获得激励工资的概率有所提升,但概率提升程度在不断下降,并且随着匹配程度的提升,概率提升程度也在不断下降,这是因为劳动者间的竞争程度随着匹配程度的提升而上

升,而劳动者收益函数为

$$R_L = \text{pr} \times w + (1 - \text{pr}) \times w_0 - y(\kappa)$$

其中,$y(\kappa)$ 表示劳动者为获得相应生产率提升程度所需付出的成本,并且假定 $y'(\kappa) > 0, y''(\kappa) > 0$。从而可知 κ 与 w 之间的关系由下式决定。

$$\frac{\partial \text{pr}}{\partial \kappa}(w - w_0) = y'(\kappa)$$

由上式可知

$$\frac{\partial \kappa}{\partial w} = \frac{\partial \text{pr}/\partial \kappa}{y''(\kappa) - \dfrac{\partial^2 \text{pr}}{\partial \text{md}\partial \kappa}(w - w_0)} > 0$$

也就是说,随着工资水平的提升,劳动力生产率提升程度也有所上升,这与 Booth 和 Frank(1999)、Lazear(2000)等相关研究的结论一致。在人力资本与产业结构匹配质量上,本书假定匹配质量 $\text{mq} \in [0, 1]$ 越高,企业所支付的创新固定成本越低,这是因为创新要素质量提升使得企业创新可行性更高。但由于所使用的创新生产要素质量提升,企业创新的边际成本会有所提升,即

$$\frac{\partial c(1)}{\partial \text{mq}} < 0, \frac{\partial c'(\eta)}{\partial \text{mq}} > 0, \lim_{\text{mq} \to 0} \frac{\partial c'(\eta)}{\partial \text{mq}} \to \infty, \lim_{\text{mq} \to 1} \frac{\partial c'(\eta)}{\partial \text{mq}} = 0$$

从上式可以看出,当匹配质量趋于 0 时,创新要素间的竞争效应较低,匹配质量提升所带来的边际创新成本提升程度趋于无穷;而当匹配质量趋于 1 时,创新要素间的竞争效应较高,匹配质量提升所带来的边际创新成本提升程度趋于 0。

二、出口企业加成率的影响机制：创新激励与成本倒逼

由前面分析可知,企业最优工资水平和创新程度由下式决定

$$\kappa(w) = w\kappa'(w), \frac{w}{\eta^2 \kappa(w)A} \frac{M}{2\lambda} \left[(1 + \tau) p^{\max} - \frac{(1 + \tau^2)w}{\eta\kappa(w)A} \right] = c'(\eta)$$

企业自由进出条件与(4-12)式一致,从而可求出均衡条件下市场进入门槛为

$$p^{\max} = \left[\frac{2\lambda f_E k_A (k_A + 1)(k_A + 2)(k_q - k_A)\Phi(w)^{k_A}}{(1 + \tau^{-k_A})MA^{k_A}\underline{q}^{k_A}} \right]^{1/(k_A + 2)} \tag{4-27}$$

从而可知出口企业加成率为

$$\mu(q,A) = \frac{q\eta\kappa A p^{\max}}{2\Phi(w)} \frac{(1+1/\tau)q\eta\kappa A p^{\max} - 2\Phi(w)}{2q\eta\kappa A p^{\max} - (1+\tau)\Phi(w)} + \frac{1}{2}, \Phi'(w) > 0$$

$$(4\text{-}28)$$

由(4-27)式和(4-28)式可知

$$\mu(q,A) \propto \varepsilon(w,\eta,A), \varepsilon(w,\eta,A) \equiv \frac{\eta\kappa(w)A}{\Phi(w)}$$

在匹配程度对出口企业加成率的影响上,由上式可得到

$$\frac{\partial\ln\varepsilon}{\partial\mathrm{md}} = \underbrace{\frac{\partial\ln\kappa(w)}{\partial\mathrm{md}}}_{\text{人力资本激励效应}} - \underbrace{\frac{\partial\ln\Phi(w)}{\partial\mathrm{md}}}_{\text{工资成本提升效应}} = \left(\frac{\partial\ln\kappa(w)}{\partial\ln w} - \frac{\partial\ln\Phi(w)}{\partial\ln w}\right)\frac{\partial\ln w}{\partial\mathrm{md}}$$

$$(4\text{-}29)$$

由前面分析有:

$$\frac{\partial\ln w}{\partial\mathrm{md}} = -\frac{1}{w}\frac{\partial^2\mathrm{pr}}{\partial\mathrm{md}\partial\kappa}\frac{w-w_0}{\partial\mathrm{pr}/\partial\kappa} + \frac{\partial w_0}{w\partial\mathrm{md}} > 0$$

$$\frac{\partial\ln\partial\ln\kappa(w)}{\partial\ln w} = -\frac{\partial\ln\varepsilon}{\partial\mathrm{md}} + \frac{\frac{\partial^2\mathrm{pr}}{\partial\kappa^2} \times \frac{\partial\kappa}{\partial w} \times \frac{\partial\ln w}{\partial\mathrm{md}}}{\frac{\partial\mathrm{pr}}{\partial\kappa}} < 0$$

$$\frac{\partial\ln\Phi(w)}{\partial\ln w} = \frac{1}{\alpha}, \lim_{\mathrm{md}\to1}\frac{\partial\ln\kappa(w)}{\partial\ln w} = 0$$

这里的人力资本激励效应是指随着"人力资本—产业结构"匹配程度的提高,企业在工资激励下的生产率提升效应;工资成本提升效应是指随着"人力资本—产业结构"匹配程度的提高,企业支付的工资成本提升效应。由上式可知,"人力资本—产业结构"匹配程度一方面会通过人力资本激励效应促使加成率提升,另一方面会通过工资成本提升效应促使加成率下降,两者净效应大小取决于匹配程度高低。当匹配程度较低时,人力资本激励效应大于工资成本提升效应,$\partial\ln\varepsilon/\partial\mathrm{md} > 0$;当匹配程度较高时,人力资本激励效应小于工资成本提升效应,$\partial\ln\varepsilon/\partial\mathrm{md} < 0$。将以上分析总结为命题4。

命题4:"人力资本—产业结构"匹配程度会通过人力资本激励效应与工资成本提升效应影响出口企业加成率。当匹配程度较低时,人力资本激励效应大于工资成本提升效应,出口企业加成率随着匹配程度的提升而上升;而

当匹配程度较高时,人力资本激励效应小于工资成本提升效应,出口企业加成率随着匹配程度的提升而下降。

在匹配质量对出口企业加成率影响上,由(4-28)式可知

$$\mu(q,A) \propto \varepsilon(w,\eta,A) \propto \eta$$

对创新程度 η 求偏导有

$$\frac{\partial \eta}{\partial \mathrm{mq}} = \left(\frac{c''(\eta)}{c'(\eta)} + \frac{2}{\eta} \right)^{-1} \left[\underbrace{\left(\frac{\Phi(w)}{\eta^2 \kappa A} \right)^2 \frac{\mathrm{Mpr}}{2\lambda} \frac{1+\tau^2}{c'(\eta)}}_{\text{创新激励效应}} - \underbrace{\frac{\partial c'(\eta)}{c'(\eta) \partial \mathrm{mg}}}_{\text{创新成本提升效应}} \right] \quad (4\text{-}30)$$

这里的"创新激励效应"是指"人力资本—产业结构"匹配质量越高,企业的创新激励效应越强;"创新成本提升效应"是指随着"人力资本—产业结构"匹配质量的提高,企业的创新成本随着创新要素质量的提升而提高。由(4-30)式可知,与"人力资本—产业结构"匹配程度影响机制相似,"人力资本—产业结构"匹配质量一方面会通过创新激励效应促使加成率提升,另一方面会通过创新成本提升效应促使加成率下降,两者净效应的大小取决于匹配质量的高低。当匹配质量较低时,创新激励效应要小于创新成本提升效应,$\partial \ln \eta / \partial \mathrm{md} < 0$;当匹配质量较高时,创新激励效应要大于创新成本提升效应,$\partial \ln \eta / \partial \mathrm{md} > 0$。将以上分析总结为命题5。

命题5:"人力资本—产业结构"匹配质量主要通过创新激励效应与创新成本提升效应影响出口企业加成率。当匹配质量较低时,创新激励效应小于创新成本提升效应,出口企业加成率随着匹配质量的提升而下降;而当匹配质量较高时,创新激励效应大于创新成本提升效应,出口企业加成率随着匹配质量的提升而上升。

第五节 本章小结

本章在 Melitz 和 Ottaviano(2008)异质性模型的基础上,构建了劳动力配置影响出口企业加成率的基本分析框架,从价格扭曲、规模集聚、质量匹配三个维度分析劳动力配置对出口企业加成率的影响机制,主要得到以下结论:一是劳动力价格扭曲可通过成本节约效应和质量扭曲效应两个渠道影响

出口企业加成率,成本节约效应大于质量扭曲效应将使出口企业获得正向加成率效应,成本节约效应小于质量扭曲效应将使出口企业获得负向加成率效应。随着劳动力价格负向扭曲程度的上升,以工艺创新和产品质量升级为内涵的自主创新对企业加成率的影响也不断提升。二是劳动力集聚对出口企业加成率的影响取决于集聚经济效应和出口拥堵效应的相对大小。当集聚经济效应大于出口拥堵效应时,集聚将提升出口企业加成率;当集聚经济效应小于出口拥堵效应时,集聚将不利于出口企业加成率提升。三是"人力资本—产业结构"匹配程度会通过人力资本激励效应与工资成本提升效应影响出口企业加成率,当匹配程度较低(较高)时,人力资本激励效应大于(小于)工资成本提升效应,出口企业加成率随着匹配程度的提升而上升(下降)。"人力资本—产业结构"匹配质量主要通过创新激励效应与创新成本提升效应影响企业加成率,当匹配质量较低(较高)时,创新激励效应小于(大于)创新成本提升效应,出口企业加成率随着匹配质量的提升而下降(上升)。

第五章　劳动力配置与出口企业加成率变动:价格扭曲视角

在中国劳动力市场不健全的情况下,地方政府对劳动力要素流动、价格与去向的管制与引导,培育了当地企业快速成长并参与出口贸易的低成本竞争优势,甚至促使众多生产率较低的企业涌入出口市场,劳动力市场扭曲可能在一定程度上扭曲了企业出口决策与生产率的关系。本章聚焦劳动力价格制度化扭曲、自主创新与出口企业加成率变动逻辑主线,分析劳动力价格扭曲对出口企业加成率的影响效应、中间机制和转型路径,为通过劳动力市场化改革推进外贸转型提供了理论机制与经验证据。

第一节　问题提出

改革开放 40 余年来,以"出口导向"为标志的贸易模式让我国对外贸易发生了迅猛发展,诸多学者分别从宏观层面(林毅夫,2014;朱希伟等,2005;Schott,2008)和微观层面(施炳展,2010;陈勇兵等,2012;李新和曹婷,2013)进行了解释。但在 2008 年全球金融危机后,中国出口增速大幅放缓,以市场渗透力度量的出口竞争力优势面临着趋势性下降,"低质量、低价格、低利润、低分工地位"成为我国出口企业难以去除的标签(茅锐和张斌,2013;黄先海等,2016;诸竹君等,2017)。在我国长期开放型经济体制构建中,要素市场改革滞后引起的劳动力要素价格低估使劳动力价值"剪刀差"成为企业低生产成本的竞争优势,即除了企业自身生产成本和竞争能力,企业能否获得低成本要素并将低成本优势转化为出口优势也是影响企业出口的重要因素(张杰等,2011)。① 劳动力市场培育是中国经济改革的核心问题之一(姚先国,2007),随着大量农村剩余劳动力向城市转移,受户籍制度、地方保护等因素限制,农村转移就业人口工资水平和社会福利有时得不到公平对待,同工不同酬现象普遍存在。有研究表明,城市外来劳动力平均小时工资仅为当地城市小时工资的60%(邓曲恒,2007;卢锋,2012)。尤其是在2003年"民工荒"现象发生后,我国劳动力市场价格扭曲进一步加剧:一是随着农村剩余劳动力数量逐渐减少,许多出口企业不得已以压低工资获得国际竞争力;二是工会力量薄弱,在劳资纠纷中并无有力有效的发言权(张杰等,2011;冼国明和徐清,2013)。因此,促进劳动力市场改革既能提升劳动力素质以应对人口数量红利衰减的冲击,也可以增加劳动力市场的灵活性,提高工资水平和效率的契合度。加成率反映了产品或服务价格对边际成本的偏离,在产业组织理论中是衡量市场势力和竞争力的关键指标(Edmond et al.,2015)。本章聚焦点正是在劳动力市场改革背景下,将劳动力价格扭曲、创新行为和出口企业加成率纳入统一研究框架,从理论和实证两个方面审视劳动力价格扭曲对企业出口绩效的影响,探讨在人口数量红利逐渐消失的背景下如何培育发展我国出口企业竞争力、推动外贸向"优质优价"转变的新机制和新动能。

---

① 需要说明的是,资本和劳动力要素价格都存在负向扭曲,这里选取劳动力价格扭曲作为研究视角主要有以下三点考虑:一是研究的重要性方面。尽管近年来中国劳动力工资报酬逐年增长,但增速一直低于劳动力边际产出增幅和人均GDP增幅,劳动价格负向扭曲现象一直存在。二是研究的稀缺性方面,目前资本要素扭曲的研究较为成熟,涉及产业经济领域对产能过剩的再解释、金融摩擦和信贷配置的分析、房价波动与技术创新效率、企业竞争力与资本配置等方面,而劳动力价格扭曲的研究视角较为受限。三是研究的拓展性方面,党的十九大报告和《国务院关于进一步推进户籍制度改革的意见》中明确要求,要破除妨碍劳动力和人才社会性流动的体制机制弊端,促进劳动力市场健康发展。本书立足促进劳动力市场配置效率提升和质量结构升级,从劳动力价格、规模、质量三维视角出发,研究劳动力配置对出口企业加成率的影响效应,构成了一个完整的逻辑分析框架。

第二节　数据、变量与特征性事实

一、数据来源

本章使用的数据为工业企业数据库和工业企业—海关匹配数据。由于 1998—2007 年工业企业数据库存在指标缺失、大小异常、匹配混乱等问题，按照 Yu(2015)、Brandt 等(2012)、田巍和余淼杰(2014)的做法，对工业企业数据库进行调整，并将工业企业数据库和海关数据库进行合并：一是按照企业名称和年份进行匹配；二是通过企业邮政编号和电话号码后 7 位进行匹配。匹配后数据库中企业出口额占制造业企业数据库出口额的一半左右，与田巍和余淼杰(2014)的匹配结果相当。

二、变量构造、测算与描述性统计

(一)劳动力价格扭曲测算

劳动力价格扭曲是指劳动力价格与其机会成本的背离，一般用劳动力边际收益与实际成本之比表示。借鉴 Hsieh 和 Klenow(2009)、施炳展和冼国明(2012)、盛仕斌和徐海(1999)的做法，设定 C-D 生产函数为：$VA_{ijt} = AK_{ijt}^{\alpha}L_{ijt}^{\beta}$，其中 VA_{ijt}、K_{ijt}、L_{ijt} 分别表示 t 时期 j 行业企业 i 的工业增加值、资本和劳动力要素投入量，A 表示全要素生产率。企业劳动力要素边际产出为 $MP_{L} = \partial VA/\partial L = \beta \cdot VA/L$。完全竞争市场条件下，假定劳动力价格为 ω，则企业 i 在 t 时期劳动力价格扭曲为 $DISTL = MP_{L}/\omega = \beta \cdot VA/\omega L$，在实证分析中采用对数形式(distl)表示。其中，资本投入(K)估算借鉴黄先海等(2016)的做法，以企业固定资产净值(2000 年不变价格)作为初始资本存量，采用永续盘存法进行估计；劳动力投入(L)用企业从业人数表示；劳动力价格(ω)用企业平均工资表示，通过该年应付工资总额除以从业人数得到。

(二)企业层面加成率和生产率测算

参考 De Loecker 和 Warzynski(2012)的方法对企业层面加成率进行估算,得到:$markup_{ijt} = \sigma_{ijt}^M (\vartheta_{ijt}^M)^{-1}$,其中 $markup_{ijt}$ 表示企业加成率,σ_{ijt}^M 和 ϑ_{ijt}^M 分别表示企业 i 所需中间品投入的产出弹性和占投入比重。为解决生产函数 OLS 估计存在的同时性偏误和选择性偏误问题,使用 Levinsohn 和 Petrin (2003)计算企业生产率,本章采用对数值(tfp)进行实证分析。

(三)企业层面工艺创新测算

现有文献较多用企业全要素生产率、单位生产成本等效率指标刻画工艺创新(黄先海等,2015;叶林和简新华,2014)。基于 Fare 和 Grosskopf(1992)的研究,这里将 Malmquist 综合生产率指数分解为效率变化和技术变化,具体表现为:$M_0^t = D_0^t(x^{t+1}, y^{t+1})/D_0^t(x^t, y^t)$,其中,$M_0^t$ 为 Malmquist 生产率指数,D_0^t 表示基于产出距离函数。在 $t+1$ 技术条件下,技术效率变化指数为 $M_0^{t+1} = D_0^{t+1}(x^{t+1}, y^{t+1})/D_0^{t+1}(x^t, y^t)$,当且仅当 (x^t, y^t) 位于技术前沿时,$D_0^t(x^t, y^t) = 1$。对 t 期和 $t+1$ 期技术效率变化的几何平均值进行分解,得到:

$$
\begin{aligned}
M_0(x^{t+1}, y^{t+1}, x^t, y^t) &= \left[\frac{D_0^t(x^{t+1}, y^{t+1})}{D_0^t(x^t, y^t)} \times \frac{D_0^{t+1}(x^{t+1}, y^{t+1})}{D_0^{t+1}(x^t, y^t)} \right]^{1/2} \\
&= \frac{D_0^{t+1}(x^{t+1}, y^{t+1})}{D_0^t(x^t, y^t)} \times \left[\frac{D_0^t(x^{t+1}, y^{t+1})}{D_0^{t+1}(x^{t+1}, y^{t+1})} \times \frac{D_0^t(x^t, y^t)}{D_0^{t+1}(x^t, y^t)} \right]^{1/2} \\
&= EFFC \times TECH
\end{aligned} \tag{5-1}
$$

其中,效率变化(EFFC)反映了 t 期到 $t+1$ 期的生产效率变化,技术变化(TECH)反映了生产技术前沿的移动。如果 EFFC>1,则认为企业在 t 期进行了工艺创新,这里将效率变化的绝对值作为企业工艺创新的代理变量,记为 proc。

(四)企业层面出口产品质量测算

产品质量估算一般有单位价值法(Schott,2008;Manova and Zhang,2012)、价格指数法(Hallak,2006;Hallak and Schott,2011)和需求残差法

(Khandelwal,2010;Khandelwal et al.,2013)。这里主要利用需求残差法进行估计(Gervais,2015)。基本思路是:企业出口量是产品价格和产品质量的函数,在控制其他变量不变的情况下,价格解释不了的部分可认为是由产品质量差异导致的。参考施炳展(2014)的研究,得到年份(t)—企业(i)—进口国(m)—产品(b)四个维度的产品质量水平,其数学表达式为:

$$\text{quality}_{bmt} = \ln\hat{\lambda}_{bmt} = \frac{\varepsilon_{bmt}}{\sigma-1} = \frac{\ln q_{bmt} - \ln \hat{q}_{bmt}}{\sigma-1} \qquad (5\text{-}2)$$

进一步,对(5-2)式进行标准化可得出口产品标准质量指数,

$$\text{r\_quality}_{bmt} = \frac{\text{quality}_{bmt} - \min \text{quality}_{bmt}}{\max \text{quality}_{bmt} - \min \text{quality}_{bmt}} \qquad (5\text{-}3)$$

其中,quality_{bmt} 表示 t 年 b 产品在 m 市场的质量,ε_{bmt} 表示残差项,q_{bmt} 表示该种产品实际出口额,$\hat{q}_{bmt}$ 表示该种产品预计出口额,σ 表示需求弹性。(5-3)式中的 max 和 min 分别表示最大值和最小值,标准化后得到的 r_quality_{bmt} 能够保证产品质量的数值介于[0,1]之间,且不具有测度单位,因此可进行加总分析和跨期比较研究(黄先海等,2016)。进一步,根据出口产品销售额占比得到加权平均企业产品质量 quality_{it}。

(五)企业层面投入产出数据调整

主要包括:工业总产值(y_{ijt})、工业增加值(va_{ijt})[①]、从业人数(l_{ijt})、资本存量(k_{ijt})、工业中间投入(m_{ijt})等[②]。除从业人数外,其他投入产出变量因存在价格因素需对其进行价格调整。这里以 2000 年各省份价格指数为基准,用历年工业品出厂价格指数对工业总产值(y_{ijt})和工业增加值(va_{ijt})进行调整,用历年工业品购进价格指数对工业中间投入(m_{ijt})进行调整。

(六)其他主要变量

企业规模(scale),用企业销售额对数值表示。企业年龄(age),用企业运

---

① 工业企业数据库中没有 2004 年企业的工业增加值,根据以下公式计算补充:增加值=销售收入+期末存货+期初存货−中间投入+增值税。

② 使用的工业总产值、工业增加值、从业人数、资本存量、工业中间品投入合计均采用取对数的方式进行处理,用小写字母表示。各变量下标 i、j、t 表示 t 时刻企业 i 所在的 j 行业。

营时长对数值表示,即企业当年年份与开业年份之差的对数值。企业资本劳动比(klratio),用企业资本和从业人数对数值之比表示。市场规模(ms),利用市场潜力指标衡量某个特定企业所辐射的市场规模,计算公式为 $ms_{rt} = \sum_{x \neq r} \dfrac{GDP_{xt}}{D_{xr}} + \dfrac{GDP_{rt}}{D_{rr}}$,其中,$r$ 和 t 分别表示省份和时间,GDP_{rt} 表示 r 省 t 年地区生产总值,D_{rr} 和 D_{xr} 分别表示 r 省内部距离和到其他省省会城市的距离。省内距离 $D_{rr} = 2/3\sqrt{a_r/\pi}$,$a_r$ 为 r 省面积大小。企业所有制类型(soe),用企业国有资本占实收资本的比例表示。行业竞争程度(hhi),用四位码行业赫芬达尔指数表示,计算公式为:$hhi_j = \sum_{i=1}^{n}(sale_{ij}/\sum_{i=1}^{n}sale_{ij})$,hhi 越大意味着行业垄断程度越高。主要变量描述性统计如表 5-1 所示。

表 5-1　劳动力价格扭曲的加成率效应主要变量描述性统计

变量符号	变量名称	样本量	均值	标准误	最小值	最大值
markup	加成率	1495340	1.2634	0.2580	0.5	2.9999
distl	劳动力价格扭曲	1463297	0.6996	1.0716	−9.507	10.2448
tlp	企业生产率	1468188	6.2894	1.2412	−2.9710	13.4978
scale	企业规模	1495336	9.8289	1.5096	0	18.8558
age	企业年龄	1467524	2.1432	0.9765	0	7.6039
klratio	资本劳动比	1495340	1.7660	0.3637	−0.0636	5.7665
soe	所有制类型	1484189	0.1665	0.3583	−6.9057	8.7535
ms	市场规模	1495338	0.2425	0.1125	0.0324	0.7010
hhi	行业竞争程度	1495340	0.0145	0.0250	0.0010	1
quality	出口产品质量	210563	0.6596	0.1488	0	1
proc	工艺创新	130217	0.3390	0.1501	0.0001	1
market	市场化指数	308	5.5220	2.0876	0	11.7100
dist	行业技术差距	787	7.0343	0.5255	6.0053	8.9205

第三节　计量检验：劳动力价格扭曲如何 影响出口企业加成率？

一、计量模型设定

本章核心问题是研究劳动力价格扭曲（distl）对出口企业加成率（markup）的影响，并在此基础上分析劳动力价格扭曲产生加成率效应的中间渠道，"成本节约效应"和"质量扭曲效应"是否存在。将计量模型设定如下：

$$\mathrm{markup}_{ijt} = Z_0 + Z_1 \mathrm{dist}l_{ijt} + \varphi_1 Z_{ijt} + \varphi_2 Z_{jt} + \delta_j + \delta_k + \delta_t + \varepsilon_{it} \quad (5\text{-}4)$$

其中，下标 i、j、k、t 分别表示企业、行业、地区和年份。考虑到可能存在的滞后影响，在动态模型中采用劳动力价格扭曲滞后期作为核心解释变量，但在基准模型中用当期值回归。通常企业生产率越高，其边际成本越低。由于企业价格不好度量，而产品质量与价格相关性较强，这里将企业生产率变动作为"成本节约效应"的代理变量，用出口产品质量变动衡量"质量扭曲效应"。Z 是控制变量集，Z_{ijt} 是企业层面控制变量，Z_{jt} 是行业层面控制变量，δ_j、δ_k 和 δ_t 表示不可观测的行业、地区和年份固定效应。

二、基准回归结果

表 5-2 第(1)—(4)列汇报了基准模型固定效应（FE）的回归结果。主要解释变量 distl 的系数均显著为正，说明劳动力价格扭曲提升出口企业加成率具有稳健性。从控制变量的结果来看，scale 系数显著为负，表明出口企业规模与加成率之间呈负向关系，原因可能是企业规模虽然较大，但由于创新能力不足且产品质量较低，出口产品在市场上竞争力较小。age 系数显著为正，说明出口企业加成率与企业在位时间正相关。klratio 系数显著为正，说明资本劳动比越高的企业加成率水平越高。通常资本劳动比较高的企业较多为资本密集型和技术密集型企业，这两类企业可利用丰裕的资本和技术进行创

新活动而提高市场势力。soe 系数显著为正,说明出口国有企业加成率显著高于同类非国有企业,与黄先海等(2016)的结果一致,可能原因在于国有企业具有较强的融资能力,在研发创新方面较非国有企业具有一定优势,最终导致国有企业的产品质量较集体、私营等非国有企业更高(张杰等,2014)。ms 系数为正但不显著,说明出口市场规模越大,越有可能会使加成率水平越高。一般来说,市场规模越大的企业越有可能发挥规模经济优势降低边际成本,进而具有更高加成定价能力。hhi 系数为负但不显著,说明行业竞争程度对出口企业加成率并无显著影响,但行业竞争程度越高,企业越有可能会通过研发创新等"竞争逃避"行为提高出口绩效。

考虑到劳动力市场扭曲和出口企业加成率之间可能存在的内生性问题,一方面,劳动力价格扭曲能显著提升出口企业加成率;另一方面,出口企业加成率越高,越有可能通过要素投入扩张加剧劳动力价格扭曲,因此有必要对模型可能存在的内生性问题进行处理。处理方法如下:第一,工具变量法。选取滞后 1 期劳动力价格扭曲作为工具变量,并采用两阶段最小二乘法(2SLS)进行估计,结果显示在表 5-2 第(5)列,发现 distl 系数显著为正,说明这里的核心结论仍然成立。为检验工具变量合理性,采用如下统计检验加以判断:(1)Shea's partial R^2 为 0.3024,F 统计量对应的 p 值均为 0.0000,在 1% 显著水平上强烈拒绝工具变量识别不足的零假设。(2)Cragg-Donald Wald-F 统计量为远大于 Stock-Yogo 检验(2005)在 10% 水平上的临界值 16.38,因此拒绝"弱工具变量"原假设。因此,选取的工具变量是基本符合要求的。第二,采用动态面板 GMM 估计。为了解决可能存在的内生性问题并有效提高估计效率,将差分 GMM 和系统 GMM 结果汇报在第(6)列和第(7)列。第(7)列回归结果显示,劳动力价格扭曲程度每提高 1%,出口企业加成率将提高 0.2067(相当于 0.8663 个标准差),即劳动力价格扭曲能显著提高出口企业加成率这一结果具有一定的稳健性。此外,过度识别 Sargan 检验和自相关检验的结果均说明模型符合 GMM 估计的使用条件。

表 5-2　劳动力价格扭曲对出口企业加成率的影响(基准回归结果)

变量	(1) markup	(2) markup	(3) markup	(4) markup	(5) IV2SLS	(6) Diff— GMM	(7) Sym— GMM
distl	0.1865 *** (154.55)	0.1874 *** (154.81)	0.1865 *** (154.54)	0.1874 *** (154.79)	0.1348 *** (130.56)	0.2066 *** (90.88)	0.2067 *** (90.91)
scale	−0.0025 ** (−2.20)	−0.0037 *** (−3.22)	−0.0025 ** (−2.21)	−0.0037 *** (−3.23)	0.0004 (1.08)	−0.0045 * (−1.86)	−0.0045 * (−1.85)
age	0.0061 *** (5.96)	0.0045 *** (4.35)	0.0061 *** (6.00)	0.0045 *** (4.40)	0.0045 ** (7.14)	0.0009 (0.42)	0.0010 (0.44)
klratio	0.0348 *** (11.78)	0.0351 *** (11.89)	0.0349 *** (11.79)	0.0352 *** (11.89)	0.0041 ** (2.21)	0.0304 *** (5.28)	0.0305 *** (5.29)
soe	0.0056 (1.46)	0.0091 ** (2.34)	0.0056 (1.44)	0.0090 ** (2.34)	0.0084 (3.05)	−0.0026 (−0.40)	−0.0027 (−0.41)
ms	0.2611 *** (30.99)	0.0304 (1.16)	0.2608 *** (30.92)	0.0291 (1.11)	0.0581 ** (1.98)	0.0213 (0.45)	0.0224 (0.47)
hhi	−0.0523 ** (−2.36)	−0.0298 (−1.34)	−0.0491 ** (−2.14)	−0.0249 (−1.09)	−0.0512 ** (−2.39)	0.0678 (1.55)	0.0761 * (1.71)
常数项	1.1459 *** (96.99)	1.2002 *** (92.10)	1.2178 *** (27.20)	1.2434 *** (27.80)	1.3828 *** (38.27)	1.1543 *** (34.38)	1.1357 *** (26.17)
年份控制	NO	YES	YES	YES	YES	YES	YES
省份控制	NO	NO	YES	YES	YES	NO	YES
行业控制	NO	NO	NO	YES	YES	NO	NO
样本数	219842	219842	219842	219842	161216	77721	116909
调整后 R^2	0.435	0.437	0.436	0.437	0.456		
AR(1)						0.0000	0.0000
AR(2)						0.3563	0.3544
Sargan 检验						0.2045	0.1946

注:括号内为 t 值或 z 值,* 、** 和 *** 分别表示在 10%、5% 和 1% 水平上显著,固定效应汇报组内 R^2 ,后同。

三、子样本异质性回归分析

(一)分要素密集度

参考王志华和董存田(2012)的分类标准[①],分要素密集度行业(二位码)劳动力价格扭曲对出口企业加成率的影响报告在表 5-3 中。本研究发现,无论是劳动密集型、资本密集型还是技术密集型出口行业,劳动力价格扭曲均存在正向加成率效应。劳动力价格扭曲程度每提升 1%,会导致技术密集型出口企业加成率提升 0.1894(0.7690 个标准差),资本密集型出口企业加成率提高 0.1768(0.6662 个标准差)。这一回归结果符合预期,对于技术密集型出口企业来说,一般投入较多的是高级劳动要素或专业技术人员,因此低技能劳动力相对成本变化对技术密集型企业的调整弹性较小。也就是说,对于技术密集型出口企业,通过创新研发或者提高产品质量会比依赖于廉价劳动要素获得更高价格加成。而技术密集型行业较高的分工地位,也可能放大因扭曲产生的"生产率效应"和"利润效应"(张胜满等,2015)。一方面,劳动密集型企业通常雇佣更多劳动力特别是低技能劳动力,使得劳动力价格负向扭曲产生的"成本节约效应"更大;另一方面,随着企业劳动力投入规模的扩张,也可能会产生"干中学"经验积累效应,从而有利于提升出口企业市场势力(王明益和戚建梅,2017)。

表 5-3　劳动力价格扭曲对出口企业加成率的影响(分要素密集度)

变量	(1)	(2)	(3)	(4)	(5)	(6)
	劳动密集型		资本密集型		技术密集型	
distl	0.1864 ***	0.1873 ***	0.1761 ***	0.1768 ***	0.1886 ***	0.1894 ***
	(113.68)	(114.00)	(29.69)	(29.62)	(97.48)	(97.34)
scale	0.0024	0.0014	−0.0020	−0.0057	−0.0079 ***	−0.0092 ***
	(1.63)	(0.99)	(−0.25)	(−0.73)	(−4.11)	(−4.78)

① 按照王志华和董存田(2012)制造业结构分类标准,根据劳动报酬、资本存量和研发投入依次分别计算劳动、资本和技术密集度,通过计算各细分行业的劳动力、资本和技术要素所占比重进行划分。

续　表

变量	(1)	(2)	(3)	(4)	(5)	(6)
	劳动密集型		资本密集型		技术密集型	
age	0.0038*** (2.67)	0.0021 (1.45)	0.0055 (0.82)	0.0023 (0.34)	0.0073*** (4.66)	0.0060*** (3.90)
klratio	0.0372*** (9.16)	0.0375*** (9.23)	0.0057 (0.33)	0.0091 (0.53)	0.0356*** (7.58)	0.0361*** (7.70)
soe	−0.0001 (−0.01)	0.0033 (0.47)	0.0275* (1.92)	0.0317** (2.25)	0.0062 (1.28)	0.0095* (1.96)
ms	0.2815*** (24.51)	0.0595 (1.58)	0.2535*** (4.68)	−0.1808 (−1.22)	0.2334*** (17.50)	0.0116 (0.29)
hhi	−0.1222** (−2.05)	−0.0559 (−0.92)	−0.0555 (−0.64)	−0.0497 (−0.52)	−0.0174 (−0.63)	0.0056 (0.20)
常数项	1.0959*** (75.16)	1.1292*** (33.68)	1.0917*** (12.02)	1.2264*** (12.78)	1.2138*** (59.83)	1.3038*** (54.92)
年份固定	NO	YES	NO	YES	NO	YES
地区固定	NO	YES	NO	YES	NO	YES
行业固定	NO	YES	NO	YES	NO	YES
样本数	116008	116008	8494	8494	95042	95042
调整后 R^2	0.446	0.448	0.379	0.381	0.430	0.432

(二)分所有制类型

结合中国现实背景,劳动力价格扭曲对出口企业的加成率效应可能在不同所有制企业中存在异质性影响。[①] 表5-4结果表明:三种所有制出口企业由劳动力价格扭曲引致的加成率效应均显著为正。劳动力价格扭曲每提高1%,会使得外资企业、国有企业和民营企业加成率分别提高0.1979(0.7525个标准差)、0.1893(0.7380个标准差)和0.1777(0.8823个标准差)。外资企业的正向效应较大可能存在两个方面的原因:第一,外资企业在地方政府招

———————

① 主要参考 Yu(2015)的研究,根据企业登记注册类型进行划分。

商引资中长期获得超国民待遇,通常利用要素市场扭曲获得低成本要素,从而获得国际市场上的成本竞争优势;第二,外资企业不仅仅满足于在中国建立出口基地,也越来越重视培育和强化在中国本土市场的竞争力,通过与政府建立联系,"放大"要素价格扭曲的收益空间(张杰等,2011;张胜满等,2015)。对于国有企业来说,一方面,由于在劳动力选取上存在一定黏性(Lu and Yu,2015),而民营企业劳动力流动机制较为宽松,能够对劳动力价格扭曲造成的要素配置效应自发调节,国有企业更可能由于市场分割、地方保护、寻租等依赖于廉价要素投入;另一方面,国有企业具有较强的融资能力和创新基础,可通过加大研发投入而获得较高的企业加成率(诸竹君等,2017)。

表 5-4 劳动力价格扭曲对出口企业加成率的影响(分所有制类型)

变量	(1)	(2)	(3)	(4)	(5)	(6)
	国有企业		民营企业		外资企业	
distl	0.1898*** (18.95)	0.1893*** (18.76)	0.1768*** (59.31)	0.1777*** (59.70)	0.1973*** (86.59)	0.1979*** (86.41)
scale	0.0035 (0.27)	0.0039 (0.29)	0.0008 (0.30)	−0.0027 (−0.99)	−0.0064** (−2.53)	−0.0080*** (−3.17)
age	−0.0096 (−1.29)	−0.0092 (−1.22)	0.0011 (0.49)	−0.0007 (−0.31)	0.0130*** (4.22)	0.0069** (2.14)
klratio	0.0062 (0.21)	0.0032 (0.11)	−0.0418*** (−5.90)	−0.0420*** (−5.91)	−0.0345*** (−5.85)	−0.0344*** (−5.83)
soe	0.0047 (0.62)	0.0046 (0.62)	0.0813 (1.57)	0.0846 (1.64)	0.0255** (1.97)	0.0302** (2.33)
ms	0.1803*** (3.48)	−0.0786 (−0.43)	0.2393*** (11.29)	−0.4120*** (−4.66)	0.2672*** (13.88)	0.0627 (1.35)
hhi	0.1729 (1.40)	0.2028 (1.39)	0.0340 (0.50)	0.0836 (1.19)	−0.0183 (−0.45)	0.0124 (0.29)
常数项	1.1137*** (7.25)	1.0212*** (5.61)	1.1119*** (45.61)	1.4824*** (29.43)	1.1768*** (44.18)	1.1436*** (19.68)
年份固定	NO	YES	NO	YES	NO	YES
地区固定	NO	YES	NO	YES	NO	YES

续　表

变量	(1)	(2)	(3)	(4)	(5)	(6)
	国有企业		民营企业		外资企业	
行业固定	NO	YES	NO	YES	NO	YES
样本数	6540	6540	36491	36491	67339	67339
调整后 R^2	0.458	0.462	0.419	0.425	0.434	0.435

(三)分地区[①]回归

表 5-5 按照三大区域划分呈现了不同地区劳动力价格扭曲对出口企业加成率的影响,发现劳动力价格扭曲对出口企业均存在显著的正向加成率效应。但是,西部地区正向效应最大,劳动力价格扭曲程度每提升 1% ,出口企业加成率提高 0.2069(0.7557 个标准差);其次是中部地区,劳动力价格扭曲程度每提升 1% 会导致出口企业加成率提高 0.2028(0.7578 个标准差);东部地区正向加成率效应最小。一方面,由于中部、西部地区平均工资和劳动力素质相对于东部地区来说较低,劳动力价格负向扭曲导致的劳动力投入扩张使得中部、西部地区"成本节约效应"发挥更加充分,出口企业更易依赖市场扭曲机会获得低成本要素投入,进而获得超额利润。另一方面,由于东部地区高端要素密集度和创新水平较中西部地区更高,资本密集型和技术密集型企业占比更大,它们更符合当地政府招商引资和 GDP 增长的竞争目标,更有可能通过与政府建立寻租联系而弱化 R&D 投入动机,导致劳动力价格扭曲的加成率效应较低(冼国明和徐清,2013;张杰等,2011;刘竹青和佟家栋,2017)。事实上,东部地区出口企业通过创新提高产品质量进而获得更高定价相对于利用要素市场扭曲机制降低要素相对成本更为重要。

---

①　按照国家统计局的划分标准,东部地区包括北京、天津、河北、上海、江苏、浙江、福建、山东、广东、海南、辽宁等 11 个省(市),中部地区包括山西、安徽、江西、河南、湖北、湖南、吉林、黑龙江等 8 个省,西部地区包括内蒙古、广西、重庆、四川、贵州、云南、西藏、陕西、甘肃、青海、宁夏、新疆等 12 个省(区、市)。

表 5-5　劳动力价格扭曲对出口企业加成率的影响(分地区)

变量	(1)	(2)	(3)	(4)	(5)	(6)
	东部地区		中部地区		西部地区	
distl	0.1847*** (146.16)	0.1856*** (146.40)	0.2022*** (41.58)	0.2028*** (41.58)	0.2070*** (28.39)	0.2069*** (28.32)
scale	−0.0037*** (−3.14)	−0.0046*** (−3.93)	0.0048 (0.93)	0.0033 (0.64)	0.0111 (1.12)	0.0143 (1.54)
age	0.0071*** (6.53)	0.0052*** (4.79)	0.0005 (0.15)	0.0001 (0.04)	0.0040 (0.78)	0.0047 (0.92)
klratio	0.0352*** (11.47)	0.0349*** (11.37)	0.0304** (2.37)	0.0318** (2.47)	0.0515** (2.50)	0.0508** (2.50)
soe	0.0081* (1.72)	0.0114** (2.40)	0.0144 (1.59)	0.0140 (1.53)	−0.0056 (−0.56)	−0.0068 (−0.66)
soe	0.2498*** (28.86)	0.0383 (1.35)	0.4163*** (9.85)	0.1701 (1.16)	0.4819*** (5.03)	0.6923* (1.72)
ms	−0.0445** (−1.98)	−0.0176 (−0.76)	−0.1436 (−1.12)	−0.1399 (−1.06)	0.0345 (0.36)	−0.0108 (−0.08)
常数项	1.1548*** (95.94)	1.3219*** (16.38)	1.0615*** (20.01)	1.1155*** (17.05)	1.0536*** (9.36)	1.0190*** (7.25)
年份固定	NO	YES	NO	YES	NO	YES
地区固定	NO	YES	NO	YES	NO	YES
行业固定	NO	YES	NO	YES	NO	YES
样本数	197440	197440	15297	15297	7105	7105
调整后 R^2	0.435	0.437	0.432	0.435	0.460	0.463

(四)分贸易类型

按照贸易类型,将样本分为一般贸易、加工贸易和混合贸易三类进行异质性分析。根据表 5-6 中的回归结果,进行一般贸易和混合贸易的出口企业因劳动力价格扭曲产生的加成率效应大于从事加工贸易的出口企业。在其他条件不变的情况下,进行一般贸易和混合贸易的出口企业劳动力价格扭曲程度每提升 1%,会分别引起加成率提高 0.1882(0.7988 个标准差)、0.1927 (0.8022 个标准差)。对于加工贸易企业来说,劳动力价格扭曲程度每提高 1%会导致加成率提升 0.1772(0.7628 个标准差)。有关研究表明,企业有可能存在固化于廉价要素价格而丧失进口中间品的贸易利益,要素价格负向扭曲会导致企业对进口中间品产生替代效应(耿伟和廖显春,2016)。通常情况下,一般贸易较加工贸易需要支付更高的贸易成本,这会使得一般贸易企业对成本变化反应弹性更大,因此从事一般贸易的企业会通过提高国内中间品投入而产生较大的成本节约效应。而混合贸易既可通过提高国内中间品投入节约相对生产成本,也可通过增加多样化高质量的进口中间品投入而提高出口产品质量,从事混合贸易的出口企业能够"放大"国内要素市场扭曲产生的加成率效应(许家云等,2017)。

表 5-6 劳动力价格扭曲对出口企业加成率的影响(分贸易类型)

变量	(1)	(2)	(3)	(4)	(5)	(6)
	一般贸易		加工贸易		混合贸易	
distl	0.1873*** (107.49)	0.1882*** (107.90)	0.1769*** (63.16)	0.1772*** (62.99)	0.1919*** (82.57)	0.1927*** (82.53)
scale	−0.0004 (−0.23)	−0.0020 (−1.12)	−0.0040 (−1.57)	−0.0038 (−1.51)	−0.0053** (−2.49)	−0.0070*** (−3.25)
age	0.0024* (1.89)	0.0015 (1.16)	0.0136*** (3.43)	0.0073* (1.82)	0.0106*** (4.81)	0.0082*** (3.64)
klratio	−0.0360*** (−8.78)	−0.0380*** (−9.30)	−0.0144* (−1.82)	−0.0124 (−1.56)	−0.0402*** (−6.84)	−0.0398*** (−6.76)
soe	0.0021 (0.47)	0.0063 (1.38)	0.0135 (0.61)	0.0181 (0.82)	0.0085 (1.01)	0.0126 (1.49)
ms	0.2653*** (21.39)	−0.0871** (−2.04)	0.2021*** (6.96)	0.1942* (1.69)	0.2625*** (17.32)	0.0611 (1.42)
hhi	−0.1053*** (−2.85)	−0.0744* (−1.95)	0.0289 (0.59)	0.0585 (1.12)	−0.0031 (−0.07)	0.0096 (0.22)
常数项	1.1281*** (63.45)	1.3194*** (60.41)	1.1344*** (41.14)	1.1675*** (14.00)	1.1751*** (51.80)	1.2702*** (44.81)

续　表

变量	(1)	(2)	(3)	(4)	(5)	(6)
	一般贸易		加工贸易		混合贸易	
年份固定	NO	YES	NO	YES	NO	YES
地区固定	NO	YES	NO	YES	NO	YES
行业固定	NO	YES	NO	YES	NO	YES
样本数	112028	112028	34838	34838	72513	72513
调整后 R^2	0.419	0.422	0.474	0.478	0.439	0.441

四、影响渠道检验结果

前文分析了劳动力价格扭曲对出口企业加成率的影响效应,得出的核心结论是劳动力价格扭曲显著提升了出口企业加成率。更进一步地,选择企业生产率(tfp)和出口产品质量(quality)作为中介变量(温忠麟等,2004;毛其淋和许家云,2017;高翔等,2018)验证劳动力价格扭曲影响出口企业绩效的作用渠道。中介效应模型如下:

$$\text{markup}_{ijt} = Z_0 + Z_1 \text{distl}_{ijt} + \varphi_1 Z_{ijt} + \varphi_2 Z_{jt} + \delta_j + \delta_k + \delta_t + \varepsilon_{it} \quad (5\text{-}5)$$

$$\text{tfp}_{ijt} = Z_0 + Z_{1p} \text{distl}_{ijt} + \varphi_1 Z_{ijt} + \varphi_2 Z_{jt} + \delta_j + \delta_k + \delta_t + \varepsilon_{it} \quad (5\text{-}6)$$

$$\text{quality}_{ijt} = Z_0 + Z_{1q} \text{distl}_{ijt} + \varphi_1 Z_{ijt} + \varphi_2 Z_{jt} + \delta_j + \delta_k + \delta_t + \varepsilon_{it} \quad (5\text{-}7)$$

$$\text{markup}_{ijt} = Z_0 + Z_1 \text{distl}_{ijt} + Z_{2p} \text{tfp}_{ijt} + \varphi_1 Z_{ijt} + \varphi_2 Z_{jt} + \delta_j + \delta_k + \delta_t + \varepsilon_{it}$$
$$(5\text{-}8)$$

$$\text{markup}_{ijt} = Z_0 + Z_1 \text{distl}_{ijt} + Z_{2q} \text{quality}_{ijt} + \varphi_1 Z_{ijt} + \varphi_2 Z_{jt} + \delta_j + \delta_k + \delta_t + \varepsilon_{it}$$
$$(5\text{-}9)$$

$$\text{markup}_{ijt} = Z_0 + Z_1 \text{distl}_{ijt} + Z_2 \text{tfp}_{ijt} + Z_3 \text{quality}_{ijt}$$
$$+ \varphi_1 Z_{ijt} + \varphi_2 Z_{jt} + \delta_j + \delta_k + \delta_t + \varepsilon_{it} \quad (5\text{-}10)$$

表5-7第(2)列显示劳动力价格扭曲能显著提升出口企业生产率,一方面在于,随着劳动力价格存在负向扭曲,R&D劳动力较弱的流动性使得存在市场分割时流出率降低,并随着企业 R&D 人员的培养和引进,企业生产率随

R&D 劳动投入存量的增加而提高(戴魁早和刘友金,2015)。[①] 另一方面,企业大规模投入劳动力要素也会产生三类效应:一是学习效应。由于存在"马歇尔技术外部性",劳动力可在"干中学"中加强沟通和交流,有利于出口企业人力资本积累(Ciccone and Hall,1996;Fu and Ross,2013;王永进和张国锋,2015;吴晓怡和邵军,2016)。二是共享效应。劳动力集聚带来的知识共享,可通过正式或非正式网络实现转移和有机组合,使人力资源在经验积累中重新分配和交换而产生衍生知识(梁启华和何晓红,2006),进而提高出口企业创新潜力。三是匹配效应。通过提高生产者与劳动力要素匹配成功率而降低企业搜寻成本,从而提升运行效率。因此,劳动力价格扭曲伴随的劳动力集聚性投入会产生匹配效应、经验积累效应和"干中学"效应,从而导致企业生产率提升(王明益和戚建梅,2017)。第(3)列结果表明,劳动力价格扭曲显著降低了出口企业产品质量。当劳动力价格发生负向扭曲后,要素成本降低会刺激企业生产规模相继扩张,进而导致市场竞争强化,压缩企业超额利润,而长期依赖于廉价劳动力成本的出口企业生产率和盈利水平较内销企业更低,"熊彼特效应"与"逃离竞争效应"的权衡博弈使出口企业在短期内具有较弱的研发动机和研发投入,从而不利于出口产品质量提升(黄先海等,2016;张杰等,2014)。[②] 换句话说,较低的产品价格是短期内出口企业选择低成本、低质量的内生选择。第(4)—(5)列分别展示了被解释变量(markup)对核心解释变量(distl)和中间变量(tfp 或 quality)的回归结果。可以看到,中间变量 tfp 的估计系数在 1% 水平上显著为正,说明生产效率越高的企业具有相对更高的成本加成能力。中间变量 quality 估计系数在 1% 水平上显著为正,说明品质越高的产品在市场中的差异化程度越大,可以降低产品需求弹性和垄断

---

　　① 　在稳健性检验中,因为数据的限制,采用 2004 年的企业从业人员的学历结构数据,验证了劳动力价格扭曲显著优化了企业技能结构,进而提高出口企业生产率。具体来看,在其他条件不变的情况下,劳动力价格扭曲程度每提升一个单位,企业的技能结构会提升 0.0040。

　　② 　在稳健性检验中,验证了劳动力价格扭曲显著降低了企业的研发投入,不利于出口企业产品质量升级。具体来看,在其他条件不变的情况下,劳动力价格扭曲程度每提升一个单位,企业的 R&D 投入会降低 0.0917。

势力,从而保持较高的价格加成(毛其淋和许家云,2017)。此外,本研究还发现,与表 5-7 第(1)列基准回归结果相比,在分别加入中介变量 tfp(第 4 列)和 quality(第 5 列)后,distl 估计系数值分别出现下降和上升,且显著性水平均出现下降,初步表明了"成本节约效应"和"质量扭曲效应"的存在。在第(6)列同时加入两个中介变量后,可看到核心解释变量 distl 的系数及其显著性均有所下降,说明在"成本节约效应"和"质量扭曲效应"综合影响下,劳动力价格扭曲对出口企业产生了正向加成率效应。

为进一步确认产品质量和生产率是否为劳动力价格扭曲影响出口企业加成率的中介变量(温忠麟等,2004;毛其淋和许家云,2017),首先检验 $H_0 : Z_{1p} = 0$,$H_0 : Z_{1q} = 0$,$H_0 : Z_{2p} = 0$,$H_0 : Z_{2q} = 0$,如果均被拒绝,则说明中介效应显著,否则不显著。根据回归结果,上述中介变量是显著的,但该检验方法容易犯第二类错误。其次,检验经过中介变量路径上回归系数乘积项的显著性,即检验 $H_0 : Z_{1p} \times Z_{2p} = 0$,$H_0 : Z_{1q} \times Z_{2q} = 0$。如果拒绝原假设,则说明中介效应显著,否则不显著。借鉴 Sobel(1987)的计算方法:$S_{Z_{1p} \times Z_{2p}} = \sqrt{\dot{Z}_{1p}^2 \times S_{Z_{2p}}{}^2 + \dot{Z}_{2p}^2 \times S_{Z_{1p}}{}^2}$,$S_{Z_{1q} \times Z_{2q}} = \sqrt{\dot{Z}_{1q}^2 \times S_{Z_{2q}}{}^2 + \dot{Z}_{2q}^2 \times S_{Z_{1q}}{}^2}$,其中 S 表示相应估计系数的标准差,Z_1 为扭曲对中介变量的效应,Z_2 为中介变量对加成率的效应,Z_d 为扭曲对加成率的效应,且 $Z_p = \dot{Z}_{1p} \times \dot{Z}_{2p} / S_{Z_{1p} \times Z_{2p}}$,$Z_q = \dot{Z}_{1q} \times \dot{Z}_{2q} / S_{Z_{1q} \times Z_{2q}}$,测算结果如表 5-8 所示。通过 Sobel 检验发现,上述中介变量乘积项的 Z 值均显著大于 1% 显著性水平下的临界值,即产品质量和生产率是劳动力价格扭曲提高出口企业加成率的两种机制。[①] 最后,还比较了"成本节约效应"和"质量扭曲效应"的相对大小,具体做法是借鉴温忠麟等(2004)等的方法计算中介效应在总效应中的比重,公式为 $\mathrm{Effect}_p = \dot{Z}_{1p} \times \dot{Z}_{2p} / \dot{Z}_d$,$\mathrm{Effect}_q = \dot{Z}_{1q} \times \dot{Z}_{2q} / \dot{Z}_d$,可得到"成本节约效应"远大于"质量扭曲效应"。也就是说,这两种中介效应都证明了本章核心结论:一方面,

---

① 需要说明的是,参考研究出口企业加成率和劳动力价格扭曲的相关文献,选择生产效率和出口产品质量作为中介变量进行检验。当然,除了这两个渠道,劳动力价格扭曲还可能通过其他方式影响出口企业加成率。因此,如何更深入、更全面挖掘劳动力价格扭曲影响出口企业加成率的更多渠道仍是未来研究的方向。

劳动力价格扭曲促使中国企业使用更多廉价要素,从而产生"成本节约效应"提升出口企业加成率;另一方面,劳动力价格扭曲抑制了企业出口产品质量升级,进而对出口绩效产生不利影响,但"成本节约效应"要远大于"质量扭曲效应"。

表 5-7　劳动力价格扭曲对出口企业加成率的影响渠道

变量	(1) markup	(2) tlp	(3) quality	(4) markup	(5) markup	(6) markup
distl	0.1874 *** (154.79)	0.7170 *** (206.65)	−0.0039 *** (−8.99)	0.1214 *** (89.39)	0.1887 *** (148.28)	0.1230 *** (87.22)
tlp				0.0920 *** (57.62)		0.0918 *** (54.95)
quality					0.0244 *** (6.38)	0.0422 *** (11.32)
scale	−0.0037 *** (−3.23)	0.3117 *** (81.11)	0.0242 *** (28.03)	−0.0324 *** (−25.58)	−0.0023 * (−1.93)	−0.0303 *** (−23.06)
age	0.0045 *** (4.40)	0.0312 *** (10.24)	−0.0006 (−0.66)	0.0016 (1.64)	0.0041 *** (3.88)	0.0012 (1.12)
klratio	−0.0352 *** (−11.89)	−0.9151 *** (−75.85)	−0.0264 *** (−13.19)	0.0491 *** (15.37)	−0.0371 *** (−12.07)	0.0468 *** (14.11)
soe	0.0090 ** (2.34)	−0.0009 (−0.10)	−0.0038 (−1.12)	0.0091 ** (2.41)	0.0057 (1.30)	0.0056 (1.31)
ms	0.0291 (1.11)	−0.6587 *** (−10.03)	0.0963 *** (4.95)	0.0897 *** (3.51)	0.0364 (1.33)	0.1005 *** (3.77)
hhi	−0.0249 (−1.09)	0.0599 (0.96)	−0.0060 (−0.35)	−0.0305 (−1.38)	−0.0208 (−0.86)	−0.0277 (−1.20)
常数项	1.2434 *** (27.80)	4.8142 *** (18.17)	0.4386 *** (31.79)	0.8003 *** (13.47)	1.4244 *** (82.19)	1.0217 *** (56.31)
年份固定	YES	YES	YES	YES	YES	YES
地区固定	YES	YES	YES	YES	YES	YES
行业固定	YES	YES	YES	YES	YES	YES
样本数	219842	219842	204770	219842	204770	204770
调整后 R^2	0.437	0.674	0.020	0.470	0.441	0.473

表 5-8　劳动力价格扭曲的加成率效应中介效应 Sobel 检验

中介变量	Z_1	S_{Z1}	Z_2	S_{Z2}	Z_d	交叉项标准差	交叉项 Z 值	结论
生产率	0.7170	0.0035	0.0920	0.0016	0.1230	0.00119164	55.3556 ***	有效中介
出口产品质量	−0.0039	0.0004	0.0244	0.0038	0.1230	0.00001775	5.3611 ***	有效中介

第四节　拓展分析:动态条件下劳动力价格扭曲效应的矫正机制

一、矫正机制的有效性

根据理论分析可知,工艺创新和产品质量升级是提升出口企业加成率的有效渠道。一方面,工艺创新能通过降低企业边际成本而提高企业生产率,另一方面通过产品质量升级提高出口企业价格加成,这两种方式分别从成本渠道和价格渠道提升出口企业竞争力。计量模型设定如下:

$$\text{markup}_{ijt} = Z_0 + Z_1 \text{distl}_{ijt-2} + \varphi_1 Z_{ijt} + \varphi_2 Z_{jt} + \delta_j + \delta_k + \delta_t + \varepsilon_{it} \quad (5\text{-}11)$$

$$\text{markup}_{ijt} = Z_0 + Z_1 \text{distl}_{ijt-2} + Z_2 \text{distl}_{ijt-2} \times \text{quality}_{ijt}$$
$$+ \varphi_1 Z_{ijt} + \varphi_2 Z_{jt} + \delta_j + \delta_k + \delta_t + \varepsilon_{it} \quad (5\text{-}12)$$

$$\text{markup}_{ijt} = Z_0 + Z_1 \text{distl}_{ijt-2} + Z_2 \text{distl}_{ijt-2} \times \text{proc}_{ijt}$$
$$+ \varphi_1 Z_{ijt} + \varphi_2 Z_{jt} + \delta_j + \delta_k + \delta_t + \varepsilon_{it} \quad (5\text{-}13)$$

上式中,核心解释变量采用滞后 2 期(l2. distl)分析劳动力价格扭曲的动态效应,分别引入劳动力价格扭曲和工艺创新、产品质量的交互项(l2. distl×proc 和 l2. distl×quality)探究工艺创新和产品质量升级对劳动力价格扭曲效应的矫正机制,以及发挥的门槛作用,结果汇报在表 5-9 中。由第(1)列可以发现,滞后 2 期劳动力价格扭曲系数显著为负,说明虽然当期劳动力价格扭曲是提升出口企业加成率的重要因素，但从动态效应来看，当期劳动力价格扭曲会显著抑制后期出口企业加成率。[①] 从第(3)列可知，当引入工艺创新交互项后，整体上滞后 2 期价格扭曲和工艺创新代理变量交互项系数显著为正，说明当出口企业工艺创新水平超过一定程度时，滞后 2 期价格扭曲对加成率水平有正向效应。根据估计结果计算，当期企业工艺创新门槛为 0.268，约有71％的企业可通过工艺创新提升当期加成率，则验证了工艺创新能够矫正劳动力价格扭曲效应，通过提高企业生产率促进加成率提升。从第(5)列来看，当引入产品质量升级交互项后，整体上滞后 2 期价格扭曲和出口产品质量交互项系数显著为正，说明当出口产品质量超过一定程度时，滞后 2 期价格扭曲对加成率水平有正向效应，并且当期企业产品质量门槛为 0.867，约有 51％的企业可通过产品质量升级提升当期加成率。即从动态效应来看，"工艺创新"和"产品质量升级"是矫正劳动力价格扭曲效应的有效机制，企业能否长期提升出口竞争力取决于工艺创新水平和产品质量层级。

表 5-9　劳动力价格扭曲对出口企业加成率影响的矫正机制

变量	(1)	(2)	(3)	(4)	(5)
	动态效应	工艺创新效应		质量升级效应	
l2. distl	-0.0202^{***} (-17.35)	-0.0508^{***} (-7.29)	-0.0511^{***} (-7.23)	-0.0176^{***} (-10.57)	-0.0182^{***} (-11.00)
l2. distl× proc		0.1884^{***} (9.59)	0.1909^{***} (9.60)		
proc		2.3698^{***} (31.63)	2.4431^{***} (31.39)		
l2. distl× quality				0.021^{**} (2.16)	0.021^{**} (2.16)
quality			0.0077^{***} (4.63)		0.0073^{***} (4.35)

[①] 将劳动力价格扭曲滞后 2 期、滞后 3 期、滞后 4 期后，均发现存在负向加成率效应。

续　表

变量	(1)	(2)	(3)	(4)	(5)
	动态效应	工艺创新效应		质量升级效应	
scale			0.0395 *** (9.57)		0.0250 *** (9.68)
age			0.0114 ** (2.36)		0.0014 (0.57)
klratio			−0.0757 *** (−6.43)		0.0327 *** (5.18)
soe			−0.0223 (−1.63)		−0.0132 * (−1.69)
ms			0.4973 *** (6.14)		0.2786 *** (5.14)
hhi			−0.0164 (−0.25)		−0.0387 (−0.77)
常数项	1.1037 *** (97.14)	0.8697 *** (17.60)	0.4384 *** (6.19)	1.1031 *** (97.05)	0.9779 *** (15.96)
年份固定	YES	YES	YES	YES	YES
地区固定	YES	YES	YES	YES	YES
行业固定	YES	YES	YES	YES	YES
样本数	121380	51947	51825	121371	120872
调整后 R^2	0.006	0.187	0.196	0.007	0.010

二、矫正机制的异质性

工艺创新和产品质量升级作为矫正劳动力价格扭曲效应的有效机制，一般会受到市场化程度和行业技术水平差异的影响。本节借鉴樊纲等（2011）测算的市场化指数作为省级层面制度因素的代理变量，使用美国对中国2位码行业劳动生产率之比作为某行业技术差距的代理变量(Aghion et al.,2009)[①],数值越大说明中国该行业技术差距越大,技术模仿和创新难度越小。计算公式为:$dist_{jt} = \ln(lp_{usjt}/lp_{chjt})$,其中 lp_{usjt} 表示美国 j 行业劳动生产率,lp_{chjt} 表示中国 j 行业劳动生产率。回归结果如表 5-10 所示,其中第(1)—(2)列表示市场化指数和行业技术水平对工艺创新效应的影响,第(6)—(7)列表示对产品质量升级效应的影响。具体来看,$l2. distl \times market$ 和 $l2. distl \times dist$ 系数显著为负,说明了市场化指数和行业技术水平对企业工艺创新具有显著影响,市场化程度越高、技术差距越大,越有利于降低企业劳动力价格扭曲效应。也就是说,当市场化程度高到一定程度时,由劳动力价格扭曲弱化而产生的成本节约将不能弥补企业工艺创新的成本。同样,当行业技术差距大到一定程度时,劳动力价格扭曲效应也将不利于企业进行工艺创新。从产品质量升级效应来看,$l2. distl \times market$ 系数显著为负,说明地区市场化程度的增强也会弱化企业因劳动力价格扭曲而进行产品质量升级的动机。而第(6)列中交互项 $l2. distl \times dist$ 系数为负但不显著,说明技术差距大的企业并没有促进企业利用要素价格扭曲节约的成本进行产品质量升级。可能的原因是技术差距大的企业一方面可能不具备创新能力和条件,另一方面可能缺乏创新动力。表 5-10 中第(3)—(5)列、第(8)—(10)列分别汇报了市场化指数和行业技术差距通过工艺创新和产品质量升级影响出口企业加成率的结果。研究发现,地区市场化程度越高、行业技术差距越大,企业越容易通过工艺创新而提高出口加成率,而市场化程度越高的地区、技术差距越大的行业越不能通过提高产品质量提升出口加成率,反而有可能恶化企业出口绩效。原因可能是,对企业来说,产品质量升级相对工艺创新难度系数更大,在市场化程度越高的地区和技术差距越大的行业,企业进行工艺创新比提高产品质量更具有后发优势,如果因价格扭曲节约的成本不能弥补产品质量升级成本,将有可能降低出口企业绩效。

---

① 美国二位码行业生产率数据来源于网站:www. nber. org/data/nberces. html。需要对两国行业代码进行匹配,具体方法是:首先匹配 CIC 和 ISIC Rev. 3,然后匹配 ISIC Rev. 3 和 SIC Rev. 1987。

第五节　稳健性检验

一、养老保险制度改革的准自然实验(PSM-DID)

养老保险制度是社会保障的核心内容,缴费一般由企业和员工共同承担。研究表明,2000—2006 年,我国企业养老金缴费比例在 20％左右,仅低于丹麦、意大利、荷兰、西班牙和葡萄牙等 5 个国家。缴费比例改变反映着劳动力成本变化,高负担养老金费用会产生两种效应:一是通过低报员工工资或员工人数减少缴费金额,从而产生"工资挤出效应";二是养老制度的锁定效应在一定程度上限制了劳动力自由流动。[①] 尽管职工将企业提供的社会保障视为福利增加,愿意接受更低的工资,但现实中降低员工工资已成为企业规避养老保险缴费的策略性行为(马双等,2014)。[②] 也就表明,养老保险企业缴费可能会通过企业压低工资价格而加剧劳动力市场扭曲。由于养老保险企业缴费比例由政府确定,对于微观企业来说事前无法预测,因此认为养老保险制度变化这一政策冲击外生于企业最优化选择,从而控制了内生性偏误。选取 2004—2006 年辽阳市、鞍山市养老保险企业缴费比例大幅下调这一场景进行准自然实验。[③] 以 2004 年作为政策冲击实施前(post＝0),2005—2006 年作为实施后(post＝1),实验组为 2005—2006 年辽阳市、鞍山市企业(treat＝1),对照组为沈阳市企业(treat＝0)。为了清晰起见,将下调养老金缴费比例的企业在两个时期加成率的变化量表示为 $\Delta\mathrm{markup}_{ijt}^1$,未下调养老金缴费

[①]　胡晓义(2001)、赵耀辉和徐建国(2001)等的研究也表明,部分企业会选取逃避缴费的方式予以应对。

[②]　马双等(2014)的研究表明,企业养老保险缴费比例每增加 1 个百分点,企业职工工资和对员工福利的支出均显著降低 0.6％,对员工的总支出显著减少 0.7％。

[③]　2005 年 5 月 1 日,辽阳市政府将企业养老保险缴费比例由 25.5％下调至 10％,2005 年 7 月 1 日,鞍山市政府为了降低企业负担,将缴费比例由 25.5％下调至 22.5％,并于 2006 年 1 月 1 日再次下降为 20％。而与之相邻的沈阳市则维持 2004 年以来养老保险企业缴费 20％的比例。选取的辽阳市、鞍山市养老金企业缴费比例调整是基本满足单一性和组间差异性要求的政策冲击,并且处理组和控制组企业的平均加成率变动趋势基本保持一致。

比例的企业在两个时期加成率的变化率表示为 $\Delta \text{markup}_{ijt}^0$，所以实验组企业平均处理效应可用(5-14)式表示：

$$\Omega = E(\Delta \text{markup}_{ijt}^1 \mid x, \text{treat} = 1) - E(\Delta \text{markup}_{ijt}^0 \mid x, \text{treat} = 1) \quad (5\text{-}14)$$

但在上式中，$E(\Delta \text{markup}_{ijt}^0 \mid x, \text{treat} = 1)$ 表示已下调养老金缴费比例的企业在没有下调养老金缴费比例时加成率的变化，这是一种"反事实"情形。因此，根据企业规模、企业年龄、资本劳动比、国有资本占比、行业竞争程度等特征变量采用倾向评分匹配法为下调养老金缴费比例的企业寻找对照组（即未调整养老金缴费比例的企业），解决可能存在的选择性偏误问题。假定匹配后，得到与实验组企业相匹配的对照组企业集合为 $\Phi(i)$，它们加成率变化量 $E(\Delta \text{markup}_{ijt}^0 \mid x, \text{treat} = 0, i \in \Phi(i))$ 可作为 $E(\Delta \text{markup}_{ijt}^0 \mid x, \text{treat} = 1)$ 的近似替代。因此，(5-14)式可转化为：

$$\Omega = E(\Delta \text{markup}_{ijt}^1 \mid x, \text{treat} = 1) - E(\Delta \text{markup}_{ijt}^0 \mid x, \text{treat} = 0, i \in \Phi(i))$$
$$(5\text{-}15)$$

更进一步，模型(5-15)一个等价的可用于经验检验的表述为：

$$\text{markup}_{ijt} = Z_0 + Z_1 \text{post} + Z_2 \text{treat} + Z_3 \text{treat} \times \text{post} \quad (5\text{-}16)$$
$$+ \varphi_1 Z_{ijt} + \varphi_2 Z_{jt} + \delta_j + \delta_k + \delta_t + \varepsilon_{ijt}$$

为检验结果的有效性和稳健性，同时汇报了养老金企业缴费比例下调对劳动力价格扭曲和企业加成率的 DID、PSM-DID 回归结果，如表 5-11 所示。从第(1)—(4)列来看，交叉项参数估计值显著为负，说明养老金企业缴费比例下调确实降低了劳动力价格扭曲，辽阳市和鞍山市企业平均劳动力价格扭曲程度较沈阳市降低了 0.197。从第(5)—(8)列来看，交叉项参数估计值也均显著为负，说明辽阳市和鞍山市养老金企业缴费比例下调通过弱化劳动力价格扭曲效应降低了企业加成率。结论与前文的回归结果在方向上是内在一致的，这表明劳动力价格扭曲能显著提高企业出口绩效。此外，DID 和 PSM-DID 的回归结果说明了此结论具有一定的稳健性。①

———————————

①　从平衡性检验结果来看，匹配后企业在上述变量上均不存在显著差异，可以认为有较好的平衡性。

表 5-10　劳动力价格扭曲矫正机制的异质性分析

变量	(1) proc	(2) proc	(3) markup	(4) markup	(5) markup	(6) quality	(7) quality	(8) markup	(9) markup	(10) markup
l2.distl	0.0208*** (8.20)	0.0150*** (2.64)	-0.0713*** (-14.41)	-0.0790*** (-16.30)	-0.0663*** (-13.66)	0.0457*** (2.87)	0.0022 (0.07)	-0.0181*** (-11.42)	-0.0201*** (-12.59)	-0.0184*** (-11.59)
l2.distl×market	-0.0027*** (-9.66)					-0.0060*** (-3.33)				
l2.distl×dist		-0.0026*** (-3.14)					-0.0013 (-0.28)			
l2.distl×proc× market			0.0151*** (10.42)							
l2.distl×proc× dist				0.0224*** (12.26)						
l2.distl×proc× market×dist					0.0020*** (9.57)					
l2.distl×quality× market							-0.0002** (-2.52)			
l2.distl×quality× dist								-0.0001 (-0.76)		
l2.distl×quality× market×dist									-0.0000** (-2.33)	

续 表

变量	(1) proc	(2) proc	(3) markup	(4) markup	(5) markup	(6) quality	(7) quality	(8) markup	(9) markup	(10) markup
scale	-0.0053*** (-5.25)	-0.0059*** (-5.83)	0.0258*** (5.57)	0.0270*** (5.79)	0.0255*** (5.46)	0.1016*** (14.15)	0.1028*** (14.16)	0.0258*** (10.00)	0.0252*** (9.68)	0.0253*** (9.72)
age	-0.0049*** (-4.69)	-0.0049*** (-4.63)	-0.0005 (-0.08)	-0.0004 (-0.07)	-0.0004 (-0.08)	0.0082 (1.19)	0.0085 (1.21)	0.0015 (0.61)	0.0016 (0.67)	0.0016 (0.68)
klratio	0.0506*** (15.39)	0.0518*** (15.65)	0.0366*** (3.13)	0.0359*** (3.03)	0.0404*** (3.42)	-0.1474*** (-9.80)	-0.1462*** (-9.59)	0.0316*** (5.00)	0.0331*** (5.18)	0.0329*** (5.15)
soe	-0.0012 (-0.41)	-0.0009 (-0.31)	-0.0235 (-1.52)	-0.0231 (-1.47)	-0.0231 (-1.47)	0.0252 (1.01)	0.0219 (0.85)	-0.0130* (-1.66)	-0.0175** (-2.21)	-0.0175** (-2.20)
ms	-0.0366** (-2.18)	-0.0444*** (-2.60)	0.4102*** (4.42)	0.4607*** (4.96)	0.4290*** (4.60)	-0.3930*** (-2.40)	-0.4284*** (-2.59)	0.2773*** (5.12)	0.2901*** (5.32)	0.2916*** (5.35)
hhi	0.0007 (0.04)	0.0030 (0.17)	-0.0258 (-0.35)	-0.0243 (-0.32)	-0.0175 (-0.23)	0.0332 (0.19)	0.0269 (0.15)	-0.0386 (-0.76)	-0.0317 (-0.62)	-0.0318 (-0.63)
常数项	0.5395*** (26.19)	0.4550*** (23.67)	1.6075*** (24.41)	0.8241*** (12.37)	0.8472*** (12.77)	0.5342*** (3.04)	0.4220*** (3.52)	0.9813*** (15.77)	0.8717*** (20.86)	0.8703*** (20.82)
年份固定	YES	YES	YES	YES	YES	YES	YES	YES	YES	YES
地区固定	YES	YES	YES	YES	YES	YES	YES	YES	YES	YES
行业固定	YES	YES	YES	YES	YES	YES	YES	YES	YES	YES
样本数	51825	51273	51825	51273	51273	120872	119292	120872	119292	119292
调整后 R^2	0.871	0.871	0.018	0.020	0.017	0.010	0.010	0.010	0.009	0.010

表5-11　养老保险制度改革准自然实验回归结果

变量	(1) DID	(2) DID	(3) PSM−DID	(4) PSM−DID	(5) DID	(6) DID	(7) PSM−DID	(8) PSM−DID
	distl	distl	distl	distl	markup	markup	markup	markup
post	0.2946*** (7.87)	0.2680*** (6.43)	0.3096*** (7.71)	0.2844*** (6.24)	0.0676*** (8.68)	0.0671*** (7.29)	0.0612*** (6.79)	0.0611*** (5.96)
treat	1.4515*** (38.20)	0.9141*** (20.62)	0.8759*** (22.83)	0.9179*** (20.66)	0.7207*** (3.37)	0.6184*** (63.65)	0.6172*** (72.22)	0.6192*** (63.54)
treat×post	−0.1957*** (−3.95)	−0.2002*** (−4.02)	−0.1946*** (−3.96)	−0.1970*** (−3.99)	−0.0187* (−1.68)	−0.0185* (−1.70)	−0.0151* (−1.76)	−0.0149* (−1.83)
scale		0.1682*** (3.05)		0.1445** (2.48)		0.0126 (1.18)		0.0128 (1.14)
age		−0.0430 (−0.62)		−0.0429 (−0.58)		−0.0096 (−0.63)		−0.0101 (−0.61)
klratio		0.1795** (2.05)		0.2191** (2.40)		0.0064 (0.38)		0.0181 (1.10)
soe		0.0795 (0.64)		0.1320 (0.85)		0.0161 (0.61)		0.0224 (0.75)
hhi		−1.9459 (−0.95)		−4.3201** (−2.02)		−0.2672 (−0.49)		−1.1211** (−1.97)

续　表

变量	(1)	(2)	(3)	(4)	(5)	(6)	(7)	(8)
	DID		PSM—DID		DID		PSM—DID	
	distl	distl	distl	distl	markup	markup	markup	markup
常数项	−0.1532 (−0.48)	−2.3130*** (−3.24)	0.9125*** (6.22)	−1.0777 (−1.52)	0.9546*** (10.90)	0.8767*** (7.87)	0.9838*** (162.71)	0.8486*** (7.33)
年份固定	YES	YES	YES	YES	YES	YES	YES	YES
地区固定	NO	NO	NO	NO	YES	YES	NO	NO
行业固定	YES	YES	YES	YES	NO	NO	NO	NO
样本数	5390	5338	4936	4901	5188	5138	4834	4799
调整后 R^2	0.028	0.035	0.031	0.040	0.034	0.031	0.025	0.026

表 5-12　养老保险制度改革准自然实验匹配变量平衡性检验

变量	匹配状态	均值		偏差/%	偏差减少/%	p 值
		处理组	控制组			
scale	匹配前	10.1070	10.3030	−12.7	81.8	0.000
	匹配后	10.1330	10.0970	2.3		0.435
age	匹配前	2.1321	2.1903	−7.0	90.8	0.014
	匹配后	2.1332	2.1386	−0.6		0.832
klratio	匹配前	1.9110	1.9758	−16.2	80.3	0.000
	匹配后	1.9211	1.9083	3.2		0.274
soe	匹配前	0.0919	0.1611	−22.1	98.0	0.000
	匹配后	0.0933	0.0919	0.4		0.871
hhi	匹配前	0.0104	0.0132	−16.2	80.2	0.000
	匹配后	0.0100	0.0106	−3.2		0.168

二、替代主要变量的回归结果

主要对变量采用替代指标进行稳健性检验。首先,对加成率进行替代,考虑到解释变量与被解释变量因测算原理可能导致的内生性问题,这里采用会计法测算加成率进行稳健性检验。根据 Domowitz 等(1986)的思路,加成率表达式为:

$$1 - \frac{1}{\text{markup}_{it}} = \frac{\text{price}_{it} - \text{cost}_{it}}{\text{price}_{it}} = \frac{\text{valuead}_{it} - \text{payroll}_{it}}{\text{valuead}_{it} + \text{netcostmaterial}_{it}} \quad (5\text{-}17)$$

其中,price_{it} 和 cost_{it} 分别表示产品价格和边际成本,valuead_{it} 为工业增加值,payroll_{it} 为企业工资额,$\text{netcostmaterial}_{it}$ 为净中间投入要素成本。会计法估算的加成率虽比较简便,但由于利润调整,会计法加成率(markup_ac)较 DLW 法计算结果偏大。这里用会计法加成率(markup_ac)替换 DLW 法加成率(markup),回归结果报告在表 5-13 第(1)列。结果表明,劳动力价格扭曲(distl)和其他控制变量的系数符号和显著性没有发生较大改变,因此替换被解释变量的测算方法并未改变本章核心结论。

其次,用其他测算方法对核心解释变量(distl)进行调整。一是按照冼国明和徐清(2013)的做法,对基准模型中劳动力价格扭曲变量稍作修改,令distl_1 = | distl - 1 |,与 distl 相比,distl_1 更能直接反映劳动力市场和最优市场化之间的偏离情况。将 distl_1 作为被解释变量,回归结果报告在第(2)列。二是基准模型中价格扭曲指标的测算是基于 C-D 函数,由于 C-D 函数需要单位弹性假设,因此可能导致估计有所偏误。而 CES 函数因非线性存在参数估计困难问题,所以选择对超越对数生产函数进行半参数估计,得到劳动力价格扭曲的第二个替代指标为 distl_2,回归结果报告在第(3)列。综合劳动力价格扭曲两个替代指标,均发现劳动力价格扭曲能显著提升出口企业加成率。

另外,构建工艺创新的虚拟变量进行稳健性检验。由于数据限制,利用 R&D 支出和新产品产值的数据构造工艺创新虚拟变量(proc_d),如果 R&D 支出为正且新产品产值为 0,设定 proc_d=1,并且删除 R&D 支出为正且新产品产值大于 0 的企业。[①] 第(4)列主要是为了检验工艺创新对劳动力价格扭曲的矫正效应,交互项 l2. distl×proc_d 系数在 1% 水平上显著为正,说明工艺创新能改善出口企业加成率,与前文结论基本一致。第(5)—(6)列对工艺创新的矫正机制进行了异质性分析,分别引入了行业技术水平和市场化指数交互项 l2. distl×dist、l2. distl×market,发现两者系数在 1% 水平上均显著为负,说明动态条件下行业技术差距越大、省份市场化程度越高,越有利于降低劳动力价格扭曲效应,与前文结论基本一致。

表 5-13 劳动力价格扭曲的加成率效应替换变量稳健性检验

变量	(1) markup_ac	(2) markup_ac	(3) markup_ac	(4) markup_ac	(5) proc_d	(6) proc_d
distl	0.1750*** (153.98)					
l2. distl				−0.0033*** (−3.38)	0.7198** (2.19)	0.2572*** (2.70)

---

① 认为该类企业既进行了工艺创新,又进行了产品创新。

续　表

变量	(1) markup_ac	(2) markup_ac	(3) markup_ac	(4) markup_ac	(5) proc_d	(6) proc_d
distl_1		0.0001* (1.66)				
distl_2			0.1087*** (72.33)			
l2. distl× proc_d				0.0079*** (3.01)		
proc_d				−0.0094*** (−3.43)		
l2. distl× dist					−0.1069** (−2.30)	
l2. distl× market						−0.0416*** (−3.75)
scale	−0.0075*** (−7.00)	0.0177*** (12.59)	0.0367*** (22.58)	0.0171*** (9.25)	0.3890*** (6.80)	0.2727*** (6.78)
age	0.0043*** (4.46)	0.0035*** (2.69)	0.0048*** (3.39)	0.0004 (0.19)	0.1129** (2.09)	0.0267 (0.69)
klratio	−0.0334*** (−11.94)	0.0174*** (4.91)	−0.0228*** (−5.27)	0.0252*** (5.35)	−0.2381* (−1.69)	−0.2342** (−2.24)
soe	0.0120*** (3.24)	−0.0044 (−0.88)	−0.0093* (−1.71)	−0.0034 (−0.47)	0.2079 (1.44)	0.1904* (1.76)
ms	−0.0007 (−0.03)	0.0650* (1.91)	0.0035 (0.09)	0.1422*** (3.37)	7.6411*** (21.12)	2.8901*** (10.38)
hhi	−0.0169 (−0.78)	−0.0328 (−1.11)	−0.0227 (−0.72)	−0.0380 (−0.98)	2.5997** (2.49)	3.3304*** (4.41)
常数项	1.3362*** (29.92)	1.0406*** (18.25)	0.8761*** (35.70)	0.8380*** (15.80)	—	—
年份固定	YES	YES	YES	YES	NO	NO
地区固定	YES	YES	YES	YES	YES	YES

续　表

变量	(1) markup_ac	(2) markup_ac	(3) markup_ac	(4) markup_ac	(5) proc_d	(6) proc_d
行业固定	YES	YES	YES	YES	YES	YES
样本数	219842	223501	189617	51825	28938	29382
调整后 R^2	0.428	0.003	0.115	0.185	—	—

三、考虑政策变动的回归结果

在研究样本期间，有两项重要政策可能对我国出口企业加成率产生重要影响。第一项是中国在 2001 年末加入世界贸易组织（WTO），第二项是中国在 2005 年 7 月进行汇率改革。在稳健性检验中，首先将样本期间分成 2000—2001 年、2002—2006 年以及 2000—2004 年、2005—2006 年四个子期间，分别检验在加入世贸组织前后以及汇率改革前后劳动力价格扭曲对出口企业加成率的影响，回归结果分别报告在表 5-14 第（1）—（2）列以及第（4）—（5）列，结果显示，加入世贸组织和汇率改革前后劳动力价格扭曲对出口企业加成率的影响都显著为正。进一步，引入时间的虚拟变量：

$$\mathrm{WTO} = \begin{cases} 1, 2002 \leqslant \mathrm{Year} \leqslant 2006 \\ 0, 2000 \leqslant \mathrm{Year} \leqslant 2001 \end{cases} \qquad \mathrm{ERR} = \begin{cases} 1, 2005 \leqslant \mathrm{Year} \leqslant 2006 \\ 0, 2000 \leqslant \mathrm{Year} \leqslant 2004 \end{cases}$$

$$(5\text{-}18)$$

并且在基准模型中加入交叉项 $\mathrm{WTO} \times \mathrm{distl}$、$\mathrm{ERR} \times \mathrm{distl}$，模型形式如下：

$$\mathrm{markup}_{ijt} = Z_0 + Z_1 \mathrm{distl}_{ijt} + \vartheta \mathrm{WTO} \times \mathrm{distl}_{ijt} + \varphi_1 Z_{ijt} + \varphi_2 Z_{jt} + \delta_j + \delta_k + \delta_t + \varepsilon_{it}$$

$$\mathrm{markup}_{ijt} = Z_0 + Z_1 \mathrm{distl}_{ijt} + \gamma \mathrm{ERR} \times \mathrm{distl}_{ijt} + \varphi_1 Z_{ijt} + \varphi_2 Z_{jt} + \delta_j + \delta_k + \delta_t + \varepsilon_{it}$$

$$(5\text{-}19)$$

通过考察交互项系数 ϑ 和 γ 的显著性，判断加入世贸组织和汇率改革后的加成率效应是否存在差异，回归结果报告在第（4）列和第（6）列，发现 $\mathrm{WTO} \times \mathrm{distl}$ 和 $\mathrm{ERR} \times \mathrm{distl}$ 系数显著为正，说明加入世贸组织和汇率改革后劳动力价格扭曲均显著促进了出口加成率提升。原因可能在于加入世贸组织带来的贸易自由化和汇率改革带来的人民币升值本身就是提升出口企业加成率的重要原因(Kee and Tang,2016)。虽然加入世贸组织提高了市场化程度,使得劳动力低成本比较优势有所减弱,但其带来的贸易自由化一方面使更多企业通过"拓展边际"和"集约边际"进入出口市场,从而产生"规模效应",降低了边际成本;另一方面中间品贸易自由化可通过产品质量升级提高出口企业加成率(毛其淋和许家云,2017)。而汇率改革带来的人民币升值可能引起进口高质量中间品,通过技术溢出提高生产率,降低企业边际成本。整体而言,加入世贸组织和汇率改革这两项政策并未对本章核心结论产生影响。

表 5-14　加入世贸组织和汇率改革政策变动前后的加成率效应回归结果

变量	(1) 2000— 2001 年	(2) 2002— 2006 年	(3) 加入 WTO 效应	(4) 2000— 2004 年	(5) 2005— 2006 年	(6) 汇率改 革效应
distl	0.1663 *** (53.18)	0.1955 *** (137.98)	0.1721 *** (104.04)	0.1763 *** (120.26)	0.2289 *** (81.50)	0.1789 *** (143.12)
WTO×distl			0.0197 *** (13.30)			
ERR×distl						0.0318 *** (25.90)
scale	0.0002 (0.06)	−0.0011 (−0.76)	−0.0052 *** (−4.53)	−0.0059 *** (−3.98)	−0.0077 ** (−2.34)	−0.0079 *** (−6.95)
age	0.0038 * (1.73)	0.0030 ** (2.46)	0.0043 *** (4.23)	0.0030 ** (2.53)	−0.0018 (−0.46)	0.0042 *** (4.17)
klratio	−0.0176 ** (−2.33)	−0.0338 *** (−9.22)	−0.0344 *** (−11.68)	−0.0348 *** (−9.98)	−0.0220 ** (−2.45)	−0.0348 *** (−11.82)
soe	0.0026 (0.30)	0.0054 (1.12)	0.0098 ** (2.54)	0.0116 *** (2.63)	−0.0042 (−0.36)	0.0107 *** (2.77)
ms	−0.7799 *** (−3.28)	0.0506 (1.55)	0.0145 (0.55)	−0.0487 (−1.04)	−0.0486 (−0.52)	0.0012 (0.05)
hhi	−0.0982 * (−1.85)	−0.0310 (−1.00)	−0.0237 (−1.05)	−0.0003 (−0.01)	0.0785 (0.89)	−0.0195 (−0.86)

续　表

变量	(1) 2000— 2001 年	(2) 2002— 2006 年	(3) 加入 WTO 效应	(4) 2000— 2004 年	(5) 2005— 2006 年	(6) 汇率改 革效应
常数项	1.2637 *** (19.53)	1.3718 *** (66.67)	1.2930 *** (28.99)	1.3814 *** (69.04)	1.3836 *** (26.71)	1.3130 *** (28.33)
年份固定	YES	YES	YES	YES	YES	YES
地区固定	YES	YES	YES	YES	YES	YES
行业固定	YES	YES	YES	YES	YES	YES
样本数	46176	173666	147511	72331	219842	219842
调整后 R^2	0.427	0.441	0.427	0.467	0.439	0.443

四、纳入价格和边际成本的影响渠道再检验[①]

这里一方面验证以生产率和出口产品质量作为代理变量的稳健性,另一方面对理论模型中的机理进行更深入的分析。根据加成率的定义式可将其分解为价格渠道和成本渠道,但由于工业企业数据并无企业产品数量和价格信息,因此无法直接计算边际成本。本章通过匹配工业企业产品产量数据,选择工业企业数据库中的单产品企业,根据产品销售额和产品数量数据计算企业层面产品价格(p),并根据加成率的定义式求得企业生产该产品的边际成本(Lu and Yu,2015;De Loecker et al.,2016)。回归结果如表 5-15 所示,劳动力价格扭曲降低了企业边际成本,同时也降低了企业产品价格,与前文结论保持一致。由于数据限制,利用 2004 年企业从业人员的技能结构(用本科学历和研究生学历从业人数占比 tech 表示)作为影响渠道的稳健性检验。结果表明,劳动力价格扭曲显著提升了企业技能结构,技能人才比例越高,企业生产率越高,符合理论模型假设。从第(5)—(6)列结果来看,劳动力价格扭曲显著降低了企业研发投入(rd),不利于企业出口产品质量升级,即由于扭

---

① 本部分使用单产品企业的原因是,无法直接观测到多产品企业各个产品的要素投入情况,因此只把单产品企业作为研究样本。

曲节约的生产成本并没有导致企业创新行为，与前文结论基本一致。[①]

表 5-15　纳入价格和成本渠道的影响机制回归结果

变量	(1) c	(2) tech	(3) tfp	(4) p	(5) rd	(6) quality
distl	−0.1805 *** (−4.98)	0.0040 *** (6.36)	0.7844 *** (187.12)	−0.0792 *** (−7.93)	−0.0917 *** (−4.45)	0.0034 * (1.91)
tech			1.1941 *** (24.24)			
rd						0.0024 *** (2.97)
scale	0.0974 *** (3.95)	0.0110 *** (29.38)	0.4273 *** (205.93)	0.1105 *** (4.89)	0.6521 *** (16.33)	0.0215 *** (6.64)
age	0.1197 *** (2.84)	−0.0048 *** (−9.56)	0.0088 ** (2.56)	−0.0270 * (−1.78)	−0.0532 * (−1.82)	0.0031 (1.33)
klratio	−0.5117 *** (−4.26)	0.0641 *** (27.93)	−1.4064 *** (−89.94)	−0.1132 ** (−2.21)	−0.4251 *** (−4.10)	−0.0389 *** (−4.20)
soe	0.0906 (0.50)	0.0072 ** (2.53)	−0.0196 (−1.16)	0.0095 (0.16)	0.0101 (0.15)	−0.0043 (−0.63)
ms	3.5150 (1.29)	0.3723 *** (6.71)	1.2672 *** (4.31)	0.2701 (0.39)	−0.2870 (−0.44)	0.0591 (1.01)
hhi	−6.6328 *** (−3.76)	0.1700 *** (6.59)	−0.0825 (−0.64)	−0.0607 (−0.21)	0.4985 (0.91)	0.0401 (0.71)
常数项	−2.9930 *** (−3.19)	−0.2377 *** (−13.47)	4.6928 *** (24.90)	0.8433 ** (2.27)	−6.2988 *** (−10.06)	0.4118 *** (8.50)
年份固定	YES	YES	YES	YES	YES	YES
地区固定	YES	YES	YES	YES	YES	YES

[①]　Connolly 等(1986)、Boldrin 和 Levine(2004)以转型的发展中国家为对象研究发现，企业更有动力进行寻租活动。在知识产权保护制度不完善的情况下，企业更倾向于利用要素市场扭曲带来的寻租机会获得租金收益，从根本上丧失具有一定风险的 R&D 动机。

续 表

变量	(1) c	(2) tech	(3) tfp	(4) p	(5) rd	(6) quality
行业固定	YES	YES	YES	YES	YES	YES
样本数	6846	35999	35999	53058	30857	28187
调整后 R^2	0.261	0.249	0.839	0.012	0.133	0.036

五、纳入企业进入退出行为的行业资源再配置效应检验

根据理论模型可知，劳动力价格扭曲降低了企业临界生产成本，可能通过影响企业进入退出行为而对行业成本加成定价能力产生影响。首先，以企业销售产值占行业销售产值的比重为权重，计算出行业总体加成率（markup$_{jt}$）。然后按照 Griliches 和 Regev（1995）对生产率的分解思路，将行业层面加成率分解为企业内效应（within-effect）、企业间效应（across-effect）、进入效应（entry-effect）、退出效应（exit-effect）四项。将企业内效应与企业间效应之和定义为集约边际（int ensive-marg in），将进入效应与退出效应之和定义为拓展边际（extensive-marg in），将企业间效应与拓展边际效应之和定义为资源再配置效应（reallocation-effect）。结果如表 5-16 所示：一是行业劳动力价格扭曲存在显著正向加成率效应，为基准模型结果提供了行业层面证据。二是在位企业主要通过"成本节约"获取"市场势力提升"的绩效红利。尽管劳动力价格扭曲会导致市场份额由低竞争力的存活企业向更高竞争力的企业再配置，但这种再配置较在位企业内部效率提升而言发挥得还不够充分，在位企业成本节约效应显著大于企业间再配置效应。三是劳动力价格扭曲会通过进入效应提升行业加成率水平，而市场规模扩大加剧了市场竞争，也会使一些低竞争力的企业退出市场，但总体拓展边际效应显著为正。可以认为，劳动力价格扭曲通过提升企业间的再配置效率而显著提高了行业加成率，其中由成本节约导致的企业内效应发挥的作用更大。

表 5-16 劳动力价格扭曲的资源再配置效应回归结果

变量	(1) 总体 效应	(2) 企业内 效应	(3) 企业间 效应	(4) 进入 效应	(5) 退出 效应	(6) 集约 边际	(7) 拓展 边际	(8) 资源再 配置 效应
distl	0.0656 *** (8.36)	0.0443 *** (44.50)	0.0064 *** (27.05)	0.0114 *** (6.07)	−0.0116 *** (−8.92)	0.0507 *** (48.12)	0.0010 ** (2.08)	0.0074 *** (14.25)
常数项	−0.0065 (−0.12)	−0.0321 (−0.93)	0.0245 * (1.88)	−0.0710 ** (−2.36)	−0.0280 *** (−5.14)	−0.0076 (−0.20)	−0.0554 ** (−2.07)	0.0349 (0.54)
年份 固定	YES	YES	YES	YES	YES	YES	YES	YES
地区 固定	YES	YES	YES	YES	YES	YES	YES	YES
行业 固定	YES	YES	YES	YES	YES	YES	YES	YES
样本数	224	219	219	210	200	219	196	189
调整 后 R^2	0.518	0.538	0.383	0.980	0.930	0.535	0.918	0.782

六、面板分位数回归结果

表 5-17 汇报了不同加成率企业在劳动力价格扭曲时的加成率效应,依然发现劳动力价格扭曲在加成率不同分位数上,对出口企业市场势力的影响显著为正。并且,出口企业加成率越高,劳动力价格扭曲产生的正向加成率效应越大。可能存在的原因如下:高加成率企业生产率较高,更可能达到产品质量升级的生产率门槛,获得正向"质量升级效应",而且市场势力较强的企业一般具有较大的出口定价权,使得劳动力价格扭曲对高生产率、高产品质量、高产品价格企业的扭曲效应较弱,因此其加成率效应优于低分位数企业,可见面板分位数检验显示出基准模型结果存在一定有效性。

表 5-17　基于不同分位数的加成率效应回归结果

变量	(1) 10%	(2) 25%	(3) 50%	(4) 75%	(5) 90%
distl	0.1055*** (244.58)	0.1244*** (527.81)	0.1518*** (708.20)	0.1855*** (496.82)	0.2189*** (196.48)
scale	−0.0027*** (−11.84)	−0.0025*** (−17.12)	−0.0018*** (−12.41)	−0.0006** (−2.45)	0.0009 (1.63)
age	0.0051*** (13.54)	0.0040*** (15.63)	0.0040*** (15.01)	0.0052*** (12.06)	0.0081*** (8.11)
klratio	−0.0318*** (−31.50)	−0.0294*** (−46.02)	−0.0227*** (−34.89)	−0.0119*** (−11.09)	0.0167*** (6.53)
soe	0.0035** (2.35)	0.0069*** (6.85)	0.0115*** (10.95)	0.0203*** (11.77)	0.0331*** (8.19)
ms	0.0184 (1.23)	−0.0152 (−1.50)	−0.0665*** (−6.21)	−0.0268 (−1.52)	0.1616*** (3.95)
hhi	−0.0570*** (−5.76)	−0.0600*** (−8.75)	−0.0439*** (−5.76)	−0.0331** (−2.55)	−0.0407 (−1.31)
常数项	1.2612*** (57.69)	1.3094*** (37.07)	1.3113*** (35.42)	1.3993*** (23.09)	1.4635*** (24.78)
年份固定	YES	YES	YES	YES	YES
地区固定	YES	YES	YES	YES	YES
行业固定	YES	YES	YES	YES	YES
样本数	219842	219842	219842	219842	219842
Pseudo R^2	0.3758	0.3745	0.3643	0.3367	0.3090

第六节　本章小结

本章在扩展的 M-O 模型基础上，构建了一个统一框架研究劳动力价格扭曲对我国出口企业加成率的影响和机制，得出以下结论。

第一，在控制其他条件不变的情况下，劳动力价格扭曲会引起当期出口企业加成率显著上升,具体表现为劳动力价格扭曲程度每上升 1 个百分点,出口企业加成率提升 0.2067(0.8663 个标准差),此结论在不同要素密集度、不同所有制、不同地区、不同贸易方式等子样本中具有很强的稳健性。但从动态效应来看,当期劳动力价格扭曲会显著抑制后两期出口企业加成率。

第二,通过中介效应模型可知,劳动力价格扭曲会通过"成本节约效应"和"质量扭曲效应"影响出口企业加成率。其中 R&D 劳动力投入较弱的流动性使得短期内企业 R&D 劳动力存量增加,提升了出口企业生产效率,进而产生正向的"成本节约效应";出口企业在"熊彼特效应"和"逃离竞争效应"之间的权衡,导致企业在短期内具有较弱的研发动机和较少的研发投入,通过降低出口产品质量而产生负向"质量扭曲效应","成本节约效应"大于"质量扭曲效应"是劳动力价格负向扭曲提升出口企业加成率的重要原因。

第三,在动态条件下,以工艺创新和产品质量升级为内涵的自主创新是矫正劳动力价格扭曲的有效机制,当企业工艺创新水平超过门槛值 0.268,产品质量超过门槛值 0.867 时,可获得正向加成率效应。矫正机制的异质性分析表明,市场化程度越高、行业技术差距越大,当由劳动力价格扭曲产生的成本节约不能弥补企业工艺创新的成本时,也不利于出口产品质量升级。由于产品质量升级相对工艺创新难度系数更大,地区市场化程度越高、行业技术差距越大的企业进行工艺创新比提高产品质量更具后发优势,更易通过工艺创新来提高出口加成率。

第四,为克服可能存在的内生性问题,以辽阳市、鞍山市养老保险企业缴费比例大幅下调进行准自然实验,表明这一政策冲击显著弱化了劳动力价格扭曲,抑制了出口企业加成率提升,在方向上与基准结论保持一致。另采用替代变量法、考虑加入世贸组织和汇率改革的影响、纳入价格和边际成本的影响渠道再检验、纳入企业进入退出行为的行业资源再配置效应检验、分位数回归等方法,验证了本章结论的稳健性。

第六章 劳动力配置与出口企业加成率变动：集聚规模视角

《国务院关于进一步推进户籍制度改革的意见》指出，要进一步推进户籍制度改革，落实放宽户口迁移政策，合理引导农业人口有序向城镇转移。一方面，通过改革增加城市劳动力的净流量，不断激发劳动力从低生产率部门向高生产率部门大规模转移带来的资源配置潜力。另一方面，资源配置集中到行业和产业内部企业之间是提升全要素生产率的有效机制，这为从城市劳动力集聚视角分析出口企业加成率变动提供了新的研究思路。

第一节 问题提出

据海关总署统计，2018 年我国外贸进出口总值达到 30.51 万亿元，是1978 年的 860 倍，再次成为世界第一贸易大国。然而，与发端于 Melitz（2003）的新新贸易理论相违背的是，中国出口贸易伴随着大规模低生产率企业进入出口市场并形成出口依赖的特殊事实，使出口产品价格不仅低于国外同类产品价格，甚至低于内销产品价格，进而导致了国内消费不足、国外反倾销风险加大等一系列问题，这反映出中国出口企业正逐步进入"低加成率陷阱"（刘啟仁和黄建忠，2015；黄先海等，2016）。按照新新贸易理论的观点，具有成本优势的高生产率企业能通过"自选择效应"进入出口市场，从而比非出口企业获得更高的成本加成（Bernard and Jensen，1999；Melitz，2003；Melitz and Ottaviano，2008）。但上述结论成立需要一个前提，即出口市场存在有效的生产率"自选择机制"。可事实是，中国出口贸易具有完全不同的特征：相对于非出口企业,出口企业的生产率并未表现出明显的绩效优势(于洪霞等,2011;盛丹和王永进,2012;Defever and Riano,2012),原因可能在于市场分割(Lu,2010)、融资约束(张杰等,2013)、出口补贴(Defever and Riano,2012;苏振东等,2012)等。因此,"竞争效应"大于"选择效应"造成出口企业平均价格和生产率均较低,最终导致出口密度越高的企业加成率反而低于内销企业。

以城市化为特征的空间集聚是中国经济社会发展中的重要特征,微观企业基本要素劳动力的迁移与集聚成为城市空间扩张的推动力。特别在新经济地理与异质性企业理论结合产生的新新经济地理理论提出后(Ottaviano,2011),企业出口行为与其所在地区空间集聚之间的联系也是值得研究的议题。劳动力是生产者,也是消费者。大量劳动人口向城市集聚可能会对微观出口企业产生学习效应、共享效应和匹配效应。同时,尽管集聚可通过模仿与示范、信息和网络共享、人力资本匹配等外溢作用推动出口贸易发展,但出于要素成本上升、环境承载能力有限、公共设施建设不均衡等各类原因,城市最优集聚程度取决于集聚经济与拥挤成本的权衡对比,即集聚外溢效应可能存在非线性影响。Broersma 和 Oosterhaven(2009)、Ruane 和 Sutherland(2005)等研究均表现出对经济集中产生负面效应的担忧。第一,大量人口向城市集聚会通过产品需求多样性和专业性而导致市场规模扩大和企业数量增多,使生产同质产品的出口企业因出口空间饱和而竞相竞价,产生相互挤占或压缩对方出口空间的过度竞争行为(陈旭等,2016;叶宁华等,2014)。第二,大量使用劳动力要素的出口企业集聚会提高当地用工需求,并随着可能到来的"刘易斯拐点"和"人口数量红利"下降,可能增加出口企业成本压力(蔡昉,2010),倒逼企业采取用工筛选机制提升人力资本水平和降低工资成本。本章将这种由劳动力集聚导致的出口市场中同质产品过度竞争定义为"出口拥堵效应",将劳动力集聚通过网络知识溢出和信息共享机制提升企业人力资本和生产率水平定义为"集聚经济效应"。也就是说,集聚在产生正向外溢效应的同时也会因产品市场过度竞争和要素成本上升给出口企业带来负向溢出效应。那么,在存在"中国出口企业低加成率陷阱"的现实背景下,自然会产生一系列猜想:衡量劳动力配置规模的指标——劳动力集聚——对出口企业加成率是否有影响？影响的方向如何？集聚经济效应和出口拥堵效应是否伴随劳动力集聚而存在？劳动力集聚是否能解释中国出口企业低加成率之谜？这一系列问题正是本章要分析的关键。研究发现，一方面，城市劳动力集聚通过人力资本筛选机制提高企业生产率，降低边际生产成本，对加成率产生正向集聚经济效应；另一方面，劳动力集聚会降低出口市场进入门槛，大量低效率企业涌入导致出口企业恶性低价竞争，对加成率产生负向出口拥堵效应。集聚经济效应和出口拥堵效应孰大孰小，是影响出口企业加成率的重要因素。

第二节　数据、变量及描述性统计

一、数据来源

本章主要采用的数据来源为中国工业企业数据库和海关数据库。按照 Yu（2015）、Brandt 等（2012）、田巍和余淼杰（2014）等常用做法对数据进行了调整，采用两步匹配法进行数据库匹配：第一步，按照企业名称和年份进行匹配；第二步，通过企业邮政编号和电话号码后 7 位进行匹配。匹配后的数据库中企业出口额占制造业企业出口额的一半左右，与田巍和余淼杰（2014）等研究的匹配结果相当。

二、变量构造、测算与描述性统计

（一）劳动力集聚规模指标

在中国地级市管理县级市的行政体系下，市辖区城市规模扩大导致市区内劳动力集聚可能溢出到周边县级区域的企业。这里将地级市及以上等级城市定义为城市，不包括县级市，将地级市管辖的行政区域内所有规模以上工业企业纳入研究范围①。参照 Ciccone 和 Hall(1996)的做法,为消除不同城市地理面积差异所导致的测量误差,选取城市人口密度(rkmd,人/平方公里)、非农人口密度(fnrkmd,人/平方公里)和就业密度(jymd)对数形式作为劳动力集聚规模(popagg)的衡量指标,其中人口密度和非农人口密度采用单位土地面积的人口规模表示,就业密度采用制造业从业人数占城市人口规模的比重表示。人口密度数据用于一般性经验分析,非农人口密度和就业密度用作稳健性检验,数据来源于历年《中国城市统计年鉴》。考虑到人口密度与企业加成率之间可能存在内生性问题,选用 1920 年城市人口密度作为劳动力集聚规模指标的工具变量(ivrkmd)。由于 1920 年以来一些城市的名称发生了变化,因此在整理过程中,将原始城市名与现在城市名进行了对应处理,最终统计了 314 座城市中 139 座城市的人口密度数据。

（二）企业加成率和生产率指标

参考 De Loecker 和 Warzynski(2012)的方法对企业加成率进行估算,估算公式为:$\mathrm{markup}_{ijt} = \sigma_{ijt}^M (\vartheta_{ijt}^M)^{-1}$。为了解决生产函数 OLS 估计存在的同时性偏误和选择性偏误问题,使用 Levinsohn 和 Petrin(2003)的方法计算企业生产率,采用对数值(tfp)进行实证分析。

（三）企业层面投入产出数据调整

主要包括:工业总产值(y_{ijt})、工业增加值(va_{ijt})②、从业人数(l_{ijt})、资本存量(k_{ijt})、工业中间投入(m_{ijt})等③。除从业人数外,对其他投入产出变量进行价格调整。具体表现为:以 2000 年各省份价格指数为基准,用历年工业品出厂价格指数对工业总产值(y_{ijt})和工业增加值(va_{ijt})进行调整,用历

---

① 若只考虑市辖区内的企业,不仅损失大量样本,对研究劳动力集聚对整座城市出口企业绩效影响的意义不大,同时也会低估城市规模变化对资源配置的影响。

② 工业企业数据库中没有 2004 年企业的工业增加值,根据以下公式计算补充:增加值＝销售收入＋期末存货＋期初存货－中间投入＋增值税。

③ 使用的工业总产值、工业增加值、从业人数、资本存量、工业中间品投入合计均采用取对数的方式进行处理,用小写字母表示。各变量下标 i、j、t 表示 t 时刻企业 i 所在的 j 行业。

年工业品购进价格指数对工业中间投入(m_{ijt})进行调整。借鉴简泽等 (2014)、黄先海等(2016)的做法,采用永续盘存法对企业资本存量(k_{ijt})进行估计。

(四)企业层面控制变量

(1)企业规模(scale),用销售额对数值表示。(2)企业中间品投入比 (inputratio),用工业中间品投入占工业总产值比重衡量。(3)企业所有制类型(soe),用国有资本占实收资本比例表示。(4)企业年龄(age),用运营时长对数值表示,即企业当年年份与开业年份之差的对数值。(5)市场规模(ms),利用市场潜力指标衡量某个特定企业所辐射的市场规模,计算公式为 $ms_{rt} = \sum_{x \neq r} \frac{GDP_{xt}}{D_{xr}} + \frac{GDP_{rt}}{D_{rr}}$,其中 r 和 t 分别表示省份和时间, GDP_{rt} 表示省份 r 的地区生产总值, D_{rr} 和 D_{xr} 分别表示省份 r 内部距离和到其他省份省会城市的距离。省内距离 $D_{rr} = 2/3 \sqrt{a_r/\pi}$, a_r 为省份 r 的面积大小。(6)融资约束(fin),用利息支出与固定资产合计比值表示。(7)城市—行业竞争程度(hhi),用城市—四位码行业赫芬达尔指数表示,hhi越小意味着行业竞争程度越高。(8)城市人均国内生产总值(rgdp),采用对数形式,数据来源于历年《中国城市统计年鉴》。

主要变量描述性统计结果如表 6-1 所示。

表 6-1 劳动力集聚的加成率效应主要变量描述性统计

变量符号	变量名称	样本量	均值	标准误	最小值	最大值
markup	加成率	213067	1.2358	0.2356	0.5009	2.9999
rkmd	人口密度	212689	6.4691	0.6104	1.5518	9.3557
fnrkmd	非农人口密度	211917	5.5381	0.9608	0.5018	7.9576
jymd	就业密度	212890	5.9134	0.9335	0.0539	9.1170
ivrkmd	1920 年人口密度	171388	3.3298	1.3762	0.0384	5.6924
tfp	企业生产率	209560	6.7993	1.1569	−2.6977	13.1435
scale	企业规模	213067	10.5669	1.4750	5.1985	18.7296

续　表

变量符号	变量名称	样本量	均值	标准误	最小值	最大值
inputratio	中间品投入比	213067	10.5669	1.4750	5.1985	18.7296
soe	所有制类型	212620	0.0542	0.2014	0	5.1876
age	企业年龄	211095	2.0032	0.7822	0	7.6009
ms	市场规模	213067	0.2742	0.1039	0.0388	0.6126
fin	融资约束	213067	0.0509	0.9821	−29.5714	306.7857
hhi	城市—行业竞争程度	213067	0.3931	0.3353	0.0064	1
rgdp	城市人均 GDP	212622	10.1187	0.6943	7.3806	11.9323

第三节　计量检验:基于中国工业企业—海关匹配数据的研究

一、计量模型设定

本章主要研究内容为城市层面劳动力集聚规模(popagg)对中国出口企业加成率(markup)的影响,并在此基础上通过中介效应模型分析城市劳动力集聚对出口企业加成率效应的作用机制,即劳动力集聚如何影响出口企业加成率。"集聚经济效应"和"出口拥堵效应"是否伴随劳动力集聚存在。模型经验表达式如下:

$$\text{markup}_{ijt} = Z_0 + Z_1 \text{popagg}_{ct} + \varphi_1 Z_{ijt} + \varphi_2 Z_{jt} + \varphi_3 Z_{ct} + \delta_j + \delta_c + \delta_t + \varepsilon_{ijt}$$

$$(6\text{-}1)$$

上式中,下标 i、j、c、t 分别表示企业、行业、城市和年份,主要验证城市劳动力集聚对出口企业加成率的影响效应。通常企业生产率越高,其边际成本越低,将企业生产率(tfp)作为"集聚经济效应"的代理变量。另一方面,由劳动力集聚引致的出口规模快速扩张,将通过降低企业进入出口市场临界边际成本而加剧出口拥堵竞争,最终导致出口成本上升及出口价格和利润下降(叶宁华等,2014)。由于企业出口价格不好衡量,用市场竞争程度赫芬达尔指数（hhi）作为"出口拥堵效应"的代理变量。① Z 是控制变量集，其中 Z_{ijt} 是企业控制变量，Z_{jt} 是行业控制变量，Z_{ct} 是城市控制变量。

二、基准回归结果

表 6-2 汇报了基准模型回归结果。劳动力集聚（popagg）系数显著为负，表明城市人口密度越大，出口企业加成率越低，并且由于生产率（tfp）系数显著为正，证实了企业出口存在"自选择效应"。第（3）列固定效应回归结果显示，人口密度每提升 1 个百分点，出口企业加成率将降低 0.015（0.0637 个标准差）。从其他控制变量来看，企业规模、国有资本占比、市场规模、城市—行业竞争程度、城市人均 GDP 等变量的影响效应基本符合预期，但中间品投入比（inputratio）、企业年龄（age）系数显著为负，说明企业通过增加低质量中间品和市场在位时间不能有效提升出口绩效。融资约束（fin）系数为负但不显著，说明融资约束强的企业并未表现出较强的市场势力，原因可能在于企业创新转换能力较弱且产品质量较低（黄先海等，2016）。考虑到城市劳动力集聚和出口企业加成率之间可能存在内生性问题，采用面板工具变量法和GMM 估计法降低估计偏误。一方面，人口密度大，会通过劳动者间学习效应、公共资源共享效应和生产要素与生产者之间的匹配效应等方式影响出口企业生产率，进而影响企业加成率。但存在如下可能：市场势力强的企业，越有可能扩大企业生产规模，提升对劳动力要素的需求，从而影响人口向中心城市（企业）集聚，这种反向因果关系导致有必要对模型存在的内生性问题进行处理。第一，采取 1920 年中国城市人口密度数据作为人口密度工具变量，主要有以下两点考虑：一是 1920 年城市人口密度与样本中人口密度之间相关性较强，相关系数达到 0.7223；二是出口企业加成率与 1920 年城市人口密度相关性较弱，相关系数仅为 0.0616。面板工具变量法回归结果汇报在第（4）

---

① 根据中间机制检验结果，劳动力集聚导致的市场规模扩大，一方面引起市场上企业数量增加，另一方面导致出口企业总产值、销售产值及出口量减少，即劳动力集聚可能通过加剧出口市场竞争而影响到产品价格，最终体现为出口企业利润率的降低。

列中,可以发现 popagg 的系数依然显著为负。第二,采用动态面板差分 GMM 和系统 GMM 方法估计,结果汇报在表中第(5)列和第(6)列。发现人口密度每提高 1%,出口企业加成率将降低 0.0217(0.0921 个标准差)。从 GMM 估计结果来看,过度识别 Sargan 检验接受了工具变量有效性假设,同时自相关检验显著拒绝了二阶自相关,说明扰动项不存在自相关。为了防止可能出现的样本选择偏误问题,第(7)列采用 Heckman 两阶段回归进行检验,结论均表明劳动力集聚抑制出口企业加成率提升具有一定稳健性。

表 6-2　劳动力集聚与出口企业加成率基准回归结果

变量	(1) POLS	(2) FE	(3) FE	(4) 面板 IV	(5) DifGMM	(6) SysGMM	(7) Heckman
popagg	−0.0426*** (−14.98)	−0.0323*** (−14.07)	−0.0150*** (−9.58)	−0.2949** (−2.53)	−0.0217*** (−7.49)	−0.0217*** (−7.45)	−0.0150*** (−23.54)
tfp	0.0938*** (242.97)	0.1796*** (302.05)	0.0478*** (89.96)	0.0503*** (83.05)	0.0341*** (22.36)	0.0340*** (22.28)	0.0679*** (171.03)
scale			0.0044*** (6.18)	0.0025*** (2.77)	0.0076*** (5.36)	0.0076*** (5.37)	−0.0141*** (−48.54)
inputratio			−1.6118*** (−427.01)	−1.6153*** (−377.43)	−1.7571*** (−121.05)	−1.7576*** (−121.02)	−1.1830*** (−380.01)
soe			−0.0121*** (−4.92)	−0.0104*** (−3.15)	−0.0018 (−0.47)	−0.0016 (−0.44)	−0.0014 (−0.88)
age			−0.0046*** (−6.81)	−0.0026*** (−2.73)	−0.0035*** (−2.72)	−0.0035*** (−2.67)	−0.0113*** (−27.25)
ms			0.0309** (2.18)	−0.0636 (−1.11)	0.0110 (0.37)	0.0119 (0.40)	−0.1482*** (−41.01)
fin			−0.0004 (−1.16)	−0.0019*** (−2.60)	0.0001 (0.30)	0.0001 (0.28)	−0.0139*** (−14.64)
hhi			−0.0049*** (−2.90)	−0.0028 (−1.34)	−0.0076*** (−2.84)	−0.0075*** (−2.77)	0.0190*** (15.09)
rgdp			0.0218*** (15.26)	0.0915*** (3.92)	0.0181*** (6.12)	0.0182*** (6.14)	−0.0381*** (−70.09)

变量	(1)POLS	(2)FE	(3)FE	(4)面板 IV	(5)DifGMM	(6)SysGMM	(7)Heckman
l. markup					−0.0006(−0.16)	−0.0005(−0.14)	
lambda							0.0210 ***(40.97)
常数项	0.7791 ***(19.91)	0.1700(1.16)	1.8667 ***(18.65)	3.0410 ***(5.36)	2.2030 ***(52.61)	2.1576 ***(42.26)	2.1020 ***(333.09)
年份固定	YES	YES	YES	YES	YES	YES	YES
行业固定	YES	YES	YES	YES	NO	YES	YES
城市固定	YES	YES	YES	YES	NO	NO	YES
观测值	209194	209194	206691	166759	99679	147781	703781
拟合优度	0.288	0.160	0.622	0.708			0.1477
chi2(1)							0.0000
AR(2)					0.1281	0.1231	
Sargan 检验					0.1035	0.1155	

注：括号内为 t 值或 z 值，*、**和***分别表示在 10%、5%和 1%水平上显著，拟合优度均为调整后的 R^2。固定效应汇报组内 R^2，分位数回归汇报 Pseudo R^2、GMM 回归均通过了 AR(2)自相关检验，Heckman 回归均通过了 Wald chi2 检验，Sargan 检验均在 5%或 10%的显著性水平，后同。

三、子样本异质性回归结果

(一)分要素密集度

从表 6-3 回归结果来看，总体上城市劳动力集聚对资本密集型出口行业负向影响最大。具体表现为：人口密度每提高 1%，会导致资本密集型企业加成率下降 0.0226(0.0959 个标准差)。影响效应其次为劳动密集型行业，对技术密集型行业的负向效应最小。随着改革开放深化带来的物质资本积累，劳动密集型行业比重呈现逐年下降趋势(张相伟和陆云航，2014；陈旭等，2016)。因此，在中国出口行业结构转换升级过程中，劳动力集聚外部性更多作用于资本密集型行业。而技术密集型行业由于生产率和创新能力较高，可通过创新选择提高企业盈利水平。因此人口密度对资本密集型行业负向影响最大,对技术密集型行业影响最小。

表 6-3　劳动力集聚与出口企业加成率分要素密集度回归结果

变量	劳动密集型		资本密集型		技术密集型	
	FE	系统 GMM	FE	系统 GMM	FE	系统 GMM
popagg	−0.0115 ***	−0.0148 ***	−0.0108 **	−0.0226 **	−0.0051 ***	−0.0088 **
	(−6.90)	(−4.66)	(−2.29)	(−2.41)	(−2.61)	(−2.55)
tfp	0.0477 ***	0.0340 ***	0.0477 ***	0.0340 ***	0.0477 ***	0.0340 ***
	(89.83)	(22.25)	(89.79)	(22.24)	(89.81)	(22.25)
scale	0.0044 ***	0.0078 ***	0.0045 ***	0.0078 ***	0.0045 ***	0.0078 ***
	(6.24)	(5.47)	(6.37)	(5.50)	(6.37)	(5.48)
inputratio	−1.6125 ***	−1.7575 ***	−1.6127 ***	−1.7574 ***	−1.6126 ***	−1.7574 ***
	(−427.26)	(−121.04)	(−427.29)	(−121.01)	(−427.17)	(−120.99)
soe	−0.0123 ***	−0.0017	−0.0126 ***	−0.0017	−0.0125 ***	−0.0017
	(−5.01)	(−0.44)	(−5.12)	(−0.46)	(−5.10)	(−0.46)
age	−0.0046 ***	−0.0034 ***	−0.0047 ***	−0.0033 ***	−0.0047 ***	−0.0034 ***
	(−6.87)	(−2.61)	(−6.92)	(−2.58)	(−6.92)	(−2.59)
ms	0.0422 ***	0.0328	0.0517 ***	0.0444	0.0493 ***	0.0396
	(2.99)	(1.09)	(3.69)	(1.48)	(3.51)	(1.32)
fin	−0.0003	0.0001	−0.0003	0.0001	−0.0003	0.0001
	(−1.14)	(0.30)	(−1.11)	(0.30)	(−1.12)	(0.30)
hhi	−0.0052 ***	−0.0076 ***	−0.0053 ***	−0.0076 ***	−0.0053 ***	−0.0076 ***
	(−3.06)	(−2.81)	(−3.14)	(−2.81)	(−3.11)	(−2.80)
rgdp	0.0219 ***	0.0184 ***	0.0215 ***	0.0185 ***	0.0214 ***	0.0185 ***
	(15.31)	(6.23)	(15.06)	(6.27)	(15.01)	(6.25)
l. markup		−0.0011		−0.0014		−0.0013
		(−0.28)		(−0.36)		(−0.33)
常数项	1.7971 ***	2.0421 ***	1.7693 ***	2.0100 ***	1.7780 ***	2.0125 ***
	(18.17)	(47.18)	(17.76)	(47.03)	(17.99)	(47.04)

续　表

变量	劳动密集型		资本密集型		技术密集型	
	FE	系统 GMM	FE	系统 GMM	FE	系统 GMM
年份固定	YES	YES	YES	YES	YES	YES
行业固定	YES	YES	YES	YES	YES	YES
城市固定	YES	NO	YES	NO	YES	NO
观测值	206691	147781	206691	147781	206691	147781
拟合优度	0.622		0.622		0.622	

注:因样本原因,这里采用劳动力集聚指标与要素密集型的虚拟变量的交叉项进行回归。

(二)分企业类型

从表6-4回归结果来看[①],劳动力集聚对外资企业负向影响大于内资企业,城市人口密度每提高1%,会导致外资企业加成率下降0.0689(0.2924个标准差),内资企业加成率下降0.0302(0.1282个标准差)。相对于内资企业,外资企业往往都是出口导向型企业,因此劳动力集聚产生的外部经济效应自然会显著推动外资企业参与国际市场竞争。一方面,市场竞争强度过大导致外资企业利润率较低;另一方面,劳动力成本上升、市场拥挤等原因也会影响外资企业出口绩效。内资企业除了受出口固定成本和国际市场风险等因素的影响,以国有企业为代表的内资企业还承担着服务国家战略、增加地方就业、补充市场缺口等社会性职能,而内资民营企业首先会选择进入国内市场,当集聚到一定程度开始挤压国内市场收益时,民营企业才开始出口行为,因此受劳动力集聚产生的"出口拥堵效应"影响较小。

---

①　根据企业登记注册类型进行分类,内资企业包括国有企业、集体企业、股份合作企业、私营企业、联营企业、有限责任公司、股份有限公司,外资企业包括外商投资企业、外商投资股份有限公司。

表 6-4　劳动力集聚与出口企业加成率分企业类型回归结果

变量	内资企业		外资企业	
	FE	系统 GMM	FE	系统 GMM
popagg	-0.0254^{***} (-4.91)	-0.0302^{***} (-3.31)	-0.0333^{***} (-5.45)	-0.0689^{***} (-5.30)
tfp	0.0441^{***} (52.75)	0.0346^{***} (13.34)	0.0467^{***} (32.75)	0.0340^{***} (9.45)
scale	-0.0043^{***} (-4.11)	-0.0003 (-0.13)	0.0104^{***} (5.06)	0.0131^{***} (3.43)
inputratio	-1.6951^{***} (-273.33)	-1.7727^{***} (-74.14)	-1.6778^{***} (-175.31)	-1.7995^{***} (-55.42)
soe	-0.0088^{***} (-3.53)	-0.0017 (-0.39)	0.0145^{**} (2.05)	-0.0001 (-0.00)
age	-0.0015^{*} (-1.93)	-0.0027^{*} (-1.82)	0.0007 (0.27)	-0.0018 (-0.53)
ms	-0.1668^{***} (-6.64)	-0.2225^{***} (-3.86)	-0.0051 (-0.16)	-0.0374 (-0.58)
fin	-0.0004 (-1.32)	-0.0005 (-0.87)	-0.0004 (-0.35)	-0.0093 (-0.08)
hhi	-0.0027 (-1.08)	-0.0047 (-1.17)	-0.0109^{**} (-2.35)	-0.0120^{*} (-1.66)
rgdp	0.0182^{***} (4.58)	-0.0039 (-0.44)	0.0185^{***} (3.53)	0.0092 (1.05)
l. markup		-0.0136^{*} (-1.90)		-0.0016 (-0.19)
常数项	2.2158^{***} (23.15)	3.6499 (1.11)	1.4988^{***} (13.86)	2.9827^{***} (13.96)
年份固定	YES	YES	YES	YES
行业固定	YES	YES	YES	YES
城市固定	YES	NO	YES	NO
观测值	76552	51897	33548	24896
拟合优度	0.621		0.626	

(三)分贸易类型和行业类别

表 6-5 汇报了劳动力集聚对出口企业加成率的异质性影响,从中可知一般贸易和竞争性行业中劳动力集聚负向加成率效应更大,具体表现为人口密度每提高 1％,会导致从事一般贸易出口企业加成率下降 0.0205(0.0870 个标准差),竞争性行业出口企业加成率下降 0.0206(0.0874 个标准差)。在中国加工贸易出口结构中,外资加工贸易出口占比超过 85％,可通过进口高质量中间品提高最终品产品质量,进而通过产品质量差异化定价对劳动力集聚导致的"出口拥堵现象"产生缓冲效应(Freund et al.,2011;许家云等,2017)。而对于一般贸易来说,由于缺乏自主创新,采取的是普遍存在的"低价、低质量"竞争策略,出口拥堵效应占主导作用,当出口拥堵效应大于集聚经济效应时,一般贸易行业企业负向加成率效应将大于加工贸易。对于垄断性行业来说,城市劳动力集聚会对出口企业加成率产生负向影响,但是并不显著。垄断性行业具有较大的市场定价权,弱化了企业出口竞争效应,使得负向加成率效应不显著。

四、影响渠道检验结果

当城市劳动力集聚程度提高后,信息共享、知识溢出等外部经济效应会导致企业生产率提高,从而产生"集聚经济效应"。集聚引起的企业出口扩张可能导致出口企业之间通过相互挤占或压缩对方的出口空间形成过度恶性竞争,从而产生"出口拥堵效应"。表 6-6 中第(1)列为劳动力集聚对出口企业加成率的基准回归结果,第(2)—(5)列汇报了"出口拥堵效应"作用结果,第(6)—(7)列汇报了"集聚经济效应"的影响结果。第(2)列显示人口密度越大,出口企业数量显著增加。① 说明城市劳动力集聚既提高了企业获取高技能劳动力的概率,由集聚导致的消费者增加也通过扩大企业市场规模而促进更多企业进入出口市场。

---

① 由于这里的被解释变量为城市—行业的企业数,并且其均值和方差接近,因此采用泊松回归进行估计。

表6-5 劳动力集聚与出口企业加成率分贸易类型和行业类别回归结果①

变量	一般贸易		加工贸易		垄断性行业		竞争性行业	
	FE	系统GMM	FE	系统GMM	FE	系统GMM	FE	系统GMM
popagg	-0.0205*** (-4.73)	-0.0205*** (-2.83)	-0.0030 (-1.28)	-0.0158*** (-3.88)	-0.0124 (-1.38)	-0.0199 (-1.61)	-0.0142*** (-9.22)	-0.0206*** (-7.20)
tfp	0.0393*** (52.55)	0.0299*** (14.22)	0.0541*** (39.03)	0.0447*** (11.79)	0.0477*** (89.78)	0.0340*** (22.24)	0.0478*** (89.95)	0.0340*** (22.27)
scale	0.0002 (0.17)	0.0035* (1.79)	0.0104*** (5.49)	0.0088*** (2.64)	0.0045*** (6.38)	0.0078*** (5.51)	0.0044*** (6.18)	0.0076*** (5.37)
inputratio	-1.7751*** (-325.33)	-1.8799*** (-96.21)	-1.3279*** (-136.65)	-1.4783*** (-39.91)	-1.6128*** (-427.37)	-1.7574*** (-121.00)	-1.6118*** (-427.00)	-1.7575*** (-121.02)
soe	-0.0085*** (-3.01)	0.0017 (0.34)	-0.0041 (-0.32)	-0.0133 (-0.83)	-0.0126*** (-5.12)	0.0018 (-0.47)	-0.0121*** (-4.93)	-0.0016 (-0.43)
age	-0.0031*** (-3.90)	-0.0039** (-2.50)	-0.0020 (-0.67)	0.0038 (0.83)	-0.0047*** (-6.92)	-0.0033*** (-2.58)	-0.0046*** (-6.83)	-0.0034*** (-2.66)

① 根据杜鑫(2010)的分类标准,将石油天然气开采业,烟草制品业,石油加工、炼焦及核燃料加工业,电力、热力的生产和供应业,燃气生产和供应业,水的生产和供应业,铁路运输业,航空运输业,邮政业,电信和其他信息传输服务业,银行业,证券业,保险业等13个细分行业定义为垄断性行业,但分析样本中仅包含石油天然气开采业,石油加工、炼焦及核燃料加工业,电力、热力的生产和供应业,燃气生产和供应业等5个细分行业,采用劳动力集聚指标与分行业类别虚拟变量交叉项进行回归。

续　表

变量	一般贸易		加工贸易		垄断性行业		竞争性行业	
	FE	系统 GMM	FE	系统 GMM	FE	系统 GMM	FE	系统 GMM
ms	-0.1004*** (-4.87)	-0.1200*** (-2.64)	0.1813*** (2.96)	0.1684 (1.32)	0.0514*** (3.66)	0.0444 (1.48)	0.0327** (2.31)	0.0145 (0.48)
fin	0.0000 (0.02)	0.0007*** (4.19)	-0.0046 (-1.33)	-0.0090 (-1.42)	-0.0003 (-1.11)	0.0001 (0.30)	-0.0004 (-1.16)	0.0001 (0.29)
hhi	-0.0028 (-1.22)	-0.0037 (-0.99)	-0.0066 (-1.36)	-0.0190*** (-2.61)	-0.0053*** (-3.14)	-0.0076*** (-2.80)	-0.0050*** (-2.92)	-0.0075*** (-2.79)
rgdp	0.0252*** (7.03)	0.0124* (1.84)	0.0046** (2.05)	-0.0024 (-0.54)	0.0215*** (15.08)	0.0185*** (6.28)	0.0217*** (15.23)	0.0182*** (6.14)
l.markup		0.0014 (0.27)		0.0037 (0.33)		-0.0014 (-0.37)		-0.0006 (-0.15)
常数项	2.1038*** (18.21)	2.4221*** (27.26)	1.7330*** (22.02)	-4.2487 (-0.43)	1.8513*** (17.11)	2.0192*** (44.31)	1.8686*** (18.81)	2.1414*** (44.24)
年份—行业固定	YES	YES	YES	YES	YES	YES	YES	YES
城市固定	YES	NO	YES	NO	YES	NO	YES	NO
观测值	104613	71563	32891	22932	206691	147781	206691	147781
拟合优度	0.629		0.523		0.622		0.622	

从第(3)—(5)列结果来看,城市—行业赫芬达尔指数、出口额和新产品产值系数显著为负[1]。这说明了一个事实:劳动力集聚引起出口市场拥堵而产生过度竞争效应[2],并缺乏新产品研发的有效"竞争逃避机制",进而不利于企业提升市场势力(诸竹君等,2018a)。从第(6)列结果来看,城市人口密度越大,出口企业支付的人均工资越高,说明劳动力在空间上集聚形成了"干中学"上的知识共享,通过知识溢出和劳动力市场筛选机制促进了企业劳动生产率提高。第(7)列证实劳动力集聚对出口企业存在"外部经济性",即城市人口密度越大,出口企业生产率越高。第(8)列将生产率、赫芬达尔指数和新产品产值等中介变量纳入模型中,结果显示人口密度的系数不显著,而中介变量依然显著,说明人口密度产生的负向加成率效应可用上述变量解释,即劳动力集聚会使出口市场竞争强化,呈现出企业数量增加、市场份额挤压、创新行为不足、利润率降低的"出口拥堵"现象。当出口拥堵效应大于集聚经济效应时,集聚对出口企业产生负向加成率效应。

为进一步考察劳动力集聚发挥集聚经济效应提升出口企业加成率的作用机制,分别以地区职业鉴定结果为高级技术劳动力占比衡量地区技能结构,以外观专利和实用新型专利的申请量和授权量占比衡量地区创新水平,其中高级技术劳动力占比用 gjratio 表示,数据来源于《中国劳动统计年鉴》。外观专利和实用新型专利申请量占比分别用 innov_w1、innov_s1 表示,授权量占比分别用 innov_w2、innov_s2 表示,数据来源于《中国工业企业专利数据库》,回归结果如表 6-7 所示。可以发现:第(1)列劳动力集聚与技能结构的交互项 popgjratio 系数显著为正,说明在地区技能结构越优的地区,越能扭转劳动力集聚对出口企业加成率显著为负的局面,或者说劳动力集聚可通过地区技能结构升级提升出口企业绩效,与表 6-6 中的结论基本一致。

---

① 由于赫芬达尔指数取值范围为 0—1,因此这里采用受限被解释变量 Tobit 模型进行回归。

② 这里检验了城市劳动力集聚对出口企业工业总产值、销售产值和利润率的影响,发现集聚不但促进了城市—行业企业数量增加,而且导致企业工业总产值、销售产值和利润率下降,进而说明出口市场存在恶性竞争现象。

表6-6 劳动力集聚与出口企业加成率的中间机制效应检验结果(一)

变量	(1) markup	(2) num	(3) hhi	(4) export	(5) newproduct	(6) wage	(7) tfp	(8) markup
popagg	-0.0161*** (-9.58)	0.0800*** (100.88)	-0.0565*** (-36.23)	-0.1626*** (-9.53)	-0.0265*** (-3.21)	2.1857*** (10.77)	0.0498*** (6.67)	-0.0239 (-0.12)
tfp								0.0328*** (16.27)
hhi								-0.0100** (-2.02)
newproduct								0.0038*** (4.44)
scale	0.0216*** (29.89)	-0.0061*** (-29.48)	0.0250*** (46.30)	0.5586*** (76.21)	0.7383*** (29.12)	0.9518*** (10.92)	0.3923*** (121.52)	0.0001 (0.02)
inputratio	-1.6310*** (-585.95)	0.0512*** (23.30)	-0.0252*** (-4.17)	0.0058 (0.21)	-0.5469*** (-5.93)	-3.3425*** (-9.96)	-4.4280*** (-313.19)	-1.7965*** (-136.39)
soe	-0.0135*** (-5.12)	-0.0960*** (-45.26)	0.1780*** (43.94)	-0.0988*** (-3.72)	-0.0228 (-0.51)	-0.3905 (-1.23)	-0.0821*** (-6.97)	-0.0069* (-1.69)
age	-0.0043*** (-5.94)	-0.0022*** (-5.36)	0.0146*** (14.76)	0.0234*** (3.19)	0.0078 (0.46)	0.0043 (0.05)	0.0188*** (5.83)	-0.0055*** (-3.54)
ms	0.0061 (0.40)	0.4162*** (120.92)	-0.3529*** (-33.26)	1.6377*** (10.61)	-0.9664** (-2.22)	13.4146*** (7.31)	-0.3907*** (-5.75)	-0.1638*** (-4.11)

续表

变量	(1) markup	(2) num	(3) hhi	(4) export	(5) newproduct	(6) wage	(7) tfp	(8) markup
fin	0.0061 (0.40)	-0.0014*** (-4.22)	0.0011 (1.24)	0.0054 (1.63)	0.0070 (0.20)	-0.0267 (-0.68)	0.0116*** (7.98)	-0.0026 (-0.81)
hhi	0.0252*** (16.49)	0.2248*** (331.86)	-0.1671*** (-133.05)	0.1744*** (11.24)	0.3044*** (4.32)	-1.0162*** (-5.51)	0.0333*** (4.87)	0.0111* (1.72)
常数项	2.0405*** (18.92)	-1.2198*** (-45.05)	2.6340*** (64.81)	6.5765*** (6.02)	-3.5410** (-2.30)	1.1832 (0.09)	5.6914*** (11.97)	2.2671*** (16.22)
年份—行业固定	YES	YES	YES	YES	YES	YES	YES	YES
城市固定	YES	NO	NO	YES	YES	YES	YES	YES
观测值	210090	210090	210090	210090	22868	210090	206691	22536
拟合优度	0.583	0.061	0.314	0.124	0.161	0.050	0.276	0.560

第(2)—(5)列主要考察劳动力集聚与地区创新水平交互项的影响效应,发现 pop_innov_w1、pop_innov_s1、pop_innov_w2、pop_innov_s2 系数均显著为正,说明在创新水平越高(专利申请量占比或专利授权量占比越高)的地区,劳动力集聚越会显著提升出口企业加成率。[①] 换句话说,劳动力集聚将对地方创新水平的加成率效应产生更强的提升力度。第(6)—(7)列进一步考察劳动力集聚、地区技能结构和地区创新水平的三重交互影响,发现交互项 pop_gj_w2、pop_gj_s2 的系数显著为正,说明技能结构越优、创新能力越强的地区,越有利于发挥劳动力集聚的"集聚经济效应"提高出口企业加成率。

第四节　稳健性检验

一、基于"撤县设区"的准自然实验(PSM-DID)

撤县设区政策起于 20 世纪 80 年代,一般会从两个方面促进城市劳动力集聚:一是打破市区与邻近县的行政分割,通过统一的城市规划和产业布局促进市场融合和资源优化配置(Young,2000;唐为和王媛,2015);二是扩大城市规模,通过较高程度的产业多样化和专业化促进生产率上升和人口流入(Henderson,1997;Glaeser et al.,1992;唐为和王媛,2015)。撤县设区虽然是由地方政府申请,国务院批准后实施,但是对于微观企业来说事前无法观测,因此可认为撤县设区这一政策冲击独立于企业最优化选择,从而控制内生性偏误。这里基于 2002 年撤县设区政策冲击,采用倾向评分匹配和双重差分(PSM-DID)

---

① 由于发明专利的申请授权难度比外观专利、实用新型专利更大,在这里发明专利的影响效应不显著,故在表 6-7 中没有汇报发明专利的相关结果。

表6-7 劳动力集聚与出口企业加成率的中间机制效应检验结果(二)

变量	(1) markup	(2) markup	(3) markup	(4) markup	(5) markup	(6) markup	(7) markup
popgjratio	0.0413*** (4.56)						
popagg	-0.0104*** (-6.12)	-0.0199*** (-8.57)	-0.0085*** (-4.90)	-0.0257*** (-9.68)	-0.0120*** (-6.76)	-0.0127*** (-7.68)	-0.0138*** (-8.41)
gjratio	0.1868*** (3.15)				-0.0299* (-1.80)	-0.1100*** (-7.47)	
pop_innov_w1		0.0099*** (3.94)					
innov_w1		0.0583*** (3.67)					
pop_innov_sl			0.0197*** (6.67)				
innov_sl			0.1146*** (6.23)				
pop_innov_w2				0.0144*** (5.10)			
innov_w2				0.0883*** (5.01)		0.0092*** (3.75)	

续 表

变量	(1)	(2)	(3)	(4)	(5)	(6)	(7)
	markup	markup	markup	markup	markup	markup	markup
pop_innov_s2					0.0122*** (4.26)		
innov_s2					0.0740*** (4.17)		0.0079*** (2.93)
pop_gi_w2						0.0135*** (3.75)	
pop_gi_s2							0.0121*** (2.81)
常数项	1.9864*** (42.08)	2.0407*** (40.59)	1.9566*** (40.08)	2.0910*** (42.84)	2.0002*** (43.25)	2.0028*** (43.23)	2.0159*** (43.59)
其他解释变量	YES	YES	YES	YES	YES	YES	YES
年份—行业—城市固定	YES	YES	YES	YES	YES	YES	YES
观测值	193809	196548	196548	194206	194206	182101	182101
拟合优度	0.611	0.618	0.618	0.618	0.618	0.606	0.606

法研究劳动力集聚对所在城市出口企业加成率的影响。[1] 由于该年度撤县设区时间（月份）不统一，以 2000—2001 年作为政策冲击实施前（post＝0），2003—2006 年作为实施后（post＝1），实验组为 2002 年实施撤县设区的城市的企业（merger＝1），对照组为未实施撤县设区的城市的企业（merger＝0）。为了清晰起见，将撤县设区城市企业在两个时期的加成率变化量表示为 $\Delta\mathrm{markup}^1_{ijt}$，未撤县设区城市企业在两个时期的加成率变化率表示为 $\Delta\mathrm{markup}^0_{ijt}$，所以实验组企业平均处理效应可用如下式子表示：

$$\Omega = E(\Delta\mathrm{markup}^1_{ijt} \mid x,\mathrm{merger} = 1) - E(\Delta\mathrm{markup}^0_{ijt} \mid x,\mathrm{merger} = 1)$$

$$(6\text{-}2)$$

但在上式中，$E(\Delta\mathrm{markup}^0_{ijt} \mid x,\mathrm{merger} = 1)$ 表示撤县设区城市中的企业在没有撤县设区时加成率的变化，这是一种"反事实"情形。因此，根据城市中企业的生产率、企业规模、中间品投入占比、企业年龄、市场规模等特征变量，采用倾向评分匹配法为撤县设区城市企业寻找对照组（即未进行撤县设区的城市的企业），以解决可能存在的选择性偏误问题。假定匹配后，得到与实验组企业相配对的对照组企业集合为 $\Phi(i)$，它们的加成率变化量 $E(\Delta\mathrm{markup}^0_{ijt} \mid x,\mathrm{merger} = 0, i \in \Phi(i))$ 可作为 $E(\Delta\mathrm{markup}^0_{ijt} \mid x,\mathrm{merger} = 1)$ 较好的替代。因此，(6-2)式可转化为：

$$\Omega = E(\Delta\mathrm{markup}^1_{ijt} \mid x,\mathrm{merger} = 1)$$
$$- E(\Delta\mathrm{markup}^0_{ijt} \mid x,\mathrm{merger} = 0, i \in \Phi(i))$$

$$(6\text{-}3)$$

更进一步，建立以下可供实证研究的计量方程：

$$\mathrm{markup}_{ijt} = Z_0 + Z_1 \mathrm{merger\_post} + \varphi_1 Z_{ijt} + \varphi_2 Z_{jt} + \varphi_3 Z_{ct} + \delta_j + \delta_c + \delta_t + \varepsilon_{ijt}$$

$$(6\text{-}4)$$

回归结果汇报在表 6-8 中，第(1)列解释变量只包含交叉项 merger_post

---

① 撤县设区信息来自中国行政区划网，其中详细记录了每年县级以上行政区划调整的信息。选择 2002 年作为政策冲击年，一是因为 2002 年是样本区间内撤县设区的集中年，一共 21 座城市发生了撤并；二是因为 2002 年撤并的城市在样本期间内发生重复撤并的城市最少，只包括成都市。为了尽可能扩大准自然实验的样本量，所以以 2002 年发生撤并的 20 座城市的出口企业为研究对象。

和 tfp，第（2）列加入其他解释变量，第（3）—（5）列依次加入年份、行业、城市固定效应，发现所有交叉项 merger_post 系数显著为负，说明在经历撤县设区的城市，其出口企业加成率显著下降。从第（5）列结果来看，在控制其他条件不变的情况下，2002 年的撤县设区会导致出口企业加成率下降 0.0047。从变量平衡性检验来看，匹配后的企业在上述变量中不存在显著差异，可认为具有较好平衡性。这说明，引入"撤县设区"准自然实验证实了本章基本观点，即城市劳动力集聚降低了出口企业加成率（平衡性检验结果见表 6-9）。

表 6-8 "撤县设区"准自然实验回归结果

变量	(1)	(2)	(3)	(4)	(5)
	markup	markup	markup	markup	markup
popagg	−0.0418*** (−15.54)	−0.0129*** (−5.52)	−0.0046* (−1.75)	−0.0046* (−1.73)	−0.0047* (−1.80)
tfp	0.1626*** (106.94)	0.0525*** (36.28)	0.0488*** (34.48)	0.0488*** (34.48)	0.0488*** (34.45)
scale		−0.0034* (−1.82)	0.0020 (1.13)	0.0019 (1.03)	0.0020 (1.10)
inputratio		−1.5168*** (−146.00)	−1.5792*** (−153.49)	−1.5791*** (−153.36)	−1.5794*** (−153.34)
soe		−0.0055 (−0.74)	−0.0145** (−2.01)	−0.0142** (−1.97)	−0.0142** (−1.97)
age		−0.0125*** (−7.13)	−0.0064*** (−3.70)	−0.0063*** (−3.65)	−0.0063*** (−3.66)
ms		−0.9162*** (−50.04)	0.1450*** (3.97)	0.1446*** (3.95)	0.1470*** (4.00)
fin		−0.0006 (−0.65)	0.0009 (−0.50)	−0.0004 (−0.50)	−0.0004 (−0.50)
hhi		−0.0062 (−1.51)	−0.0030 (−0.74)	−0.0031 (−0.76)	−0.0032 (−0.79)
rgdp		0.0085** (2.05)	0.0196*** (4.71)	0.0195*** (4.68)	0.0203*** (4.84)

续　表

变量	(1)	(2)	(3)	(4)	(5)
	markup	markup	markup	markup	markup
常数项	0.1169***	2.1807***	1.8762***	1.8283***	1.8113***
	(11.16)	(50.08)	(42.68)	(19.20)	(18.84)
年份固定	NO	NO	YES	YES	YES
行业固定	NO	NO	NO	YES	YES
城市固定	NO	NO	NO	NO	YES
观测值	28711	26908	26908	26908	26908
拟合优度	0.343	0.691	0.708	0.709	0.709

表 6-9　"撤县设区"准自然实验匹配变量平衡性检验结果

变量	匹配状态	均值		偏差/%	偏差减少/%	p 值
		处理组	控制组			
tfp	匹配前	6.696	6.613	7.5	89.4	0.000
	匹配后	6.696	6.688	0.8		0.704
scale	匹配前	10.411	10.526	−7.9	91.5	0.000
	匹配后	10.411	10.401	0.7		0.750
inputratio	匹配前	0.764	0.750	13.1	97.4	0.000
	匹配后	0.764	0.763	0.3		0.864
soe	匹配前	0.067	0.099	−13.3	87.5	0.000
	匹配后	0.067	0.063	1.7		0.381
age	匹配前	1.891	1.952	−7.1	89.4	0.000
	匹配后	1.891	1.898	−0.8		0.719
ms	匹配前	0.197	0.191	10.6	92.8	0.000
	匹配后	0.197	0.197	−0.8		0.723

二、面板分位数回归结果

面板固定效应分位数估计结果汇报在表 6-10 中。可以发现,劳动力集聚在加成率不同分位数上,对出口企业加成率的影响显著为负,并随着出口企业加成率从低分位数向高分位数上升,劳动力集聚产生的负向加成率效应逐渐降低。可能的解释是:一方面,高加成率企业一般具有较大的出口定价权,不容易受到劳动力集聚产生的出口拥堵效应的负面冲击,能够在出口市场恶性竞争环境下形成差异性"对冲"优势;另一方面,高加成率企业一般具有较强的创新水平,可通过模仿、吸收、转化、引进或创新等形式实现产品创新和质量升级,从而提高市场势力和盈利水平。但总的来说,中国出口企业目前仍然受到出口拥堵效应的负面影响。

表6-10　劳动力集聚与出口企业加成率分位数回归结果

变量	(1) markup	(2) markup	(3) markup	(4) markup	(5) markup
popagg	−0.0248 *** (−10.90)	−0.0233 *** (−14.32)	−0.0192 *** (−14.09)	−0.0133 *** (−9.44)	−0.0065 *** (−2.96)
tfp	0.0793 *** (160.67)	0.0675 *** (207.01)	0.0513 *** (190.89)	0.0331 *** (108.42)	0.0138 *** (24.03)
scale	−0.0247 *** (−67.19)	−0.0203 *** (−79.60)	−0.0140 *** (−65.57)	−0.0065 *** (−27.59)	0.0018 *** (4.41)
inputratio	−0.6489 *** (−156.10)	−0.9588 *** (−360.13)	−1.2985 *** (−591.34)	−1.6110 *** (−598.84)	−1.9112 *** (−344.04)
soe	−0.0240 *** (−13.08)	−0.0301 *** (−22.36)	−0.0320 *** (−27.89)	−0.0259 *** (−21.30)	−0.0225 *** (−11.50)
age	−0.0066 *** (−13.84)	−0.0087 *** (−25.05)	−0.0095 *** (−33.37)	−0.0097 *** (−33.87)	−0.0105 *** (−22.74)
ms	0.0571 *** (3.07)	0.0363 *** (2.66)	−0.0289 *** (−2.52)	−0.0832 *** (−6.92)	−0.1220 *** (−6.28)
fin	−0.0016 *** (−9.56)	−0.0010 *** (−6.25)	−0.0003 (−1.62)	0.0001 (0.65)	0.0020 *** (13.7)
hhi	0.0098 *** (7.68)	0.0125 *** (13.31)	0.0137 *** (17.26)	0.0134 *** (16.26)	0.0120 *** (8.96)
rgdp	0.0197 *** (9.72)	0.0241 *** (16.52)	0.0215 *** (17.86)	0.0197 *** (15.99)	0.0180 *** (9.24)

续　表

变量	(1) markup	(2) markup	(3) markup	(4) markup	(5) markup
常数项	2.5671*** (56.74)	1.7336*** (38.02)	1.9880*** (52.04)	2.0724*** (57.97)	2.4213*** (88.17)
年份固定	YES	YES	YES	YES	YES
行业固定	YES	YES	YES	YES	YES
城市固定	YES	YES	YES	YES	YES
观测值	206691	206691	206691	206691	206691
Pseudo R^2	0.3362	0.3946	0.4701	0.5372	0.5905

三、替代主要变量的回归结果

第一,将非农人口密度(fnpopagg)和就业密度(jypopagg)作为劳动力集聚代理变量进行检验,固定效应回归结果分别汇报在表 6-11 第(1)列和第(3)列,系统 GMM 估计结果汇报在第(2)列和第(4)列。从系数结果来看,非农人口密度和就业密度越大,出口企业加成率下降越显著,说明劳动力集聚导致出口企业加成率恶化具有一定稳健性。第二,根据 Domowitz 等(1986)的思路,采用会计法测算的企业加成率进行替代,结果汇报在第(5)—(6)列,同样发现,人口密度提高显著降低了出口企业加成率水平。第三,从影响渠道来看,劳动力集聚主要通过出口拥堵效应导致市场恶性竞争,集聚经济效应提高了企业生产效率,而这两种作用机制直接影响到企业的价格和边际成本。所以借鉴 Lu 和 Yu(2015)、许明和邓敏(2016)、刘啟仁和黄建忠(2015)等的做法,用企业加成率对数与全要素生产率对数之差作为企业价格代理变量(price),再按照企业加成率的定义计算得到企业边际成本代理变量(mc),将企业价格和边际成本作为被解释变量的回归结果汇报在第(7)列和第(8)列。研究结果发现,劳动力集聚通过市场竞争效应显著降低了企业价格,而集聚经济的外部性显著降低了企业边际成本,这说明前文中影响出口企业加成率的两种渠道具有明显的可行性。

表6-11　劳动力集聚与出口企业加成率替代变量稳健性检验结果

变量	(1) markup FE	(2) markup 系统GMM	(3) markup PE	(4) markup 系统GMM	(5) markup PE	(6) markup_ac 系统GMM	(7) price FE	(8) mc FE
fnpopagg	-0.0120*** (-11.09)	-0.0136*** (-6.93)						
jypopagg			-0.0322*** (-11.18)	-0.0197*** (-4.52)				
popagg					-0.0062*** (-4.33)	-0.0146*** (-5.56)	-0.0623*** (-8.75)	-0.0513*** (-6.87)
tfp	0.0477*** (89.82)	0.0336*** (22.03)	0.0484*** (90.54)	0.0355*** (22.90)	0.0397*** (81.64)	0.0271*** (19.10)		
scale	0.0043*** (6.05)	0.0077*** (5.41)	0.0044*** (6.22)	0.0070*** (4.87)	0.0021*** (3.24)	0.0061*** (4.61)		
inputratio	-1.6121*** (-426.81)	-1.7600*** (-121.46)	-1.6018*** (-421.04)	-1.7367*** (-118.34)	-1.5662*** (-452.83)	-1.6993*** (-123.77)	3.1013*** (229.32)	4.4285*** (313.28)
soe	-0.0118*** (-4.79)	-0.0021 (-0.55)	-0.0119*** (-4.85)	-0.0017 (-0.45)	-0.0088*** (-3.91)	-0.0007 (-0.20)	0.0688*** (6.11)	0.0818*** (6.95)
age	-0.0047*** (-7.04)	-0.0036*** (-2.80)	-0.0046*** (-6.79)	-0.0032** (-2.45)	-0.0041*** (-6.70)	-0.0034*** (-2.81)	-0.0212*** (-6.89)	-0.0189*** (-5.86)

续 表

变量	(1) markup FE	(2) markup 系统GMM	(3) markup PE	(4) markup 系统GMM	(5) markup PE	(6) markup_ac 系统GMM	(7) price FE	(8) mc FE
ms	0.0129 (0.90)	-0.0006 (-0.02)	0.0322** (2.26)	0.0131 (0.33)	0.0180 (1.38)	0.0066 (0.25)	0.3959*** (6.09)	0.3954*** (5.82)
fin	-0.0003 (-1.14)	0.0001 (0.33)	-0.0079*** (-5.16)	-0.0136*** (-4.96)	-0.0003 (-0.93)	0.0002 (0.79)	-0.0115*** (-8.26)	-0.0117*** (-8.00)
hhi	-0.0048*** (-2.84)	-0.0073*** (-2.70)	-0.0053*** (-3.12)	-0.0088*** (-3.26)	-0.0032** (-2.08)	-0.0067*** (-2.66)	0.0560*** (7.20)	0.0632*** (7.78)
rgdp	0.0216*** (15.15)	0.0187*** (6.34)	0.0180*** (12.43)	0.0195*** (6.47)	0.0129*** (9.83)	0.0146*** (5.15)	-0.0160** (-2.45)	-0.0320*** (-4.67)
l.markup		-0.0005 (-0.12)		-0.0016 (-0.40)				
l.markup_ac						0.0147*** (3.97)		
常数项	1.8500*** (18.72)	2.0935*** (46.89)	1.9518*** (40.08)	2.0038*** (45.06)	1.9395*** (21.15)	2.1085*** (39.50)	-4.9985*** (-10.91)	-5.8861*** (-12.29)
年份固定	YES	YES	YES	YES	YES	YES	YES	YES
行业固定	YES	YES	YES	YES	YES	YES	YES	YES
城市固定	YES	NO	YES	NO	YES	NO	YES	YES

续 表

变量	(1)	(2)	(3)	(4)	(5)	(6)	(7)	(8)
	markup	markup	markup	markup	markup	markup_ac	price	mc
	FE	系统 GMM	PE	系统 GMM	PE	系统 GMM	FE	FE
观测值	205925	147082	203856	145147	206691	147781	206691	206691
拟合优度	0.623		0.618		0.642		0.3570	0.4576
AR(1)		0.0000		0.0000		0.0000		
AR(2)		0.1595		0.4067		0.1739		
Sargan 检验		0.0849		0.0568		0.4749		

第五节 进一步分析:城市—行业 资源再配置效应的检验

上文中,本书已经从微观层面考察了城市劳动力集聚对出口企业加成率的影响及可能作用机制,发现劳动力集聚显著降低了出口企业加成率,出口拥堵效应大于集聚经济效应是集聚造成负向加成率效应的重要原因。从理论模型推导过程中可知,劳动力集聚会引起企业进入/退出行为,需要考察劳动力集聚与城市—行业加成率间的关系以及资源再配置效应在其中的作用。首先按照(6-5)式计算城市—行业层面加成率:

$$\text{markup}_{cjt} = \sum_{i \in \Theta_{cj}} s_{it} \text{markup}_{it} \tag{6-5}$$

其中,下标 i、c、j、t 分别表示企业、城市、四位码行业和年份;Θ_{cj} 表示城市—行业的企业集合;s_{it} 表示权重,用企业 i 的销售产值在城市—行业销售产值中所占比例来衡量,表示资源在企业间的配置情况。行业总体出口产品质量从 $(t-1)$ 期到 t 期的变化为:

$$\Delta \text{markup}_{cjt} = \sum_{i \in (I, EN)} s_{it} \text{markup}_{it} - \sum_{i \in (I, EX)} s_{it-1} \text{markup}_{it-1} \tag{6-6}$$

上式中,I、EN、EX 分别表示在位企业、新进入企业和退出企业的集合。按照 Griliches 和 Regev(1995)对生产率的分解思路,构建如下分解式:

$$\Delta \text{markup}_{cjt} = \underbrace{\underbrace{\sum_{i \in I} \overline{\text{share}_i} \Delta \text{markup}_{it}}_{within-effect} + \underbrace{\sum_{i \in I} \Delta share_{it} (\overline{\text{markup}_i} - \overline{\text{markup}_{cj}})}_{across-effect}}_{intensive-marg\,in}$$

$$+ \underbrace{\underbrace{\sum_{i \in EN} \text{share}_{it} (\text{markup}_{it} - \overline{\text{markup}_{cj}})}_{entry-effect} - \underbrace{\sum_{i \in EX} \text{share}_{it-1} (\text{markup}_{it} - \overline{\text{markup}_{cj}})}_{exit-effect}}_{extensive-marg\,in}$$

$$\tag{6-7}$$

并且有

$$\overline{\text{share}_i} = \frac{\text{share}_{it-1} + \text{share}_{it}}{2}, \overline{\text{markup}_i} = \frac{\text{markup}_{it-1} + \text{markup}_{it}}{2},$$

$$\overline{\text{markup}_{cj}} = \frac{\text{markup}_{cjt-1} + \text{markup}_{cjt}}{2} \tag{6-8}$$

分解式中第一项"企业内效应"(within-effect),表示某在位企业在临近两个时期内市场份额保持不变,由企业自身加成率变化引起城市—行业总体加成率变化;第二项"企业间效应"(across-effect),表示某存活企业在临近两个时期内加成率保持不变,由企业市场份额变化引起城市—行业总体加成率变化;第三项"进入效应"(entry-effect),表示由企业进入导致的城市—行业总体加成率变化,如果新进入市场的企业加成率高于城市—行业平均加成率,则此项为正;第四项为"退出效应"(exit-effect),如果退出市场的企业加成率低于城市—行业平均加成率,则此项为正。另外,将"企业内效应"与"企业间效应"之和定义为"集约边际"(intensive-marg in),将"进入效应"与"退出效应"之和定义为"拓展边际"(extensive-marg in),将"企业间效应"与"拓展边际效应"之和定义为"资源再配置效应"(reallocation-effect)。根据分解结果,构建计量模型检验劳动力集聚对城市—行业出口加成率的资源再配置效应:

$$\Delta \text{markup}_{cjt} = Z_0 + Z_1 \text{popagg}_{ct} + Z_2 \text{tfp}_{cjt} + \delta_j + \delta_c + \delta_t + \varepsilon_{cjt} \tag{6-9}$$

其中,下标 j、c、t 分别表示四位码行业、城市和年份,解释变量 popagg_{ct} 和 tfp_{cjt} 分别表示城市劳动力集聚和四位码城市—行业生产率,在不同模型中分别用各分解项作为被解释变量进行回归,并控制了行业、城市和时间固定效应,回归结果如表 6-12 所示。

表 6-12 中,第(1)列劳动力集聚系数显著为负,说明劳动力集聚对出口企业存在显著的负向加成率效应,这一结论为基准模型提供了城市—行业层面上的证据。第(2)列"企业内效应"模型结果显示,劳动力集聚显著降低了行业加成率,说明集聚对在位企业产生了显著的"出口拥堵效应",进而恶化了行业加成率。在"企业间效应"模型中,劳动力集聚系数为负但不显著,说明集聚并没有导致市场份额由低竞争力的在位企业向更高竞争力的企业再配置,出口市场陷入低效竞争状态。从第(6)列"集约边际"结果来看,劳动力集

表6-12 劳动力集聚与出口企业加成率资源配置效应回归结果

变量	(1) 总体效应	(2) 企业内效应	(3) 企业间效应	(4) 进入效应	(5) 退出效应	(6) 集约边际	(7) 拓展边际	(8) 资源再配置效应
popagg	−0.0269*** (−3.55)	−0.0183*** (−2.55)	−0.0010 (−0.71)	−0.0152** (−2.14)	−0.0027 (−0.62)	−0.0192*** (−2.79)	−0.0068* (−1.96)	−0.0171* (−1.91)
tfp	0.0570*** (37.11)	0.0467*** (33.26)	0.0004 (1.39)	0.0111*** (10.67)	−0.0075*** (−10.87)	0.0471*** (33.81)	−0.0003 (−0.28)	0.0008 (0.57)
常数项	0.0020 (0.04)	−0.0406 (−0.80)	−0.0546*** (−5.32)	0.1368*** (3.03)	−0.0066 (−0.21)	−0.0952** (−1.96)	0.0187 (0.39)	−0.0392 (−0.62)
年份固定	YES	YES	YES	YES	YES	YES	YES	YES
行业固定	YES	YES	YES	YES	YES	YES	YES	YES
城市固定	YES	YES	YES	YES	YES	YES	YES	YES
观测值	58537	55870	55870	30404	32271	55870	20395	19129
拟合优度	0.073	0.067	0.025	0.028	0.023	0.067	0.012	0.010

聚主要通过"企业内效应"恶化了行业加成率水平。但从"拓展边际"回归结果来看，虽然集聚因市场规模扩大降低了"市场准入门槛"，但可能由于新进入出口企业质量阶梯较低，集聚产生的市场"进入效应"显著为负，可见"进入效应"加剧了出口市场拥堵，与黄先海等(2016)的相关研究结论基本一致。第(5)列"退出效应"结果为负但不显著，而第(7)列"拓展边际"结果显著为负，说明出口市场并无有效的退出机制，存在一种"低水平竞争锁定"状态，不利于出口绩效提升。第(8)列"资源再配置效应"结果显示，城市劳动力集聚会通过资源配置效应影响城市—行业加成率水平。总体来说，集聚产生的加成率效应存在显著的资源再配置效应，可通过"集约边际"和"拓展边际"降低城市—行业加成率，其中负向"企业内效应"和低端"进入效应"是出口市场拥堵和出口绩效恶化的主要原因。

第六节 本章小结

本章基于扩展的 M-O 模型，构建了劳动力规模视角下劳动力集聚对出口企业加成率变化的理论框架，并利用中国工业企业数据库和海关数据库匹配数据，研究了劳动力集聚对出口企业加成率的影响效应和作用机制，试图为解释中国出口企业低加成率陷阱提供城市劳动力集聚层面的证据，得出以下结论：第一，劳动力集聚会引起出口企业加成率下降，城市人口密度每提升 1 个百分点，出口企业加成率将降低 0.0217(0.0921 个标准差)。第二，从子样本异质性回归结果来看，劳动力集聚对资本密集型企业、外资企业、从事一般贸易企业、竞争性行业企业加成率产生的负向效应更大。第三，中介效应模型的回归结果表明，劳动力集聚可通过集聚经济效应和出口拥堵效应影响出口企业加成率，当出口拥堵效应大于集聚经济效应时会产生负向加成率效应。第四，劳动力集聚产生的加成率效应存在显著的资源再配置效应，可通过"集约边际"和"拓展边际"降低城市—行业层面加成率，出口市场并无有效退出机制，存在一种"低水平竞争锁定"状态，负向"企业内效应"和低端"进入效应"是导致出口市场拥堵和出口绩效恶化的主要因素。第五，采用"撤县设区"准自然实验(PSM-DID)、分位数回归、替代变量回归等方法检验的结果均表明基本结论具有一定的稳健性。

第七章　劳动力配置与出口企业加成率变动：
质量匹配视角

党的十九大明确指出，要建设现代化经济体系，主要是以供给侧结构性改革为主线，加快建设协同发展的产业体系和制度体系，把科技、人才、资本、制度等生产要素高效组合，促进企业技术进步、行业供需衔接和产业优化发展。也就是说，劳动力质量结构符合产业技术需求，将有助于企业创新和高质量发展。本章构建了衡量劳动力质量匹配的耦合度和协调度的指标，聚焦匹配程度和匹配质量与出口企业加成率变动的影响效应、中间渠道和提升路径，为破解出口企业低加成率之谜提供了新视角。

第一节　问题提出

内生增长理论认为，人力资本既可以通过"知识外溢性"和"要素互补性"提高劳动生产率，也能通过促进技术活动间接促进宏观经济增长（Romer，1986；Bils and Klenow，2000；Manuelli and Seshadri，2014）。人力资本专用性特征更是形成快速响应生产能力的关键因素，在以高度流动性要素与地方化要素融合配置为标志的产业结构升级过程中，人力资本专用性既可能是转型动力也可能形成转型约束：一方面，人力资本融入通过要素禀赋结构重构形成新增长动能，以技术模仿、吸收、运用、创新等模式提高增长质量和效率；另一方面，一旦人力资本专用性不能适应地区产业结构需求，就可能会因阻碍劳动力市场再配置而提高市场交易成本，甚至对地区形成人力资本"锁定效应"，进而不利于技术进步、供需匹配和产业发展（高春亮和李善同，2018）。

Chanaron 和 Perrin(1987)的研究表明,由于不同类型劳动力在知识层次、结构、质量上存在差异,因此在产业技术能力发展的不同阶段,需要与之相匹配协调的劳动力质量结构。

劳动力匹配质量提高会提升技术的应用效率和生产效率(台航和崔小勇,2017)。一般而言,初级人力资本积累主要影响技术应用,高端人力资本积累则通过提高要素配置效率而促进技术创新(Vandenbussche et al.,2006;Ang et al.,2011)。在产业技术能力发展的不同阶段,由于要素禀赋结构和要素质量差异,不同质量劳动力的外部经济效应具有明显差异,即劳动力在产业转型中具有的相对比较优势会发生变化,这种比较优势产生的基础就是技术应用和技术创新之间相对难易程度所表现出的阶段性差异。在技术能力较低的阶段,技术引进和技术模仿收益成本比较高,会导致技术应用需求在产业发展中占据主导地位,这使得初级人力资本投资会产生较高积累边际收益。随着产业从远离前沿向准前沿阶段发展变迁,技术创新相对于技术模仿对生产率增长更为重要,这就要求产业发展战略亟须从追赶导向转向竞争导向(Acemoglu et al.,2006;黄先海和宋学印,2017),在产业技术应用需求向技术创新需求转型的过程中,高端人力资本积累的边际收益递增。也就是说,在比较优势转换视角下,劳动力匹配质量提升的经济效应会呈现阶段性差异:在技术能力较弱时,发挥初级人力资本技术应用的效率更具比较优势;在技术能力较强时,比较优势则表现为发挥高端人力资本的技术创新效率。

那么,城市劳动力质量匹配是否会影响制造业企业经营绩效?根据现有文献,以要素聚集、要素虹吸、要素筛选为内涵的要素禀赋机制和以收入水平、城市功能、需求引致等为标志的本地市场效应机制是城市劳动力质量影响企业绩效的主要渠道。第一,劳动力质量越高的城市由于基础设施完善和教育、医疗、文化、卫生整体水平较高,不仅能集聚优质密集的金融机构和研究院所,更有利于搭建吸引优质要素的平台。第二,城市生产率优势来源于选择效应,人力资本水平越高的城市进入的门槛也越高,户籍制度、生活成本、竞争环境、工作压力都预示着低水平劳动力和低效资本终将淘汰,从而为提高企业产品质量奠定高端人力资本和物质资本基础(刘海洋等,2015;李方静和张静,2018)。第三,收入水平决定需求结构,高级人力资本所在城市的工资一般相对较高,对高质量产品存在较强的偏好需求。因本地市场需求引致的规模经济优势和交易成本优势,为城市间企业质量分工创造了优势和机遇(Fajgelbaum et al., 2011；Hummels and Skiba, 2004；Hummels and Klenow,2005)。但目前此类研究较多表现为理论逻辑上的观点探讨,缺乏实践经验上的逻辑证据。尤其鲜有文献研究城市劳动力水平与产业结构匹配程度和匹配质量对企业绩效的影响,因此,自然产生一系列猜想:改革开放40余年转型过程中,城市劳动力质量是否与产业结构调整耦合协同？城市劳动力水平与产业结构匹配是否对企业绩效产生影响？影响的机理和规律是什么？是否存在转型过程中产业技术能力与劳动力质量匹配的阶段性特征？这一系列问题正是需要研究的内容。本章以加成率为视角,认为劳动力质量或者城市人力资本匹配存在的结构性差异是影响出口企业绩效的重要因素,劳动力质量和产业结构耦合协调可通过人力资本质量外溢和技术进步影响企业生产率和出口产品质量。具体来说,在人力资本与产业结构耦合阶段,城市宏观环境的不确定性使得劳动力质量匹配的加成率效应更易受工资效应影响；在协调发展阶段,劳动力质量匹配会产生显著的创新效应。总的来说,当创新(生产率)效应大于成本效应时,劳动力质量匹配会提升出口企业加成率；当创新(生产率)效应小于成本效应时,劳动力质量匹配不利于出口企业加成率提升。

第二节 数据、变量与描述性统计

一、数据来源

首先,按照Brandt等(2012)、田巍和余淼杰(2014)等的做法对工业企业数据进行调整。但由于2008年后的数据缺失中间品投入和增加值数据,本章在稳健性检验中通过放宽实证假设,使用了2008年和2011—2013年的数据测算出企业加成率。第二,参考 Yu(2015)、田巍和余淼杰(2014)的两步匹配方法时工业企业数据库与海关数据库数据进行匹配。第三,将专利数据库中企业发明专利、实用新型专利和外观设计专利申请量与工业企业数据进行匹配。第四,利用 2000—2013 年地级市有关劳动力质量和产业结构的数据测算出各年度地级市人力资本系统和产业结构系统的匹配情况,并通过城市名称与工业企业数据库进行匹配。

二、变量构造、调整与描述性统计

(一)劳动力质量匹配

参考曾繁清和叶德珠(2017)等的做法,采用城市"人力资本—产业结构"耦合协调度衡量劳动力匹配的程度和质量。[①] 该指标测算过程分为三步:一是确定功效函数。设 $X_{ij}(i=1,2;j=1,2,\cdots,n)$ 为第 i 个系统第 j 个指标,然后计算标准化功效系数 x_{ij}。二是计算综合序参量,计算公式为:$U_i = \sum_{j=1}^{n} \chi_{ij} x_{ij}, \sum_{j=1}^{n} \chi_{ij} = 1, i = 1,2$。借鉴 Shannon(1948)的方法,采用熵值赋权法确定序参量权重 χ_{ij}。三是计算系统耦合度和协调度。设定系统耦合度为 C,且有 $C = 2 \cdot \sqrt{(U_1 \times U_2)}/(U_1 + U_2), C \in [0,1]$。由于劳动力投入系统与产业结构系统存在交错、动态和不平衡的特点,仅依靠耦合度难以区分两者的整体功效和协调效应,在考虑不同劳动力水平和产业层级的匹配质量的情况下,进一步构造了衡量劳动力和产业结构匹配质量的协调度指标,令系统

---

① 目前"人力资本—产业结构"系统耦合协调度测算较多在省级层面进行,鲜有文献对城市层面的耦合协调度进行研究。参考有关文献的做法,并结合数据的可得性,在人力资本系统选择的变量有:教育科技投入指标(每万人在校大学生数、教育支出占财政收入比重、科技支出占财政收入比重)、文化卫生健康投入指标(每万人医院床位数、每百人公共图书馆藏书数、每万人剧场电影院数)、空间配置指标(城镇失业率、港澳台和外商直接投资占工业总产值的比重);产业结构系统选择的变量有:高度化指标(第二、三产业从业人数占比,产业结构层次系数)、合理化指标(第二、三产业 GDP 占比,产业结构偏离度)、高效化指标(第二、三产业劳动生产率,产业结构质量系数),其中产业结构层次系数、产业结构偏离度、产业结构质量系数参考袁航和朱承亮(2018)的做法测算得到。

综合协调指数 $T = aU_1 + bU_2, T \in [0,1]$，其中 a 和 b 为两个子系统在整个系统中的重要程度，一般设定 $a = b = 0.5$，即两个系统同等重要，系统协调度 $D = \sqrt{C \cdot T}, D \in [0,1]$。[①]

（二）加成率、生产率和出口产品质量

一是参考 De Loecker 和 Warzynski（2012）的方法对企业加成率进行估算，得到：$\text{mkp}_{ijt} = \sigma_{ijt}^M (\vartheta_{ijt}^M)^{-1}$，其中 mkp 表示企业加成率，$\sigma^M$ 和 ϑ^M 分别表示企业所需中间品投入的产出弹性和投入份额。二是为了解决生产函数 OLS 估计存在的同时性偏误和选择性偏误问题，使用 LP 法计算企业生产率，并采用对数值（tfp）进行实证分析。三是参考施炳展（2014）的研究，得到年份（t）—企业（i）—进口国（m）—产品（b）四个维度的产品质量，再根据企业出口产品的销售额比例计算得到加权平均的企业产品质量（quality）。

（三）企业层面其他变量

①资本劳动比（klratio），用资本与劳动力投入占比对数值表示。②企业规模（scale），用销售额对数值表示。③中间品投入比（inputratio），用中间品投入占工业总产值比重衡量。④所有制类型（soe），用国有资本占实收资本比例表示。⑤企业年龄（age），用运营时长对数值表示。⑥市场规模（ms），利用市场潜力指标衡量企业所辐射的市场规模。⑦融资约束（fin），用利息支出与固定资产合计比值表示。⑧城市—行业竞争程度（hhi），用城市—四位码行业赫芬达尔指数表示，hhi 越大意味着行业垄断程度越高。⑨城市人均国内生产总值（rgdp），采用对数值形式。⑩劳动报酬（pwage），用应付工资总额与从

---

① 参考曾繁清和叶德珠（2017）、魏金义和祁春节（2015）等的做法，将"人力资本—产业结构"系统耦合度的演变按照耦合度数值从低到高划分为低水平耦合（0，0.3）、颉颃（0.3，0.5）、磨合（0.5，0.8）和高水平耦合（0.8，1）等四个阶段，将系统协调度的演变按照协调度数值从低到高划分为失调（0，0.2）、濒临失调（0.2，0.4）、勉强协调（0.4，0.6）、中度协调（0.6，0.8）、高度协调（0.8，1）等五种类型。需要说明的是，现有文献并未对两种状态进行精准的阶段划分，目前只是一种大致的划分标准，主要目的是让读者更直观地感受不同数值所表示的匹配程度和匹配质量的大致含义。

业人数之比表示。⑪研究投入（rd），用"研究开发费＋1"的对数值表示。⑫产品创新（new），用"新产品产值＋1"的对数值表示。

(四)描述性统计

表 7-1 分地区汇报了各主要变量描述性统计情况，可得到以下结论：第一，从企业加成率来看，东部地区企业加成率低于中部地区和西部地区，而东部、中部、西部地区企业平均生产率依次递减，与黄先海等（2016）的研究结果一致。第二，从城市"人力资本—产业结构"匹配度来看，系统耦合度呈现东部地区＞西部地区＞中部地区的格局，均表现为系统高水平耦合阶段，但耦合度相对大小说明了东部和西部人力资本和产业结构的发展步伐更为趋同。从系统协调度来看，同样发现东部地区＞西部地区＞中部地区，表明了东部地区的劳动力质量匹配程度要高于西部地区和中部地区，而中部地区可能濒临劳动力投入和产业结构失调边缘。第三，从企业要素投入来看，东部地区劳动报酬和研发投入均高于中西部地区，可能的原因在于城市人力资本与产业结构耦合度会影响企业劳动力投入和创新行为。城市劳动力质量匹配度越高，企业因城市人力资本宏观环境改善，更易以较高工资雇佣到高质量劳动力，并且企业高质量劳动力与研发投入相匹配，将更有利于企业生产率和盈利水平提升。

表 7-1　劳动力质量匹配的加成率效应主要变量描述性统计

变量	东部地区			中部地区			西部地区		
	样本量	均值	标准差	样本量	均值	标准差	样本量	均值	标准差
mkp	863332	1.2497	0.2371	230953	1.3377	0.2883	117194	1.2955	0.3031
C	845101	0.9121	0.0862	213800	0.8637	0.0972	82794	0.8790	0.1001
D	845101	0.5216	0.0887	213800	0.4083	0.0683	82794	0.4226	0.0644
tfp	850209	6.4430	1.1576	228065	6.3344	1.2941	114786	6.1059	1.4053
pwage	863332	14.2585	20.9345	230953	9.8442	11.5810	117194	10.9605	11.1136
rd	67092	2.3495	0.9811	18227	2.2133	0.9710	10857	2.3165	1.0415
klratio	863328	1.7854	0.3705	230947	1.7744	0.3508	117190	1.8157	0.3661
sale	863331	9.8882	1.4530	230952	9.7994	1.5809	117192	10.0208	1.6563

续　表

变量	东部地区			中部地区			西部地区		
	样本量	均值	标准差	样本量	均值	标准差	样本量	均值	标准差
inputratio	863332	0.7126	0.1288	230953	0.6709	0.1356	117194	0.6788	0.1867
ms	863332	0.2908	0.1116	230951	0.2286	0.0800	117194	0.1385	0.0495
soe	860207	0.0876	0.2695	227744	0.2341	0.4083	115421	0.2931	0.4383
age	851311	2.0530	0.8740	225231	2.2289	1.0419	114912	2.3234	1.0371
hhi	863332	0.0139	0.0244	230953	0.0148	0.0244	117194	0.0154	0.0248
fin	863332	0.0694	1.7357	230953	0.0910	5.1690	117194	0.0897	3.6680
lnrgdp	764405	10.1275	0.6552	191080	9.1891	0.5897	80592	9.1432	0.5995

第三节　计量检验:基于人力资本—产业结构耦合协调度的实证研究

一、计量模型设定

本章主要研究城市劳动力匹配程度和质量(耦合度和协调度)对出口企业加成率的影响,并分析劳动力质量匹配产生加成率效应的中间渠道,计量模型设定如下:

$$\text{mkp}_{ijt} = Z_0 + Z_1 M_{ct} + Z_2 M_{ct}^2 + \varphi_1 X_{ijt} + \varphi_2 X_{jt} + \varphi_3 X_{ct} + \delta_j + \delta_c + \delta_t + \varepsilon_{ijt}$$

$$(7\text{-}1)$$

上式中,下标 i、j、c、t 分别表示企业、行业、城市和年份,M 是劳动力质量匹配变量(包括系统耦合度 C 和系统协调度 D),X 是控制变量集,其中 X_{ijt} 是企业层面控制变量,X_{jt} 是行业层面控制变量,X_{ct} 是城市层面控制变量,δ_j、δ_c 和 δ_t 表示不可观测的行业、地区和年份固定效应。考虑到劳动力质量匹配和加成率(mkp)之间可能存在非线性关系,在模型中加入劳动力质量匹配指标平方项,参数标准误聚类在企业层面。

二、基准回归结果

表 7-2 汇报了基准模型固定效应（FE）回归结果。在控制其他条件不变的情况下，系统耦合度（C）对出口企业加成率的影响效应为负，但不显著。加入系统耦合度平方项后，发现耦合度与出口企业加成率之间存在显著的倒 U 形关系。根据第（3）列结果计算可知，当系统耦合度大于 0.8216 时，出口企业加成率随着耦合度的提高而降低；当系统耦合度小于 0.8216 时，出口企业加成率随着耦合度的提高而提高。从匹配质量回归结果来看，平均意义上城市人力资本与产业结构的匹配协调度对出口企业加成率存在正向作用，但不显著。加入系统协调度平方项后，发现协调度与出口企业加成率之间存在显著的 U 形关系。当系统协调度大于 0.5389 时，出口企业加成率随着协调度的提高而提高；当系统协调度小于 0.5389 时，出口企业加成率随着协调度的提高而降低，这一结论与理论模型提出的命题基本一致。当控制了行业—年份和地区固定效应后，仍发现主要解释变量的方向和显著性均具有一定的稳健性。

控制变量回归结果基本符合预期。tfp 系数显著为正，说明生产率越高的出口企业具有的加成率越高。klratio 系数显著为正，通常资本劳动比更高的出口企业较多为资本密集型和技术密集型企业，可利用丰裕的资本和技术进行创新活动，从而提高加成率。scale 系数为正但不显著，说明企业规模对出口企业加成率并不存在显著的正向影响。inputratio 系数显著为负，表明进口中间品占比对出口企业加成率产生负向效应，可能是因为企业虽然规模较大，但由于创新能力不足且产品质量较低，在市场上竞争力较小，同时也有研究表明，中间品投入较多的企业产品质量并不高。从 soe 和 age 的系数显著为负可看出，国有资本占比更大和在位时间更长的出口企业并不会获得更高的加成率，反而使加成率降低。ms 系数显著为正，说明企业市场规模越大，越易提高出口企业加成率，原因在于发挥规模经济优势能降低企业生产边际成本。fin 系数显著为正，说明融资能力强的企业表现出更强的市场势力，可通过研发创新提高出口绩效。hhi 系数显著为负，表明行业竞争强可使出口企业

表7-2　劳动力质量匹配对配对出口企业加成率的影响（基准回归结果）

变量	(1)	(2)	(3)	(4)	(5)	(6)	(7)	(8)
	mkp	mkp	mkp	mkp	mkp	mkp	mkp	mkp
C	-0.0081 (-0.97)	-0.0054 (-0.65)	0.1929*** (2.72)	0.1473** (2.06)				
C2			-0.1174*** (-2.80)	-0.0893** (-2.11)				
D					0.0175 (1.27)	0.0045 (0.32)	-0.1619*** (-2.67)	-0.2002*** (-3.23)
D2							0.1502*** (2.97)	0.1718*** (3.32)
tfp	0.0520*** (44.35)	0.0511*** (43.70)	0.0520*** (44.35)	0.0511*** (43.70)	0.0520*** (44.34)	0.0511*** (43.69)	0.0520*** (44.35)	0.0511*** (43.70)
klratio	0.0783*** (31.29)	0.0783*** (31.25)	0.0783*** (31.26)	0.0783*** (31.22)	0.0783*** (31.29)	0.0783*** (31.25)	0.0784*** (31.30)	0.0783*** (31.26)
scale	0.0001 (0.12)	-0.0006 (-0.55)	0.0000 (0.03)	-0.0006 (-0.62)	0.0001 (0.10)	-0.0006 (-0.58)	0.0000 (0.04)	-0.0006 (-0.65)
inputratio	-1.6326*** (-144.12)	-1.6395*** (-145.36)	-1.6327*** (-144.12)	-1.6396*** (-145.35)	-1.6326*** (-144.09)	-1.6395*** (-145.33)	-1.6325*** (-144.09)	-1.6394*** (-145.34)
ms	0.1028*** (4.71)	0.1196*** (5.47)	0.0988*** (4.52)	0.1164*** (5.32)	0.1025*** (4.70)	0.1202*** (5.50)	0.1045*** (4.79)	0.1225*** (5.60)

续表

变量	(1) mkp	(2) mkp	(3) mkp	(4) mkp	(5) mkp	(6) mkp	(7) mkp	(8) mkp
soe	-0.0109*** (-3.73)	-0.0078*** (-2.70)	-0.0108*** (-3.72)	-0.0078*** (-2.70)	-0.0109*** (-3.73)	-0.0078*** (-2.71)	-0.0110*** (-3.77)	-0.0079*** (-2.75)
age	-0.0030*** (-3.73)	-0.0023*** (-2.90)	-0.0029*** (-3.67)	-0.0023*** (-2.86)	-0.0030*** (-3.73)	-0.0023*** (-2.90)	-0.0030*** (-3.79)	-0.0024*** (-2.96)
hhi	-0.0331* (-1.92)	-0.0194 (-1.11)	-0.0330* (-1.91)	-0.0194 (-1.11)	-0.0332* (-1.92)	-0.0195 (-1.12)	-0.0333* (-1.93)	-0.0193 (-1.11)
fin	0.0006*** (2.70)	0.0006*** (2.72)	0.0006*** (2.69)	0.0006*** (2.71)	0.0006*** (2.71)	0.0006*** (2.72)	0.0006*** (2.71)	0.0006*** (2.73)
rgdp	0.0194*** (8.74)	0.0141*** (6.27)	0.0197*** (8.85)	0.0144*** (6.38)	0.0183*** (8.56)	0.0136*** (6.27)	0.0176*** (8.22)	0.0128*** (5.87)
常数项	1.7708*** (22.30)	1.5998*** (14.38)	1.6840*** (19.86)	1.5337*** (13.30)	1.7666*** (22.21)	1.5980*** (14.35)	1.8245*** (22.29)	1.6651*** (14.70)
年份固定	YES	NO	YES	NO	YES	NO	YES	NO
行业固定	YES	NO	YES	NO	YES	NO	YES	NO
地区固定	YES	YES	YES	YES	YES	YES	YES	YES
行业—年份固定	NO	YES	NO	YES	NO	YES	NO	YES
观测值	193959	193959	193959	193959	193959	193959	193959	193959
拟合优度	0.726	0.728	0.726	0.728	0.726	0.728	0.726	0.728

产生"竞争逃避效应"强化创新激励,从而提高加成率。rgdp 系数显著为正,原因在于经济发展水平越高的城市通常制度环境和市场环境也越好,可通过降低市场交易成本提高企业绩效。

三、子样本异质性回归分析

(一)分地区回归结果

表 7-3 按照三大区域呈现了不同地区劳动力质量匹配耦合度和协调度对出口企业加成率的影响。从系统耦合度来看,仅有中部地区系统耦合度和出口企业加成率之间存在倒 U 形关系,并且门槛值约为 0.8134,大于全样本平均水平,但东部地区和西部地区的影响效应不显著。可能原因是,由于东部城市高端要素密集度和创新水平整体较高,对于东部出口企业来说创新(高端人力资本)门槛也会更高,如果东部城市系统耦合度不能为出口企业成长提供良好环境,将不会对企业加成率产生显著影响。对于西部出口企业来说,虽然系统耦合度与出口企业加成率之间也存在一定的倒 U 形关系(不显著),但由于西部地区人力资本综合序参量较低,既不能对企业产生明显的生产率提升效应,也不能激发企业创新投入。但从系统协调度来看,东部地区和中部地区系统协调度与出口企业加成率之间呈现 U 形关系,并且东部地区门槛值(0.6284)显著高于中部地区(0.4711)。但对于西部城市来说,由于大多数城市处于系统匹配濒临失调阶段,人力资本和产业结构综合序参量处于"双低"水平,因此对企业创新难以产生显著影响,对出口企业无明显加成率效应。

(二)分要素密集度回归结果

参考王志华和董存田(2012)的分类标准[①],表 7-4 汇报了城市劳动力质量

---

① 按照王志华和董存田(2012)制造业结构分类标准,根据劳动报酬、资本存量和研发投入依次分别表示劳动、资本和技术密集度,通过计算各细分行业的劳动、资本和技术要素所占比重进行划分。

匹配对分要素密集度行业出口企业加成率的影响。从系统耦合度来说，系统耦合度与资本密集型、技术密集型出口企业加成率之间均存在显著的倒 U 形关系。从门槛值来看，资本密集型（0.7718）＞技术密集型（0.7319）。这一结论符合预期，对于技术密集型和资本密集型出口企业来说，一般较多投入高级劳动要素或专业技术人员，因此城市劳动力质量匹配耦合度的变化对技能密集型和资本密集型出口企业的调整弹性较大，而技术密集型出口企业较高的分工地位，也更有可能"放大"劳动力质量匹配耦合度的加成率效应，"更早"地抑制企业加成率提升。从系统协调度来看，城市系统协调度与技术密集型企业之间存在显著的 U 形关系，但对劳动密集型和资本密集型企业的影响效应不显著，可能的原因是随着农业剩余劳动力向城市非农产业转移，工资的上涨一方面使人们的需求重点转向了以耐用消费品为主的非生活必需品，另一方面会使企业倾向于用资本替代劳动力，使得具有发展水平属性的城市系统协调度对劳动密集型和资本密集型出口企业的加成率效应没有明显影响。

表 7-3　劳动力质量匹配对出口企业加成率的影响（分地区）

变量	(1)	(2)	(3)	(4)	(5)	(6)
	东部	中部	西部	东部	中部	西部
C	0.0328 (0.45)	0.8507*** (2.64)	0.2706 (0.65)			
$C2$	−0.0150 (−0.34)	−0.5229*** (−2.64)	−0.1354 (−0.51)			
D				−0.2863*** (−4.32)	−0.8069** (−2.21)	1.3967 (0.91)
$D2$				0.2278*** (4.18)	0.8564** (2.08)	1.7212 (1.10)
tfp	0.0521*** (42.81)	0.0508*** (10.64)	0.0383*** (4.94)	0.0521*** (42.82)	0.0509*** (10.64)	0.0380*** (4.92)
klratio	0.0787*** (30.28)	0.0738*** (6.32)	0.0476*** (3.13)	0.0787*** (30.31)	0.0747*** (6.37)	0.0473*** (3.12)
scale	−0.0001 (−0.07)	−0.0023 (−0.54)	0.0164** (2.48)	−0.0001 (−0.14)	−0.0024 (−0.58)	0.0160** (2.45)

续 表

变量	(1) 东部	(2) 中部	(3) 西部	(4) 东部	(5) 中部	(6) 西部
inputratio	−1.6132 *** (−136.01)	−1.8525 *** (−41.72)	−1.8454 *** (−29.40)	−1.6130 *** (−135.96)	−1.8525 *** (−41.68)	−1.8480 *** (−29.46)
ms	0.2006 *** (8.27)	−0.1648 (−1.44)	−0.5493 (−1.55)	0.2076 *** (8.58)	−0.1148 (−1.01)	−0.4697 (−1.32)
soe	−0.0143 *** (−4.30)	0.0008 (0.11)	0.0065 (0.63)	−0.0145 *** (−4.36)	0.0007 (0.10)	0.0072 (0.70)
age	−0.0027 *** (−3.08)	−0.0021 (−0.87)	−0.0032 (−0.84)	−0.0027 *** (−3.17)	−0.0021 (−0.89)	−0.0032 (−0.83)
hhi	−0.0184 (−1.05)	−0.1999 ** (−2.44)	−0.0325 (−0.24)	−0.0183 (−1.04)	−0.1959 ** (−2.39)	−0.0303 (−0.22)
fin	0.0010 *** (5.42)	0.0040 (0.61)	0.0002 (1.33)	0.0010 *** (5.38)	0.0042 (0.63)	0.0002 (1.41)
rgdp	0.0136 *** (5.83)	0.0149 (1.03)	−0.0102 (−0.34)	0.0133 *** (6.01)	0.0170 (1.13)	−0.0114 (−0.36)
常数项	1.7631 *** (20.70)	1.8443 *** (8.34)	2.5130 *** (7.78)	1.8683 *** (22.69)	2.3364 *** (13.33)	2.1087 *** (7.06)
时间固定	YES	YES	YES	YES	YES	YES
行业固定	YES	YES	YES	YES	YES	YES
地区固定	YES	YES	YES	YES	YES	YES
观测值	175542	12835	5582	175542	12835	5582
拟合优度	0.725	0.742	0.769	0.725	0.742	0.769

表7-4 劳动力质量匹配对出口企业加成率的影响(分要素密集度)

变量	(1) 劳动 密集	(2) 资本 密集	(3) 技术 密集	(4) 劳动 密集	(5) 资本 密集	(6) 技术 密集
C	0.1524 (1.52)	0.7988 ** (2.09)	0.1635 ** (2.54)			

变量	（1）劳动密集	（2）资本密集	（3）技术密集	（4）劳动密集	（5）资本密集	（6）技术密集
C2	−0.0776 （−1.30）	−0.5175** （−2.28）	−0.1117* （−1.78）			
D				−0.1274 （−1.49）	−0.0892 （−0.34）	−0.2515*** （−2.68）
D2				0.1156 （1.63）	0.0181 （0.08）	0.2255*** （2.90）
tfp	0.0630*** （37.83）	0.0234*** （4.31）	0.0393*** （22.36）	0.0631*** （37.82）	0.0235*** （4.33）	0.0394*** （22.37）
klratio	0.0867*** （24.35）	0.0459*** （4.47）	0.0646*** （16.58）	0.0868*** （24.38）	0.0465*** （4.51）	0.0645*** （16.59）
scale	−0.0008 （−0.60）	0.0142*** （3.00）	0.0010 （0.62）	−0.0007 （−0.49）	0.0144*** （3.05）	0.0008 （0.50）
inputratio	−1.5179*** （−94.49）	−1.9449*** （−37.34）	−1.7626*** （−104.49）	−1.5176*** （−94.42）	−1.9444*** （−37.30）	−1.7624*** （−104.49）
ms	0.1855*** （5.56）	−0.2121** （−2.06）	0.0394 （1.28）	0.1863*** （5.61）	−0.1978* （−1.91）	0.0470 （1.52）
soe	−0.0105** （−2.03）	0.0047 （0.43）	−0.0121*** （−3.29）	−0.0106** （−2.05）	0.0040 （0.37）	−0.0123*** （−3.33）
age	−0.0019 （−1.64）	−0.0078* （−1.84）	−0.0047*** （−4.02）	−0.0020* （−1.67）	−0.0078* （−1.82）	−0.0048*** （−4.15）
hhi	−0.0441 （−1.07）	−0.0059 （−0.10）	0.0049 （0.22）	−0.0438 （−1.07）	−0.0073 （−0.13）	0.0044 （0.19）
fin	0.0011*** （6.64）	0.0003*** （3.33）	−0.0002 （−0.12）	0.0011*** （6.63）	0.0003*** （3.53）	−0.0003 （−0.18）
rgdp	0.0209*** （6.45）	0.0292*** （2.91）	0.0189*** （5.75）	0.0213*** （6.78）	0.0257*** （2.64）	0.0152*** （4.82）
常数项	1.5114*** （26.38）	1.8078*** （9.27）	1.9325*** （33.61）	1.6122*** （32.83）	2.1737*** （17.13）	2.0944*** （43.76）
时间固定	YES	YES	YES	YES	YES	YES

续　表

变量	(1) 劳动密集	(2) 资本密集	(3) 技术密集	(4) 劳动密集	(5) 资本密集	(6) 技术密集
行业固定	YES	YES	YES	YES	YES	YES
地区固定	YES	YES	YES	YES	YES	YES
观测值	101986	7233	84498	101986	7233	84498
拟合优度	0.704	0.784	0.750	0.704	0.784	0.750

(三)分所有制类型回归结果

参考 Yu(2015)划分企业所有制类型的做法,表7-5汇报了分所有制类型的回归结果。研究发现,城市系统耦合度与国有企业和民营企业加成率之间存在显著的倒U形关系,而对外资企业影响不显著。一般来说,民营企业劳动力流动机制较为宽松,能够对劳动力投入与产业结构耦合变化自发调节,所以系统耦合度对民营企业加成率的影响更明显。而国有企业由于在规模、融资、待遇等方面具有天然优势,更易吸引到优质劳动力就业,使得劳动力质量匹配更强作用于企业绩效。外资企业往往具有更强的创新能力和创新基础,一方面,外资企业选址时大多存在人力资本偏向性,甚至会吸引高级人力资本向外资企业转移;另一方面,当城市劳动力质量匹配耦合度较低时,外资企业可通过向母公司学习先进的理念和生产技术,甚至共享人力资本,使城市系统耦合度对外资企业影响较小(王小洁等,2017;贺建风和张晓静,2018)。从系统协调度来看,城市系统协调度与外资企业加成率之间存在显著的U形关系,而对国有企业、民营企业影响不显著。一般来说,外资企业人力资本需求更高,只有高质量匹配才能有效提高外资企业加成率,而国有企业和民营企业由于创新惰性或创新动力不足等原因难以享受到劳动力质量匹配协调度提升带来的加成率红利。

表 7-5 劳动力质量匹配对出口企业加成率的影响（分所有制类型）

变量	(1) 国有企业	(2) 民营企业	(3) 外资企业	(4) 国有企业	(5) 民营企业	(6) 外资企业
C	1.3485*** (3.04)	0.3170* (1.92)	0.1917 (1.12)			
$C2$	−0.8197*** (−3.09)	−0.1939** (−1.97)	−0.1372 (−1.38)			
D				0.2608 (0.55)	0.2972 (1.63)	−0.3821*** (−2.80)
$D2$				−0.2505 (−0.52)	−0.2853 (−1.63)	0.3251*** (2.93)
tfp	0.0537*** (5.67)	0.0503*** (21.67)	0.0452*** (21.33)	0.0536*** (5.64)	0.0503*** (21.70)	0.0452*** (21.37)
klratio	0.0797** (2.35)	0.0806*** (17.34)	0.0603*** (12.57)	0.0784** (2.31)	0.0807*** (17.38)	0.0601*** (12.55)
scale	0.0114 (0.92)	−0.0111*** (−5.76)	0.0111*** (5.41)	0.0115 (0.93)	−0.0110*** (−5.71)	0.0109*** (5.34)
inputratio	−1.4439*** (−18.80)	−1.7188*** (−66.00)	−1.7533*** (−91.26)	−1.4432*** (−18.77)	−1.7188*** (−66.00)	−1.7532*** (−91.26)
ms	0.0717 (0.44)	−0.1439** (−2.20)	0.0265 (0.71)	0.0983 (0.59)	−0.1550** (−2.37)	0.0526 (1.41)
soe	−0.0017 (−0.25)	0.0134 (0.47)	0.0146 (1.60)	−0.0008 (−0.12)	0.0128 (0.45)	0.0141 (1.54)
age	0.0008 (0.13)	0.0036** (2.20)	−0.0049* (−1.86)	0.0007 (0.12)	0.0036** (2.21)	−0.0053** (−2.00)
hhi	0.0653 (0.52)	−0.0729 (−1.52)	−0.0276 (−0.94)	0.0576 (0.46)	−0.0719 (−1.50)	−0.0289 (−0.98)
fin	0.1091 (1.25)	0.0020*** (4.32)	−0.0008 (−0.42)	0.1052 (1.20)	0.0020*** (4.35)	−0.0009 (−0.46)
rgdp	−0.0112 (−0.51)	0.0436*** (4.72)	0.0189*** (3.83)	−0.0100 (−0.47)	0.0449*** (4.76)	0.0120** (2.50)

续　表

变量	(1)	(2)	(3)	(4)	(5)	(6)
	国有企业	民营企业	外资企业	国有企业	民营企业	外资企业
常数项	1.0729 ***	1.6644 ***	1.6309 ***	1.5400 ***	1.7029 ***	1.8654 ***
	(3.52)	(13.83)	(17.65)	(5.56)	(15.12)	(25.02)
时间固定	YES	YES	YES	YES	YES	YES
行业固定	YES	YES	YES	YES	YES	YES
地区固定	YES	YES	YES	YES	YES	YES
观测值	4879	34692	59750	4879	34692	59750
拟合优度	0.656	0.750	0.742	0.655	0.750	0.742

(四)分是否出口和贸易方式的回归结果

表 7-6 汇报了企业是否出口和不同贸易方式下的影响效应。具体来看，无论是出口企业还是非出口企业，城市系统耦合度与企业加成率之间均存在显著倒 U 形关系，并且出口企业门槛值(0.8990)明显大于非出口企业门槛值(0.8333)。一般来说，出口企业生产率较出口企业更高，因此需要更高水平的城市系统耦合度才能促进企业产生显著创新效应。另一方面，系统协调度与出口企业和非出口企业之间也存在显著的 U 形关系，出口企业门槛值(0.5840)显著大于非出口企业(0.4090)，即越高质量的劳动力投入和产业结构协调环境，越能显著促进企业加大研发投入。进一步地，对于从事一般贸易和加工贸易的企业来说，耦合度和协调度与企业加成率之间存在显著预期效应，并且加工贸易门槛值大于一般贸易。这种现象产生的原因可能在于加工贸易企业"两头在外"，通常从事产品组装、加工等低端环节，相对于一般贸易企业对人力资本需求弹性较小，城市劳动力质量匹配度提高会使得一般贸易企业较快地产生人力资本创新效应和研发效应。

表 7-6　劳动力质量匹配对出口企业加成率的影响(分是否出口和贸易方式)

变量	(1) 非出口	(2) 出口	(3) 非出口	(4) 出口	(5) 一般贸易	(6) 加工贸易	(7) 一般贸易	(8) 加工贸易
C	0.1540*** (3.39)	0.1104** (2.12)		0.1674*** (4.57)	0.1922*** (4.78)			
C2	-0.0924** (-3.37)	-0.0614** (-1.98)		-0.1064*** (-4.78)	-0.1140*** (-4.68)			
D			-0.2674*** (-6.79)	-0.1015** (-2.03)		-0.1419*** (-4.23)	-0.1243*** (-3.92)	
D2			0.3269*** (8.65)	0.0869* (1.99)		0.2067*** (6.44)	0.1680*** (5.70)	
tfp	0.0580*** (11.94)	0.0581*** (60.46)	0.0580*** (11.95)	0.0581*** (60.52)	0.0583*** (15.40)	0.0597*** (14.93)	0.0583*** (15.44)	0.0598*** (14.97)
klratio	0.0697*** (17.13)	0.0861*** (43.38)	0.0696*** (17.11)	0.0862*** (43.41)	0.0740*** (22.38)	0.0754*** (21.47)	0.0740*** (22.39)	0.0754*** (21.49)
scale	-0.0054*** (-2.69)	-0.0046*** (-5.66)	-0.0054*** (-2.68)	-0.0046*** (-5.63)	-0.0072*** (-4.44)	-0.0064*** (-3.76)	-0.0071*** (-4.43)	-0.0064*** (-3.74)
inputratio	-1.7039*** (-27.27)	-1.5560*** (-164.30)	-1.7040*** (-27.28)	-1.5558*** (-164.40)	-1.6807*** (-34.38)	-1.6473*** (-31.95)	-1.6806*** (-34.39)	-1.6470*** (-31.96)
ms	-0.0508*** (-3.75)	0.1587*** (10.27)	-0.0505*** (-3.72)	0.1612*** (10.45)	-0.0399*** (-3.49)	-0.0134 (-1.11)	-0.0392*** (-3.42)	-0.0128 (-1.06)

续 表

变量	(1) 非出口	(2) 出口	(3) 非出口	(4) 出口	(5) 一般贸易	(6) 加工贸易	(7) 一般贸易	(8) 加工贸易
soe	-0.0094*** (-6.23)	-0.0157*** (-6.64)	-0.0094*** (-6.25)	-0.0158*** (-6.67)	-0.0104*** (-7.76)	-0.0113*** (-7.90)	-0.0104*** (-7.75)	-0.0113*** (-7.90)
age	-0.0010*** (-2.66)	-0.0025*** (-4.12)	-0.0010*** (-2.75)	-0.0025*** (-4.18)	-0.0016*** (-4.86)	-0.0015*** (-4.36)	-0.0016*** (-4.90)	-0.0015*** (-4.44)
hhi	-0.0270** (-2.27)	-0.0095 (-0.63)	-0.0266** (-2.23)	-0.0095 (-0.63)	-0.0249** (-2.47)	-0.0129 (-1.21)	-0.0245** (-2.44)	-0.0128 (-1.19)
fin	0.0001 (1.24)	0.0008*** (5.62)	0.0001 (1.24)	0.0008*** (5.64)	0.0002* (1.74)	0.0002* (1.73)	0.0002* (1.74)	0.0002* (1.73)
rgdp	0.0256*** (10.13)	0.0287*** (13.64)	0.0223*** (8.89)	0.0286*** (13.90)	0.0318*** (14.71)	0.0390*** (20.14)	0.0283*** (13.15)	0.0370*** (19.14)
常数项	1.8764*** (37.10)	1.5595*** (46.89)	2.0213*** (33.58)	1.6367*** (53.57)	1.8201*** (43.73)	1.7230*** (39.81)	1.9372*** (40.88)	1.8419*** (37.76)
时间固定	YES	YES	YES	YES	YES	YES	YES	YES
行业固定	YES	YES	YES	YES	YES	YES	YES	YES
地区固定	YES	YES	YES	YES	YES	YES	YES	YES
观测值	676761	296198	676761	296198	880297	807780	880297	807780
拟合优度	0.713	0.706	0.713	0.706	0.712	0.703	0.712	0.703

四、影响渠道分析

（一）$C < C^*$ 阶段：系统耦合度的人力资本（生产率）效应大于工资成本效应

表 7-7 汇报了 $C < C^*$ 阶段系统耦合度对出口企业加成率的影响机制，第（1）—（2）列回归结果表明，系统耦合度提高将显著增加企业工资，而对企业研发投入影响不显著。城市劳动力投入和产业结构层次在一定范围内的提高显著降低了人力资本和产业结构间的动态差距，会有利于企业获得更高质量的劳动力，从而产生更大的"工资成本效应"。从第（4）—（5）列回归结果来看，出口企业人力资本的提高会显著提升企业的生产效率，进而提高企业加成率。也就是说，城市系统耦合度提高产生的生产率提升效应能够弥补甚至超过工资成本提升效应，因此城市系统耦合度提高会显著提升出口企业加成率。为进一步确认工资和研发投入是否为系统耦合度影响企业加成率的中介变量，有必要进行 Sobel 检验。结果表明，企业工资和研发投入是城市系统耦合度作用于企业加成率的有效中介，并且中介效应占系统耦合度产生的总加成率效应的 28%。

表 7-7　系统耦合度对出口企业加成率的影响机制（$C < C^*$ 阶段回归结果）

变量	(1)	(2)	(3)	(4)	(5)	(6)
	pwage	rd	mkp	tfp	quality	mkp
C	2.7199** (2.23)	−1.2029 (−1.58)	0.0479 (1.43)			
pwage			−0.0040*** (−12.36)	0.0115*** (6.92)	0.0003 (1.39)	−0.0038*** (−10.26)
rd			0.0004* (1.74)			
tfp						0.0611*** (16.36)

续　表

变量	(1)	(2)	(3)	(4)	(5)	(6)
	pwage	rd	mkp	tfp	quality	mkp
quality						−0.0023 (−0.35)
klratio	13.7038*** (6.91)	−0.3750*** (−3.40)	0.0747*** (9.56)	−0.8629*** (−21.85)	−0.0318*** (−4.39)	0.1215*** (16.89)
scale	0.1021 (0.44)	0.3993*** (6.79)	0.0106*** (3.15)	0.3549*** (22.16)	0.0181*** (5.66)	−0.0087*** (−3.64)
inputratio	−1.5910 (−1.09)	0.1038 (0.44)	−1.6452*** (−41.80)	−4.1897*** (−48.27)	0.0107 (0.79)	−1.5481*** (−49.33)
ms	−27.2190*** (−2.96)	−3.8594 (−1.44)	−0.2310 (−1.61)	−2.5587*** (−4.72)	−0.2034 (−1.21)	−0.1370 (−1.33)
soe	0.4744 (1.39)	0.0220 (0.11)	−0.0053 (−0.61)	−0.0810* (−1.94)	0.0086 (0.85)	−0.0107* (−1.77)
age	−0.1098 (−0.80)	−0.0679 (−1.25)	−0.0070*** (−2.68)	−0.0018 (−0.20)	0.0021 (0.84)	−0.0063*** (−3.50)
hhi	−1.0981 (−0.45)	2.2261* (1.90)	−0.1421** (−2.39)	−0.9346*** (−3.05)	−0.0658 (−0.95)	−0.0118 (−0.33)
fin	1.3779*** (3.17)	0.0363 (0.37)	0.0065** (2.07)	0.0366** (2.51)	0.0100** (2.35)	0.0046 (1.47)
rgdp	−1.0133 (−0.75)	−0.1115 (−0.24)	−0.0078 (−0.30)	0.2550** (2.32)	−0.0839*** (−2.71)	0.0106 (0.62)
常数项	9.8709 (0.76)	−1.1912 (−0.27)	2.4162*** (9.99)	6.5835*** (6.27)	1.3947*** (4.58)	1.8745*** (11.35)
时间固定	YES	YES	YES	YES	YES	YES
行业固定	YES	YES	YES	YES	YES	YES
地区固定	YES	YES	YES	YES	YES	YES
观测值	26380	21354	21354	26128	24155	23939
拟合优度	0.169	0.025	0.728	0.456	0.039	0.771

（二）$C>C^*$ 阶段：低质量耦合效应会抑制高效率企业绩效

表7-8汇报了 $C>C^*$ 阶段系统耦合度对出口企业加成率的影响机制。考虑到人力资本系统和产业结构层级发展水平的差异性，第（1）列中采用系统耦合度和企业生产率的交互项区分系统耦合度对不同生产率企业的异质性效应，发现当企业生产率跨越门槛值后，随着企业生产率的提高，耦合度会抑制加成率的提升，而当企业生产率低于门槛值后，企业加成率会随耦合度的提高而提高。进一步地，第（2）—（5）列为低生产率出口企业样本的中介效应结果[1]，表明随着"人力资本—产业结构"系统耦合度进一步提高，企业的用工成本会随着劳动力质量的提升和产业结构配置效率的改善而降低，从而产生负向工资成本效应。如果人力资本生产率抑制效应小于工资成本节约效应[2]，将会对低生产率企业产生正向加成率效应。第（6）—（9）列为高生产率企业的机制分析，发现系统耦合度的提高显著降低了企业工资成本，人力资本不足导致的生产率抑制效应会严重弱化高生产率企业的盈利水平。[3] 也就表明，第一，高生产率企业相对于低生产率企业需要更高质量的人力资本，如果人力资本弱化产生的创新抑制效应大于研发的创新促进效应，将使高生产率企业加成率下降。第二，如果城市系统耦合度不能满足高生产率企业的发展，将使高生产率企业创新力不足，不利于企业生产率提升和产品质量提高，从而陷入劳动力匹配低质量耦合锁定。第三，加大研发投入是企业应对劳动力匹配低质量耦合的理性举措，能有效促进企业突破宏观环境的桎梏而进行创新升级。

---

[1]　中介效应模型的程序分为三步进行：第一，因变量对基本自变量进行回归；第二，将中介变量对基准自变量进行回归；最后，将因变量同时对基本自变量和中介变量进行回归。

[2]　在中介效应检验中，系统耦合度并没有产生显著的研发效应，这里的人力资本创新抑制效应指的是人力资本弱化产生的负向生产率效应和产品质量效应。

[3]　Sobel检验结果表明，工资成本和研发投入是系统耦合度影响加成率的有效中介。对于低生产率企业来说，由成本节约导致的创新效应低于 5%，人力资本的创新效应显著小于工资成本效应。而对于高生产率企业来说，由于人力资本弱化导致的创新抑制效应达到48.2%，将显著不利于企业加成率提升。

表 7-8 系统耦合度对出口企业加成率的影响机制（C>C* 阶段回归结果）

变量	低生产率组					高生产率组			
	(1)	(2)	(3)	(4)	(5)	(6)	(7)	(8)	(9)
	mkp	pwage	rd	tfp	quality	pwage	rd	tfp	quality
C	0.2784*** (4.10)	-0.6673** (-2.51)	0.2150 (1.14)		-1.5643** (-2.38)	-0.6046 (-1.27)			
ctfp	-0.0394*** (-3.99)								
pwage				0.0075*** (8.84)	0.0004*** (4.72)		0.0024*** (6.81)	0.0000 (0.87)	
rd				0.0073*** (3.58)	0.0009** (1.99)		0.0069* (7.15)	0.0007* (1.96)	
tfp	0.0136 (1.44)								
klratio	0.0779*** (27.08)	16.9705*** (15.78)	-0.0556* (-1.89)	-0.6947*** (-31.24)	-0.0323*** (-9.45)	37.1165*** (10.15)	-0.3194*** (-3.55)	-0.5125*** (-19.68)	-0.0316*** (-5.17)
scale	0.0018 (1.56)	-0.3326** (-2.23)	0.1367*** (9.05)	0.2838*** (32.66)	0.0240*** (15.88)	-0.4140 (-0.98)	0.3629*** (9.45)	0.3192*** (35.98)	0.0206*** (9.63)
inputratio	-1.6436*** (-132.29)	-1.0340** (-1.98)	0.1200** (2.03)	-4.2830*** (-96.46)	0.0180*** (3.02)	-4.1772*** (-3.86)	-0.0983 (-0.84)	-3.0595*** (-85.48)	-0.0034 (-0.48)
ms	0.1089*** (4.72)	13.6185*** (4.91)	0.1653 (0.59)	-0.5775*** (-4.27)	0.1154*** (3.92)	11.2455 (1.59)	-0.0511 (-0.07)	-0.2889** (-2.56)	0.0648* (1.67)

续　表

变量	低生产率组					高生产率组			
	(1)	(2)	(3)	(4)	(5)	(6)	(7)	(8)	(9)
	mkp	pwage	rd	tfp	quality	pwage	rd	tfp	quality
soe	-0.0098*** (-2.89)	0.4916 (1.13)	-0.1806** (-1.96)	-0.0123 (-0.37)	0.0083 (1.19)	0.2879 (0.46)	-0.1550 (-1.31)	-0.0480*** (-2.72)	-0.0087 (-1.31)
age	-0.0025** (-2.50)	0.5333*** (3.75)	0.0134 (0.73)	0.0302*** (3.74)	-0.0031* (-1.74)	0.9046*** (4.17)	0.0025 (0.06)	-0.0089 (-1.40)	0.0008 (0.39)
hhi	-0.0226 (-1.16)	0.6354 (0.31)	0.4946 (1.39)	-0.0776 (-0.69)	0.0301 (1.05)	-2.0780 (-0.54)	0.6483 (0.91)	0.1406 (1.25)	-0.0734* (-1.77)
fin	0.0006*** (2.65)	0.3954*** (2.85)	0.0093 (0.92)	-0.0085*** (-2.58)	0.0024 (0.69)	0.2804*** (3.11)	0.0145 (1.02)	0.0218** (2.50)	0.0008 (0.56)
rgdp	0.0177*** (7.59)	-1.1309*** (-5.11)	0.0010 (0.03)	0.0056 (0.43)	0.0152*** (5.92)	-3.0406*** (-4.58)	0.0361 (0.48)	0.1135*** (9.10)	0.0183*** (4.86)
常数项	2.0604*** (18.38)	-0.6767 (-0.08)	-1.1039** (-2.54)	5.9805*** (31.37)	0.4045*** (10.06)	3.3643 (0.13)	-5.3359** (-2.43)	5.3076*** (33.02)	0.1863* (1.74)
时间固定	YES	YES	YES	YES	YES	YES	YES	YES	YES
行业固定	YES	YES	YES	YES	YES	YES	YES	YES	YES
地区固定	YES	YES	YES	YES	YES	YES	YES	YES	YES
观测值	167831	100222	82502	83290	78920	70409	58821	57312	55142
拟合优度	0.726	0.143	0.004	0.426	0.016	0.124	0.021	0.488	0.018

(三)$D < D^*$ 阶段:致使低效率企业陷入创新惰性

与系统耦合度不同的是,系统协调度衡量的是城市劳动力投入与产业结构的匹配质量。表 7-9 汇报了 $D < D^*$ 阶段融合城市劳动力投入和产业结构发展水平的系统协调度对出口企业加成率的影响机制。第(1)列结果表明,系统协调度对出口企业加成率的影响会随着企业生产率的不同而产生异质性影响,当企业生产率跨越某个门槛时,加成率会随着系统协调度的提高而提高,而当企业生产率低于该门槛时,随着系统协调度的提高,企业加成率会显著降低。但从根据生产率水平分组回归的结果来看,第(6)列显示系统协调度对高效率企业的影响为负但不显著,也就是说当系统协调度较低时,并不能对高生产率企业产生显著影响。系统协调度是体现城市劳动力质量环境的宏观变量,而生产率较高的企业通常表现为具有较强的自主创新能力和条件,不容易受到所在城市宏观环境的影响。但从第(2)—(5)列结果来看,系统协调度对低生产率企业影响显著,具体表现为低质量的劳动力匹配协调度会使低效率企业产生创新惰性,不利于研发投入增加。[①] 创新惰性是企业技术创新的选择行为,对于低生产率企业来说,在成本竞争创新环境导向下,一方面,系统协调度较低产生的要素成本竞争优势使企业倾向于选择提高生产率且易于模仿的简单创新,从而惰于对研发进行投入;另一方面,系统协调度较低的"温室效应"环境会延缓企业对创新压力的感知,从而减弱企业选择高难度研发的动力,致使企业创新选择低端化(万道侠和胡彬,2018)。根据第(3)列结果,当加入中介变量 rd 时,D 的系数不再显著,说明 rd 是协调度影响加成率的完全有效中介。

---

① 根据中介效应模型,同样检验了系统协调度对企业工资的影响效应,发现在 $D < D^*$ 阶段,系统协调度不会影响低效率企业的平均工资。说明当城市人力资本和产业结构匹配趋于稳定状态时,影响企业加成率的关键因素更侧重于创新行为。

表 7-9 系统协调度对出口企业加成率的影响机制($D<D^*$ 阶段回归结果)

变量	(1)	(2)	(3)	(4)	(5)	(6)
	全样本	低生产率组				高生产率组
	mkp	rd	mkp	tfp	mkp	mkp
D	−0.3091*** (−2.68)	−0.0845** (−2.17)	0.0314 (1.02)		−0.0242 (−0.20)	
dtfp	0.0351** (2.13)					
rd			0.0008*** (3.14)	0.0145*** (11.53)	−0.0001 (−0.52)	
tfp	0.0743*** (9.62)			0.0624*** (37.02)		
klratio	0.0812*** (26.06)	−0.2383*** (−5.86)	0.0469*** (14.33)	−0.6814*** (−32.65)	0.0895*** (26.06)	0.1274*** (4.86)
scale	−0.0055*** (−4.51)	0.3501*** (16.76)	0.0153*** (11.53)	0.3655*** (46.35)	−0.0075*** (−5.65)	−0.0109* (−1.65)
inputratio	−1.6383*** (−106.28)	0.1737* (1.87)	−1.8232*** (−130.62)	−4.3175*** (−99.55)	−1.5539*** (−89.68)	−1.7340*** (−21.04)
ms	−0.1367*** (−3.85)	0.1959 (0.30)	−0.2204*** (−5.49)	−1.9926*** (−10.61)	−0.1017*** (−2.73)	−0.4057** (−2.24)
soe	−0.0073** (−2.05)	−0.2043** (−2.55)	−0.0128*** (−2.92)	−0.0582*** (−2.61)	−0.0092** (−2.25)	0.0107 (1.30)
age	−0.0032*** (−3.38)	−0.0264 (−1.26)	−0.0026** (−2.20)	0.0125** (2.13)	−0.0034*** (−3.07)	−0.0105** (−2.44)
hhi	−0.0791*** (−3.21)	1.0289 (1.63)	−0.0843*** (−3.08)	−0.2088 (−1.59)	−0.0714*** (−2.75)	0.0359 (0.44)
fin	0.0007** (2.47)	−0.0003 (−0.13)	0.0014*** (4.74)	0.0033 (0.94)	0.0012*** (5.77)	0.0058 (1.48)
rgdp	0.0380*** (6.58)	0.3189*** (3.13)	0.0609*** (8.97)	0.4451*** (12.97)	0.0350*** (5.86)	0.0457 (1.38)
常数项	1.3269*** (12.22)	−6.0268*** (−6.44)	1.6346*** (9.30)	3.6476*** (3.91)	1.4057*** (11.32)	2.4193*** (7.36)

续　表

变量	(1)	(2)	(3)	(4)	(5)	(6)
	全样本	低生产率组				高生产率组
	mkp	rd	mkp	tfp	mkp	mkp
时间固定	YES	YES	YES	YES	YES	YES
行业固定	YES	YES	YES	YES	YES	YES
地区固定	YES	YES	YES	YES	YES	YES
观测值	101315	82242	82242	82242	82242	5690
拟合优度	0.726	0.016	0.682	0.445	0.711	0.713

(四)$D > D^*$阶段:高质量耦合有利于企业创新升级

表 7-10 汇报了 $D > D^*$ 阶段系统协调度对出口企业加成率的影响机制,第(1)—(2)列结果表明,劳动力质量匹配协调度越高,越会提高企业工资水平和研发投入。根据 Sobel 检验结果,研发创新效应和人力资本工资效应分别占总效应的 2.4% 和 17.0%,说明在高质量耦合阶段,系统协调度对出口企业加成率的影响更多体现为创新效应,当创新激励效应大于成本效应时,出口企业加成率会随着系统协调度的提高而提高。而在劳动力投入和产业结构匹配阶段,系统耦合度对企业加成率的影响更多会受工资效应影响。进一步地,对 rd 创新效应进行更深一步分析,从(4)—(7)列结果可看出,研发投入能显著提高企业生产率水平、产品质量和产品创新,并且呈现出完全中介特征。总的来说,城市劳动力匹配质量是影响企业创新的重要因素,通过创新升级能够让企业获得城市人力资本环境的正外部性优势,从而促进高质量发展。

表 7-10　系统协调度对出口企业加成率的影响机制($D > D^*$ 阶段回归结果)

变量	(1)	(2)	(3)	(4)	(5)	(6)
	rd	mkp	tfp	quality	new	mkp
D	0.1845**	−0.0242				
	(2.53)	(−0.94)				

续　表

变量	(1) rd	(2) mkp	(3) tfp	(4) quality	(5) new	(6) mkp
rd		0.0009*** (2.66)	0.0088*** (6.03)	0.0008** (2.33)	0.0830*** (8.80)	0.0004 (1.33)
tfp						0.0548*** (25.91)
quality						−0.0180*** (−3.47)
new						0.0008*** (2.88)
klratio	−0.2138*** (−4.72)	0.0458*** (9.17)	−0.7476*** (−30.56)	−0.0271*** (−7.51)	−0.2164*** (−3.70)	0.0871*** (17.42)
lnscale	0.3015*** (12.57)	0.0245*** (12.20)	0.4392*** (47.27)	0.0249*** (15.53)	0.2305*** (8.13)	0.0022 (1.14)
inputratio	−0.0005 (−0.01)	−1.6069*** (−66.45)	−4.3647*** (−111.06)	−0.0068 (−1.45)	0.1611* (1.96)	−1.5451*** (−82.04)
ms	−0.1411 (−0.34)	0.4604*** (14.05)	−0.0741 (−0.59)	0.1511*** (5.61)	0.9484* (1.87)	0.4028*** (13.00)
soe	−0.1430 (−1.18)	−0.0072 (−1.10)	−0.0457* (−1.77)	−0.0038 (−0.59)	−0.2653* (−1.81)	−0.0126* (−1.84)
age	−0.0071 (−0.22)	−0.0024 (−1.15)	0.0396*** (4.33)	0.0024 (1.22)	−0.0175 (−0.47)	−0.0041** (−2.08)
hhi	0.4154 (0.89)	0.0070 (0.23)	0.1298 (1.04)	−0.0621** (−2.00)	0.4517 (0.96)	−0.0039 (−0.13)
fin	0.0408* (1.72)	0.0009 (0.71)	0.0169* (1.91)	0.0011 (0.80)	0.0701 (1.08)	0.0010 (0.52)
rgdp	−0.0101 (−0.29)	−0.0072** (−2.49)	−0.0088 (−0.77)	0.0118*** (5.25)	−0.0791** (−2.06)	−0.0078*** (−2.86)
常数项	−2.1507*** (−4.76)	2.1414*** (48.03)	5.3286*** (35.47)	0.2515*** (8.86)	−2.0019*** (−4.04)	1.9782*** (53.42)
时间固定	YES	YES	YES	YES	YES	YES

续　表

变量	(1)	(2)	(3)	(4)	(5)	(6)
	rd	mkp	tfp	quality	new	mkp
行业固定	YES	YES	YES	YES	YES	YES
地区固定	YES	YES	YES	YES	YES	YES
观测值	75600	75600	75778	72616	77071	71437
拟合优度	0.011	0.683	0.519	0.019	0.018	0.714

第四节　稳健性检验

一、基于建立国家级经济技术开发区的准自然实验(倍差法)

为控制内生性影响,基于设立国家级经济技术开发区的准自然实验进行双重差分。经济技术开发区是中国地区经济集聚的重要载体,设立目的是发展知识密集型和技术密集型行业中的制造加工业。一般来说,设立经济技术开发区存在两种效应:一是优惠的人才政策会吸引包括优质人力资本在内的创新资源,通过加速知识流动扩散,提高企业创新概率;二是税收优惠政策和财政补贴降低了开发区企业的内源融资约束和研发风险,通过提升劳动生产率实现要素从低效率部门向高效率部门转移,从而实现产业结构动态升级(Ngai and Pissarides,2007;Krüger,2008)。尽管如此,现实中技术创新不足和创新效率低下仍是阻碍开发区发展的重要问题,引才育才机制不完善、产业配套能力不足、"假伪型"技术创新、科技成果低效率转换等问题挤压了开发区内高端人力资本的投入空间,严重制约了产业结构高级化质量提升(袁航和朱承亮,2018;顾新一,1997;李凯等,2007)。

根据2007年3月发布的《中国开发区审核公告目录》(2006年版),截至

2006 年,我国共设立国家级经济技术开发区 49 个[①],由于大部分开发区设立时间在 20 世纪 90 年代,所以在剔除非样本期间内设立开发区的城市后,对 2001 年新设立国家级开发区的太原、南宁、拉萨、银川这 4 座城市进行准自然实验[②],并设立为处理组(treat=1),将处理后样本内未设立国家级开发区的企业作为控制组(treat=0),时间虚拟变量设为 2001 年以后(post=1)。[③] 此时核心变量 treat×post 可表示因城市设立国家级经济技术开发区对被解释变量的边际效应。为了清晰起见,将新设立国家级开发区的企业在两个时期的加成率变化量表示为 $\Delta\text{markup}_{ijt}^{1}$,未设立国家级开发区的企业在两个时期的加成率变化率表示为 $\Delta\text{markup}_{ijt}^{0}$,所以实验组企业平均处理效应用如下式子表示:

$$\Omega = E(\Delta\text{markup}_{ijt}^{1} \mid x, \text{treat} = 1) - E(\Delta\text{markup}_{ijt}^{0} \mid x, \text{treat} = 1)$$

$$(7\text{-}2)$$

但上式中 $E(\Delta\text{markup}_{ijt}^{0} \mid x, \text{treat} = 1)$ 表示新设立国家级开发区城市的企业在没有设立国家级开发区时加成率的变化,这是一种"反事实"情形。因此,根据企业规模、企业年龄、资本劳动比、国有资本占比、行业竞争程度等特征变量,采用倾向评分匹配法为新设立国家级开发区城市的企业寻找对照组(即在未设立国家级开发区城市的企业中寻找),以解决可能存在的选择性偏误问题。假定匹配后,得到与实验组企业相配对的对照组企业集合为 $\Phi(i)$,它们的加成率变化量 $E(\Delta\text{markup}_{ijt}^{0} \mid x, \text{treat} = 1)$ 可作为 $E(\Delta\text{markup}_{ijt}^{0} \mid x, \text{treat} = 1)$ 的较好替代。因此,上式可转化为:

---

①　国家级开发区和省以下开发区存在的主要差异在于所得税优惠程度,因此设立国家级开发区城市的企业绩效受税收的影响会更小,越有利于人力资本向开发区集聚。并且国家级开发区的批准单位是国务院,而其他开发区的审批单位是各级地方政府,企业并不知道国务院批准国家级开发区的时间,因此设立国家级开发区对于企业来说相对外生。

②　除 2002 年在南京和兰州新设立国家级开发区外,样本期间内其他年份均无国家级开发区设立情况。

③　4 座城市国家经济技术开发区批准设立的时间均为 2001 年下半年,且建立开发区需要时间成本,难以在当年立即产生经济效应。因此将时间虚拟变量设为 2002 年。

$$\Omega = E(\Delta\text{markup}_{ijt}^1 \mid x, \text{treat} = 1) - E(\Delta\text{markup}_{ijt}^0 \mid x, \text{treat} = 0, i \in \Phi(i))$$
$$(7\text{-}3)$$

更进一步,建立以下计量方程进行经验检验:

$$\text{markup}_{ijt} = Z_0 + Z_1 \text{post} + Z_2 \text{treat} + Z_3 \text{treat} \times \text{post}$$
$$+ \varphi_1 Z_{ijt} + \varphi_2 Z_{jt} + \varphi_3 Z_{ct} + \delta_j + \delta_c + \delta_t + \varepsilon_{ijt}$$
$$(7\text{-}4)$$

实证结果如表 7-11 所示。从第(1)—(2)列来看,设立国家级开发区对城市"人力资本—产业结构"综合协调指数的影响显著为正,而对系统耦合度的系数却显著为负,说明设立国家级开发区的城市尽管表现为更高劳动力投入和产业结构水平,但由于没有促进两者协调发展,导致设立国家级开发区的城市的系统协调度显著下降,与袁航和朱承亮(2018)等的研究结论基本一致。但从设立国家级开发区的城市的企业绩效来看,其绩效显著提升,原因在于尽管劳动力质量匹配的协调度不高,可能会弱化企业研发投入,但由于园区产业集聚效应降低了企业劳动力成本,可能使得企业加成率更高,与前文机制分析基本吻合。这也说明,中国早期设立开发区的盈利根源并非依靠集聚获得更高端的创新基础或创新链,而是依赖于廉价的要素成本。为保证准自然实验的有效性,第(6)—(7)列进行了安慰剂检验,其中第(6)列将企业加成率滞后 1 期,核心变量系数不再显著,说明这一反事实假设不成立。第(7)列将时间虚拟变量设为 2001 年,结果证实虚拟交互项(treat×post01)系数不显著,即在准自然实验前,控制组和处理组具有共同趋势,并不存在明显的预期效应,因此这一组准自然实验具有一定的有效性。

二、基于工业企业新数据的回归结果

为了防止数据年限过早而可能出现时效性和选择性偏误问题,这里采用 2008 年以后的工业企业数据进行稳健性检验。根据 DLW 法测算框架,使用中间品投入最优化生产成本,但由于 2008 年工业企业数据质量问题,缺失中间品投入数据,因此无法通过严谨的 DLW 法测算企业加成率。结合实际情况,放宽 DLW 法基本假定对企业加成率进行尝试性测算,选取劳动力投入作为特定要素测算加成率。由于 2008 年和 2011—2013 年均含有工业企业从业

表7-11　基于国家级经济技术开发区的准自然实验回归结果

变量	(1) T	(2) D	(3) mkp	(4) pwage	(5) rd	(6) lmkp	(7) mkp
treat×post	0.0148*** (14.83)	-0.0054*** (-6.15)	0.0133** (2.30)	-1.6209*** (-2.92)	-0.1135 (-1.61)	0.0079 (0.83)	
reat×post01							-0.0630 (-1.41)
treat	0.0137*** (8.23)	0.0430*** (29.19)	-0.0763* (-1.70)	2.4286 (1.03)	-0.0656 (-0.17)	-0.2312** (-2.57)	
post	-0.0104*** (-13.07)	-0.0033*** (-4.72)	-0.2148*** (-75.17)	15.2386*** (36.37)	0.0868** (2.48)	0.0717*** (13.86)	
tfp	0.0011*** (12.66)	0.0001 (1.12)	0.0592*** (54.01)	3.2325*** (19.25)	0.1035*** (22.36)	0.0235*** (28.40)	0.0592*** (54.01)
klratio	0.0045*** (18.84)	0.0030*** (12.97)	0.0778*** (58.87)	13.2553*** (7.62)	-0.1359*** (-11.22)	0.0182*** (8.84)	0.0779*** (58.88)
scale	-0.0018*** (-15.66)	-0.0008*** (-7.80)	-0.0058*** (-9.38)	-0.4816* (-1.90)	0.2065*** (31.56)	0.0095*** (10.28)	-0.0058*** (-9.39)
inputratio	0.0014** (2.26)	-0.0018*** (-3.19)	-1.7045*** (-115.83)	10.4211*** (16.41)	0.4945*** (14.99)	0.0926*** (12.69)	-1.7045*** (-115.83)
ms	-0.2224*** (-62.47)	-0.0957*** (-29.61)	-0.0782*** (-6.52)	-20.5676*** (-15.98)	0.1846 (1.15)	-0.3384*** (-14.73)	-0.0792*** (-6.61)

续 表

变量	(1) T	(2) D	(3) mkp	(4) pwage	(5) rd	(6) lmkp	(7) mkp
soe	-0.0036*** (-12.44)	-0.0017*** (-5.25)	-0.0126*** (-7.88)	0.2875** (2.03)	-0.0861*** (-4.16)	-0.0099*** (-3.44)	-0.0126*** (-7.89)
age	-0.0014*** (-15.49)	-0.0006*** (-6.86)	-0.0015*** (-4.00)	0.1298*** (3.96)	-0.0089 (-1.61)	0.0017** (2.11)	-0.0015*** (-4.00)
hhi	-0.0041 (-1.20)	-0.0037 (-1.19)	-0.0317** (-2.56)	-30.7793 (-1.05)	0.2402 (1.14)	-0.0267 (-1.05)	-0.0317** (-2.55)
fin	-0.0000 (-1.15)	-0.0000 (-0.71)	0.0001 (1.61)	0.0353*** (2.97)	0.0002 (0.48)	-0.0001 (-0.84)	0.0001 (1.61)
rgdp	0.0319*** (80.96)	0.0309*** (105.82)	0.0455*** (26.97)	-3.0281*** (-9.60)	-0.1023*** (-5.15)	0.0312*** (10.02)	0.0454*** (26.95)
常数项	-0.0086** (-2.08)	0.1689*** (50.53)	1.6623*** (65.40)	-4.1746** (-2.01)	-1.3747*** (-5.89)	0.7344*** (19.83)	1.6630*** (65.44)
时间固定	YES	YES	YES	YES	YES	YES	YES
行业固定	YES	YES	YES	YES	YES	YES	YES
地区固定	YES	YES	YES	YES	YES	YES	YES
观测值	582087	582087	603294	603294	516538	532950	603294
拟合优度	0.506	0.364	0.706	0.057	0.011	0.011	0.706

人数和工资总额信息,可通过优化劳动力要素投入实现成本最小化,得到企业层面加成率估计值。[①] 但由于通过这种方法测算的加成率与基准回归中使用的变量存在本质差别,所以无法直接以 2007 年之前的数据进行比较,因此这里回归样本年份限于 2008 年、2011—2013 年。表 7-12 汇报了基于工业企业新数据的回归结果。第(1)列显示,在其他条件不变的情况下,系统耦合度与企业加成率正相关,而在基准回归中这一系数为负,原因在于新样本期间的劳动力匹配质量显著提高。尽管如此,仍然可以发现,系统耦合度与企业加成率呈倒 U 形关系,系统协调度与企业加成率呈 U 形关系,但两者的门槛值均出现右移,说明尽管劳动力匹配程度和质量在不断提升,但由于劳动力投入水平滞后于产业转型需求,劳动力质量结构与产业技术能力错配依然是制约中国制造业企业高质量发展的重要因素。总体而言,这一部分结论与基准结果一致,说明本章结论满足样本年份的稳健性。

表 7-12　基于工业企业新数据的回归结果

变量	(1)	(2)	(3)	(4)	(5)	(6)
	mkp	mkp	mkp	mkp	mkp	mkp
C	0.0383*** (6.71)	0.3532*** (5.31)	0.2371*** (3.42)			
C2		−0.2314*** (−5.92)	−0.1088*** (−2.64)			
D				0.1594*** (17.51)	−0.6876*** (−4.65)	−1.0383*** (−4.64)
D2					0.4589*** (11.56)	0.6732*** (3.19)
lp	0.1177*** (56.36)	0.1177*** (56.34)	0.1156*** (55.10)	0.1168*** (56.04)	0.1166*** (55.96)	0.1154*** (55.00)
klratio	−0.0504*** (−25.17)	−0.0502*** (−25.05)	−0.0409*** (−20.29)	−0.0487*** (−24.28)	−0.0480*** (−23.90)	−0.0404*** (−20.09)

① 由于数据限制,这里采用劳动力生产率(lp)代替企业生产率(tfp)。

续　表

变量	(1)	(2)	(3)	(4)	(5)	(6)
	mkp	mkp	mkp	mkp	mkp	mkp
scale	0.0583 *** (92.81)	0.0585 *** (93.00)	0.0654 *** (99.99)	0.0594 *** (94.00)	0.0598 *** (94.08)	0.0656 *** (100.09)
soe	0.0025 (0.82)	0.0024 (0.79)	−0.0068 ** (−2.30)	0.0019 (0.65)	0.0020 (0.68)	−0.0069 ** (−2.32)
age	−0.0128 *** (−17.12)	−0.0127 *** (−16.92)	−0.0016 ** (−2.06)	−0.0109 *** (−14.54)	−0.0105 *** (−13.93)	−0.0016 ** (−2.08)
hhi	0.0126 *** (6.11)	0.0125 *** (6.04)	0.0012 (0.59)	0.0120 *** (5.82)	0.0116 *** (5.61)	0.0010 (0.49)
fin	−0.0003 ** (−2.41)	−0.0003 ** (−2.39)	−0.0002 ** (−2.02)	−0.0003 ** (−2.31)	−0.0002 ** (−2.29)	−0.0002 ** (−2.01)
rgdp	−0.0000 *** (−24.50)	−0.0000 *** (−24.92)	0.0000 *** (8.44)	−0.0000 *** (−17.94)	−0.0000 *** (−17.61)	0.0000 *** (8.96)
常数项	0.5355 *** (66.37)	0.6971 *** (24.47)	0.3465 *** (11.56)	0.4736 *** (55.50)	0.3227 *** (20.38)	0.4561 *** (26.72)
时间固定	NO	NO	YES	NO	NO	YES
行业固定	NO	NO	YES	NO	NO	YES
地区固定	NO	NO	YES	NO	NO	YES
观测值	1660341	1660341	1660341	1660341	1660341	1660341
拟合优度	0.0316	0.0316	0.0344	0.0319	0.0320	0.0344

三、替代主要变量的回归结果

这里对主要变量采用替代指标进行稳健性检验。首先,对加成率进行替代,根据 Domowitz 等(1986)的思路,采用会计法测算加成率进行稳健性检验,回归结果报告在表 7-13 第(1)—(2)列,结果表明系统耦合度与加成率之间存在显著的倒 U 形关系,而系统协调度与加成率之间存在显著的 U 形关系,与基准模型结果保持一致。其次,对创新变量进行代替。前文中企业创新行为以 rd 为代理变量,但由于数据年份缺失和创新程度不明等潜在问题,选

表 7-13 劳动力质量匹配的加成率效应替换变量稳健性检验

变量	全样本			$D<D^*$			$D>D^*$	
	(1)	(2)	(3)	(4)	(5)	(6)	(7)	(8)
	mkp_ac	mkp_ac	invention	utility	design	invention	utility	design
C	0.1360*** (4.15)							
C2	-0.0861*** (-4.34)							
D		-0.1020*** (-3.83)	-0.0924* (-1.73)	-0.0399 (-0.83)	0.0666 (1.22)	0.0353*** (5.87)	0.0232*** (2.95)	0.0013 (0.15)
D2		0.1343*** (5.47)						
tfp	0.0472*** (14.62)	0.0472*** (14.66)						
klratio	0.0655*** (22.93)	0.0655*** (22.97)	-0.0058*** (-3.02)	-0.0050** (-2.11)	-0.0022 (-0.80)	-0.0054*** (-9.89)	-0.0064*** (-9.47)	-0.0039*** (-5.23)
scale	-0.0071*** (-5.00)	-0.0071*** (-5.00)	0.0036*** (2.71)	0.0070*** (3.47)	0.0036** (2.01)	0.0069*** (18.21)	0.0075*** (18.13)	0.0058*** (12.93)
inputratio	-1.6016*** (-39.05)	-1.6014*** (-39.07)	-0.0084 (-1.42)	-0.0087 (-1.42)	0.0051 (0.89)	-0.0023* (-1.79)	-0.0005 (-0.35)	-0.0001 (-0.09)
ms	-0.0179* (-1.87)	-0.0172* (-1.81)	-0.0417 (-1.09)	0.0123 (0.26)	0.0061 (0.14)	0.0994*** (9.67)	0.0618*** (5.42)	0.0363*** (2.84)

续　表

变量	全样本		D<D*			D>D*		
	(1)	(2)	(3)	(4)	(5)	(6)	(7)	(8)
	mkp_ac	mkp_ac	invention	utility	design	invention	utility	design
soe	-0.0114***	-0.0114***	-0.0004	-0.0068	-0.0052	-0.0052***	-0.0037**	-0.0006
	(-9.50)	(-9.52)	(-0.11)	(-1.36)	(-1.14)	(-4.26)	(-2.42)	(-0.50)
age	-0.0025***	-0.0025***	-0.0009	-0.0005	-0.0014	-0.0012***	-0.0015***	-0.0009**
	(-8.73)	(-8.83)	(-0.72)	(-0.37)	(-0.81)	(-4.41)	(-3.89)	(-2.34)
hhi	-0.0131	-0.0130	0.0129	-0.0121	0.0325	-0.0161*	-0.0148	-0.0033
	(-1.56)	(-1.54)	(0.84)	(-0.41)	(1.46)	(-1.77)	(-0.89)	(-0.22)
fin	0.0002**	0.0002**	-0.0005	-0.0020	-0.0013	-0.0000	-0.0000	-0.0001
	(1.98)	(1.98)	(-0.71)	(-1.25)	(-0.66)	(-1.44)	(-0.96)	(-1.14)
rgdp	0.0236***	0.0215***	-0.0058	-0.0036	-0.0115*	-0.0075***	-0.0032*	0.0058***
	(15.43)	(14.24)	(-0.76)	(-0.38)	(-1.75)	(-4.61)	(-1.82)	(2.69)
常数项	1.9220***	2.0115***	0.0621	0.0107	0.0496	0.0131	-0.0223	-0.0329*
	(55.29)	(51.35)	(0.93)	(0.15)	(0.84)	(0.80)	(-1.33)	(-1.70)
时间固定	YES	YES	YES	YES	YES	YES	YES	YES
行业固定	YES	YES	YES	YES	YES	YES	YES	YES
地区固定	YES	YES	YES	YES	YES	YES	YES	YES
观测值	972959	972959	37525	37525	37525	949187	949187	949187
拟合优度	0.723	0.723	0.004	0.003	0.001	0.006	0.003	0.001

取每年专利申请量作为创新程度代理变量。根据我国现行制度,专利可细分为发明专利(invention)、实用新型专利(utility)和外观设计专利(design)三种,其中发明专利研发难度最大,而外观设计专利创新程度相对较低(李兵等,2016)。第(3)—(8)列按照系统协调度不同阶段汇报了城市劳动力匹配质量对企业创新的影响,发现在 $D<D^*$ 阶段,系统协调度对企业专利申请量的效应基本显著为负,与前文机制分析一致。从结构上看,系统协调度提高并没有使发明专利和实用新型专利申请量增长,一般来说这两种类型的专利能反映出企业的创新水平,人力资本创新效应不足,将不利于企业绩效提升。在 $D>D^*$ 阶段,系统协调度对企业专利的效应基本显著为正,与前文机制分析基本符合,具体表现为发明专利和实用新型专利申请量的增长。

第五节　进一步分析:如何走出人力资本—产业结构低质量耦合锁定

一、劳动力质量匹配与行业技能密集度相协调

人力资本并不是决定比较优势的唯一因素,还需考虑替代弹性不同的部门对劳动力技能匹配的需求(邵文波等,2015),城市劳动力质量匹配对不同技能密集度行业的加成率效应可能存在异质性。参考 Costinot 等(2009)、黄玖立等(2004)的做法,根据美国 O * NET 网站提供的六分位职业能力和技巧评分信息①,计算出各个行业的技能密集度特征。表 7-14 汇报了引入行业技能密集度的阶段性回归结果,其中 Cskill、Dskill 分别表示 C、D 和 skill 的交互项。第(1)—(2)列结果表明,系数耦合度在不同区间内均对出口企业加成

---

① 能力包括认知能力、感知能力、身体能力和精神运动能力,技巧包括基本技巧、沟通技巧、解决具体复杂问题的技巧、技术技巧、系统技巧和资源管理技巧等。每种能力和技巧下面又包括许多细分技能,具体内容参见美国 O * NET 网站。需要说明的是,该数据来自美国劳工统计局,行业按照四分位 NAICS 编码分类,因此在与工业企业数据库匹配时,需要按照一定的对照规则进行匹配。

率的正向效应存在技能密集度 skill 门槛值。具体而言,在 $C<C^*$ 阶段,当 skill 大于 0.3879 时会产生正向加成率效应,突破该门槛值的二位码行业共有 21 个;而在 $C>C^*$ 阶段,当 skill 大于 0.3986 时才会产生正向加成率效应,突破该门槛值的二位码行业只有 9 个。也就是说,城市系统耦合度与行业技能密集度存在同步匹配关系,越好的人力资本环境越有利于发展技能密集型行业。第(3)列进一步对 $C>C^*$ 阶段 skill 与中介变量的条件效应进行了检验,交互项系数为正,一次项系数为负,说明中介变量同样存在 skill 门槛值。第(4)—(6)列汇报了系统协调度对企业加成率的技能门槛效应,发现系统协调度提高更有利于高技能密集度行业发展,且城市劳动力匹配质量与行业技能密集度门槛值正相关。

表 7-14 劳动力质量匹配对出口企业加成率的影响(引入行业技能密集度)

变量	(1)	(2)	(3)	(4)	(5)	(6)
	$C<C^*$	$C>C^*$		$D<D^*$	$D>D^*$	
	mkp	mkp	pwage	mkp	mkp	rd
C	−0.5754 *** (−4.76)	−1.2236 *** (−13.22)	−66.1819 *** (−8.51)			
Cskill	1.4834 *** (4.84)	3.0697 *** (13.07)	161.3797 *** (8.15)			
D				−1.8828 (−1.19)	−0.2848 *** (−3.68)	−1.7047 * (−1.95)
Dskill				4.8255 (1.24)	0.5709 *** (2.93)	5.7553 ** (2.57)
skill	−1.1337 *** (−4.69)	−2.9295 *** (−13.13)	−144.8445 *** (−7.73)	−1.2846 (−1.00)	0.2957 *** (2.86)	−3.6743 *** (−2.94)
klratio	0.0384 *** (16.31)	0.0409 *** (26.21)	13.5245 *** (26.43)	0.0426 *** (6.06)	0.0410 *** (30.96)	−0.2323 *** (−21.69)
scale	0.0082 *** (8.40)	0.0139 *** (21.57)	0.7648 *** (9.84)	0.0111 *** (4.31)	0.0126 *** (23.10)	0.2855 *** (45.28)
inputratio	−1.7645 *** (−92.03)	−1.6777 *** (−52.06)	−3.0915 *** (−14.39)	−1.9003 *** (−65.66)	−1.6773 *** (−58.50)	0.0210 (0.95)

续　表

变量	(1)	(2)	(3)	(4)	(5)	(6)
	$C<C^*$	$C>C^*$		$D<D^*$	$D>D^*$	
	mkp	mkp	pwage	mkp	mkp	rd
ms	−0.2425***	−0.0036	−4.4482***	−0.1323**	−0.0263***	0.3762***
	(−6.91)	(−0.37)	(−3.80)	(−2.37)	(−2.84)	(3.17)
soe	−0.0100***	−0.0130***	−0.0648	−0.0121*	−0.0127***	−0.1120***
	(−2.78)	(−7.72)	(−0.43)	(−1.80)	(−8.47)	(−5.32)
age	−0.0014*	−0.0009*	0.2287***	0.0016	−0.0013***	−0.0073
	(−1.84)	(−1.95)	(6.24)	(0.73)	(−3.53)	(−1.29)
hhi	0.0196	−0.0013	−1.5493	−0.0614	−0.0017	0.2266
	(0.77)	(−0.10)	(−1.36)	(−0.72)	(−0.16)	(1.20)
fin	0.0002	0.0002**	0.0463***	0.0074**	0.0002***	0.0004
	(0.65)	(2.41)	(2.88)	(2.38)	(2.69)	(0.61)
常数项	0.0497***	0.0455***	−2.6116***	0.0368***	0.0459***	−0.0242
	(7.46)	(26.70)	(−14.72)	(3.55)	(28.55)	(−1.17)
时间固定	YES	YES	YES	YES	YES	YES
行业固定	YES	YES	YES	YES	YES	YES
地区固定	YES	YES	YES	YES	YES	YES
观测值	24520	160055	160055	95001	89574	71836
拟合优度	0.720	0.690	0.117	0.689	0.694	0.012

二、劳动力质量匹配与行业技术差距相嵌套

国际技术追赶理论表明,后发经济体与发达经济体之间的技术差距越大,技术创新和模仿难度越小,后发经济体越有可能通过后发优势实现赶超(Fagerberg,1994;Blomstrom and Sjoholm,1999),而当后发经济体接近发达经济体前沿时,会由于创新难度更大而表现出一定的"后发劣势"(Blomstrom and Sjoholm,1999)。这里使用美国对中国二位码行业劳动生产率之比作为

行业技术差距代理变量(Aghion et al.,2009)[1],数值越大说明中国该行业技术差距越大,技术模仿和创新难度越小。具体计算公式为:$dist_{jt} = \ln(lp_{usjt}/lp_{chjt})$,其中,$lp_{usjt}$ 表示美国 j 行业劳动生产率,lp_{chjt} 表示中国 j 行业劳动生产率。表7-15汇报了在不同匹配度阶段引入技术差距 dist 的回归结果,其中 Cdist、Ddist 分别表示 C、D 与 dist 的交互项。第(1)—(3)列结果表明,行业技术差距大于门槛值,系统耦合度对出口企业加成率的正向影响更大,这主要体现在远离前沿行业通过雇佣更高质量的劳动力,能有效提高企业生产率和绩效。但从系统协调度来看,技术差距越大的行业产生的负向加成率效应越大。引入创新的中介变量 rd 后可以发现,对于远离技术前沿的行业,研发创新 rd 的投入会显著下降。也就是说,在城市劳动力投入和产业结构转型匹配过程中,系统耦合度对企业绩效的影响更多通过工资成本效应传导。而在系统匹配质量上,系统协调度主要会影响企业创新行为,样本期内城市劳动力质量匹配协调度存在对企业自主创新的"后发劣势",即相对处于技术前沿行业中的企业更容易发挥城市系统协调度带来的红利,通过创新投入提高市场绩效。

表7-15　劳动力质量匹配对出口企业加成率的影响(引入行业技术差距)

变量	(1)	(2)	(3)	(4)	(5)	(6)
	$C<C^*$	$C>C^*$		$D<D^*$	$D>D^*$	
	mkp	mkp	pwage	mkp	mkp	rd
C	−0.4058** (−2.07)	−0.3557*** (−2.70)	−95.7417*** (−7.13)			
Cdist	0.0558* (1.95)	0.0544*** (2.81)	13.8666*** (7.07)			
D				0.4746** (2.50)	0.1089*** (2.62)	1.6102*** (2.60)

---

① 美国二位码行业生产率数据来源于网站:www. nber. org/data/nberces. html。需要对两国行业代码进行匹配,具体方法是:首先匹配 CIC 和 ISIC Rev. 3,然后匹配 ISIC Rev. 3 和 SIC Rev. 1987。

续　表

变量	(1)	(2)	(3)	(4)	(5)	(6)
	$C<C^*$	$C>C^*$		$D<D^*$	$D>D^*$	
	mkp	mkp	pwage	mkp	mkp	rd
Ddist				−0.0571** (−2.08)	−0.0087** (−2.34)	−0.2125** (−2.53)
dist	−0.0274 (−1.01)	−0.0276 (−1.44)	−11.4376*** (−5.86)	0.0421*** (3.26)	0.0352** (2.19)	0.4427* (1.65)
klratio	0.0344*** (5.51)	0.0451*** (15.13)	21.6648*** (18.58)	0.0461*** (14.38)	0.0441*** (10.18)	−0.2151*** (−4.69)
scale	0.0123*** (4.54)	0.0212*** (17.32)	0.4978*** (3.14)	0.0155*** (12.64)	0.0235*** (13.35)	0.3043*** (12.54)
inputratio	−1.6848*** (−58.79)	−1.6760*** (−116.74)	−3.5682*** (−7.79)	−1.7180*** (−117.43)	−1.6391*** (−82.18)	−0.0040 (−0.06)
ms	−0.1519 (−1.24)	0.1316*** (5.29)	12.9390*** (4.17)	−0.2038*** (−5.17)	0.4042*** (12.80)	−0.1148 (−0.28)
soe	−0.0110* (−1.81)	−0.0108*** (−2.85)	0.0477 (0.14)	−0.0102** (−2.55)	−0.0073 (−1.28)	−0.1306 (−1.06)
age	−0.0050*** (−2.79)	−0.0019* (−1.77)	0.4920*** (4.29)	−0.0031*** (−3.03)	−0.0007 (−0.40)	−0.0065 (−0.20)
hhi	−0.0701* (−1.94)	−0.0034 (−0.16)	0.9272 (0.49)	−0.0668** (−2.19)	0.0202 (0.74)	0.3929 (0.84)
fin	0.0046 (1.50)	0.0007** (2.40)	0.2067*** (2.97)	0.0003 (0.70)	0.0007 (0.61)	0.0408* (1.71)
rgdp	0.0198 (0.88)	0.0232*** (9.24)	−1.5279*** (−5.52)	0.0649*** (10.12)	−0.0009 (−0.33)	−0.0121 (−0.34)
常数项	2.3872*** (8.51)	2.0960 (15.57)	60.5047*** (4.63)	1.4033*** (13.14)	1.7760*** (15.38)	−6.2836*** (−3.39)
时间固定	YES	YES	YES	YES	YES	YES
行业固定	YES	YES	YES	YES	YES	YES
地区固定	YES	YES	YES	YES	YES	YES
观测值	25848	168424	168424	100669	93603	75024
拟合优度	0.721	0.693	0.117	0.693	0.697	0.012

三、劳动力质量匹配与比较优势动态升级相结合

根据比较优势理论，一个国家最适宜的技术选择内生于要素禀赋结构，并且其产业技术选择方向与要素禀赋本地化匹配程度可以解释存在的比较优势差异。表 7-16 汇报了不同比较优势行业随城市劳动力质量匹配产生的加成率效应异质性，其中 Crca、Drca 分别表示 C、D 与 rca 的交叉项。由于中国企业参与出口中存在较大的国外增加值比重，如果直接以最终品贸易额核算行业 RCA 指数可能造成"统计假象"而高估行业比较优势水平，这里主要使用通过增加值出口调整的 RCA 指数进行分析（张杰等，2013；Kee and Tang，2016）。从第(1)—(3)列结果来看，在 $C > C^*$ 阶段，当行业比较优势大于门槛值时，城市系统耦合度越强，对出口企业加成率的负向效应越大。由于超过该门槛值的比较优势行业基本为纺织业、皮革毛皮羽毛(绒)及其制造业、非金属矿物制造业等劳动密集型产业，因此企业在劳动力匹配耦合度提升的环境中难以发挥人力资本的创新效应，总体呈现出城市劳动力匹配耦合度与产业发展的"逆比较优势"情境。但从系统协调度结果来看，在城市劳动力匹配耦合质量较低时($D < D^*$ 阶段)，城市系统协调度对比较优势大于门槛值企业的负向加成率效应较大，但在城市劳动力匹配耦合质量较高时($D > D^*$ 阶段)，比较优势行业的企业会通过研发创新投入而增加企业绩效。根据新结构经济学的观点，要素配置应符合动态比较优势决定的相对比例(Ju et al.，2015)。一方面，当城市劳动力匹配耦合质量较高时，会通过激发比较优势行业企业扩大研发投入而产生显著创新效应；当人力资本创新效应大于工资成本效应时，将提高企业市场势力。另一方面，随着我国资本深化和技术创新的加快，技术的"本地化"是形成比较优势动态演进的动力之源，在比较优势转换过程中实现与劳动力匹配耦合环境协调互动将有效降低产业技术变迁成本而提高企业竞争力（Atkinson and Stiglitz，1969；李静和楠玉，2017）。

表 7-16 劳动力质量匹配对出口企业加成率的影响(引入行业比较优势)

变量	(1)	(2)	(3)	(4)	(5)	(6)
	$C<C^*$	$C>C^*$		$D<D^*$	$D>D^*$	
	mkp	mkp	pwage	mkp	mkp	rd
C	−0.0314 (−0.67)	0.1242*** (5.03)	13.5522*** (4.57)			
Crca	−0.0013 (−0.07)	−0.0590*** (−5.01)	−8.8467*** (−8.44)			
D				0.1234*** (3.18)	−0.0291** (−2.52)	−2.6610*** (−3.66)
Drca				−0.0294* (−1.75)	0.0444*** (2.63)	0.8676*** (3.43)
rca	0.0283*** (2.62)	0.0513*** (4.49)	8.0970*** (8.23)	0.0157** (2.01)	−0.0194 (−1.11)	−0.1532 (−0.85)
klratio	0.0348*** (4.76)	0.0466*** (14.06)	22.7682*** (16.50)	0.0461*** (13.44)	0.0443*** (7.07)	−0.1608** (−2.47)
scale	0.0093*** (3.10)	0.0216*** (16.13)	0.3996** (2.23)	0.0160*** (12.47)	0.0275*** (11.49)	0.3003*** (8.90)
inputratio	−1.6634*** (−53.24)	−1.6649*** (−104.05)	−3.3931*** (−6.69)	−1.7025*** (−127.14)	−1.5853*** (−49.34)	−0.0765 (−0.88)
ms	−0.0942 (−0.71)	0.1494*** (5.56)	14.1409*** (4.12)	−0.2244*** (−5.65)	0.4748*** (10.93)	0.0379 (0.07)
soe	−0.0090 (−1.40)	−0.0119*** (−2.84)	−0.1570 (−0.41)	−0.0113*** (−2.82)	−0.0066 (−0.76)	−0.0380 (−0.19)
age	−0.0046** (−2.33)	−0.0018 (−1.56)	0.6189*** (5.16)	−0.0028*** (−2.71)	−0.0021 (−0.92)	−0.0205 (−0.43)
hhi	−0.0829* (−1.70)	0.0046 (0.17)	−1.2493 (−0.62)	−0.0448 (−1.35)	0.0705* (1.78)	−0.2456 (−0.36)
fin	0.0039 (1.16)	0.0013*** (4.80)	0.3073** (2.21)	0.0005 (0.59)	−0.0021 (−1.44)	0.0509 (1.45)
rgdp	0.0087 (0.35)	0.0196*** (7.27)	−1.7692*** (−5.74)	0.0640*** (11.38)	−0.0061* (−1.71)	0.0190 (0.46)

续　表

变量	(1)	(2)	(3)	(4)	(5)	(6)
	$C<C^*$	$C>C^*$		$D<D^*$	$D>D^*$	
	mkp	mkp	pwage	mkp	mkp	rd
常数项	2.3071*** (9.70)	1.8325*** (44.60)	−31.0775*** (−7.37)	1.6741*** (29.14)	1.9695*** (30.58)	−1.8219* (−1.76)
时间固定	YES	YES	YES	YES	YES	YES
行业固定	YES	YES	YES	YES	YES	YES
地区固定	YES	YES	YES	YES	YES	YES
观测值	22357	146719	146719	85342	83734	67227
拟合优度	0.711	0.690	0.117	0.687	0.695	0.013

四、劳动力质量匹配与企业升级行为区间互补

既然城市劳动力质量匹配对企业加成率可能存在负向影响,那么企业是否有可能通过自主升级行为破解劳动力匹配低质量耦合锁定? 表 7-17 分别汇报了在 $C>C^*$ 和 $D>D^*$ 阶段企业产品创新、工艺创新、产品质量升级、嵌入 GVC 四种升级行为的回归结果,Cbehavior 和 Dbehavior 分别为系统耦合度和协调度与企业升级行为交互项。[①] 可得出以下结论:第一,在 $C>C^*$ 阶段,产品创新能有效克服系统耦合度的劳动力工资成本效应,从而提高企业绩效。产品质量升级和嵌入 GVC 对加成率的提升效应存在区间互补性,当产品质量大于 0.8482 时(大约为 90%分位数),产品质量升级会对企业加成率造成负向影响,也就是说尽管城市劳动力匹配耦合度不能支撑高产品质量企业创新升级,但大部分企业可通过人力资本环境的改善以产品质量升级提升企业加成率。而当嵌入 GVC 大于 0.3939(大约为 70%分位数),嵌入 GVC

---

① 工艺创新的测算主要基于 Färe 等(1992)的研究,将 Malmquist 综合生产率指数分解为效率变化和技术变化,若效率变化>1,则认为企业进行了工艺创新。本书用效率变化的绝对值衡量企业工艺的创新水平。嵌入 GVC 的衡量指标主要借鉴吕越等(2017)的方法,用企业出口国外增加值率衡量。

表7-17 劳动力质量匹配对出口企业加成率的影响（引入企业升级行为）

变量	$C>C^*$				$D>D^*$			
	(1) 产品创新	(2) 工艺创新	(3) 质量升级	(4) 嵌入GVC	(5) 产品创新	(6) 工艺创新	(7) 质量升级	(8) 嵌入GVC
C	-0.0340** (-2.21)	-0.0154 (-0.37)	0.0844** (2.08)	0.0904*** (3.22)				
Cbehavior	0.0172*** (7.02)	0.1074 (1.03)	-0.0995* (-1.77)	-0.2295*** (-3.94)				
D					-0.0290 (-1.11)	0.3954*** (6.57)	0.0667 (1.06)	0.0119 (0.28)
Dbehavior					0.0087* (1.74)	-0.9767*** (-7.44)	-0.0211 (-0.27)	0.1628** (2.45)
behavior	-0.0155*** (-6.72)	0.1364 (1.37)	0.1040* (1.96)	0.1822*** (3.31)	0.0011* (1.95)	0.4868*** (13.37)	0.0416** (2.38)	-0.1076*** (-4.94)
klratio	0.0455*** (13.77)	0.0322*** (6.39)	0.0463*** (15.50)	0.0440*** (8.79)	0.0459*** (9.18)	0.0420*** (5.66)	0.0444*** (10.10)	0.0423*** (6.46)
scale	0.0221*** (16.37)	0.0256*** (12.04)	0.0212*** (16.66)	0.0267*** (12.36)	0.0246*** (12.21)	0.0265*** (8.96)	0.0237*** (13.05)	0.0277*** (10.00)
inputratio	-1.6513*** (-98.83)	-1.7921*** (-106.06)	-1.6788*** (-114.23)	-1.7237*** (-112.50)	-1.6071*** (-66.47)	-1.7882*** (-80.17)	-1.6437*** (-80.68)	-1.7030*** (-94.64)

续 表

变量	C>C*				D>D*			
	(1) 产品 创新	(2) 工艺 创新	(3) 质量 升级	(4) 嵌入 GVC	(5) 产品 创新	(6) 工艺 创新	(7) 质量 升级	(8) 嵌入 GVC
ms	0.1224*** (4.85)	0.2124*** (5.18)	0.1338*** (5.24)	0.2371*** (6.41)	0.4589*** (14.01)	0.4097*** (8.22)	0.4031*** (12.46)	0.3953*** (9.28)
soe	−0.0107** (−2.53)	−0.0268*** (−3.83)	−0.0123*** (−2.93)	−0.0059 (−0.89)	−0.0070 (−1.07)	−0.0292*** (−3.05)	−0.0135** (−2.17)	−0.0127 (−1.32)
age	−0.0026** (−2.07)	−0.0014 (−0.58)	−0.0021* (−1.83)	−0.0052** (−2.20)	−0.0024 (−1.14)	−0.0011 (−0.31)	−0.0005 (−0.29)	−0.0026 (−0.80)
hhi	−0.0212 (−0.92)	−0.0163 (−0.53)	−0.0056 (−0.25)	0.0142 (0.44)	0.0068 (0.22)	0.0121 (0.30)	0.0261 (0.94)	0.0492 (1.28)
fin	0.0011*** (4.98)	0.0007 (1.23)	0.0007** (2.37)	0.0008** (2.28)	0.0009 (0.63)	−0.0010 (−0.35)	0.0009 (0.54)	0.0003 (0.29)
rgdp	0.0204*** (7.79)	0.0197*** (4.20)	0.0232*** (8.98)	0.0186*** (5.45)	−0.0070** (−2.42)	−0.0049 (−0.96)	−0.0010 (−0.35)	−0.0019 (−0.54)
常数项	1.8552*** (9.69)	1.9159*** (31.97)	1.8350*** (16.96)	1.7672*** (38.77)	2.1437*** (48.04)	1.8586*** (29.43)	2.0512*** (28.34)	1.9898*** (37.98)
时间固定	YES	YES	YES	YES	YES	YES	YES	YES
行业固定	YES	YES	YES	YES	YES	YES	YES	YES
地区固定	YES	YES	YES	YES	YES	YES	YES	YES

续　表

变量	(1) C>C*	(2)	(3)	(4)	(5) D>D*	(6)	(7)	(8)
	产品创新	工艺创新	质量升级	嵌入GVC	产品创新	工艺创新	质量升级	嵌入GVC
ms	0.1224*** (4.85)	0.2124*** (5.18)	0.1338*** (5.24)	0.2371*** (6.41)	0.4589*** (14.01)	0.4097*** (8.22)	0.4031*** (12.46)	0.3953*** (9.28)
soe	−0.0107** (−2.53)	−0.0268*** (−3.83)	−0.0123*** (−2.93)	−0.0059 (−0.89)	−0.0070 (−1.07)	−0.0292*** (−3.05)	−0.0135** (−2.17)	−0.0127 (−1.32)
age	−0.0026** (−2.07)	−0.0014 (−0.58)	−0.0021* (−1.83)	−0.0052** (−2.20)	−0.0024 (−1.14)	−0.0011 (−0.31)	−0.0005 (−0.29)	−0.0026 (−0.80)
hhi	−0.0212 (−0.92)	−0.0163 (−0.53)	−0.0056 (−0.25)	0.0142 (0.44)	0.0068 (0.22)	0.0121 (0.30)	0.0261 (0.94)	0.0492 (1.28)
fin	0.0011*** (4.98)	0.0007 (1.23)	0.0007** (2.37)	0.0008** (2.28)	0.0009 (0.63)	−0.0010 (−0.35)	0.0009 (0.54)	0.0003 (0.29)
rgdp	0.0204*** (7.79)	0.0197*** (4.20)	0.0232*** (8.98)	0.0186*** (5.45)	−0.0070** (−2.42)	−0.0049 (−0.96)	−0.0010 (−0.35)	−0.0019 (−0.54)
常数项	1.8552*** (9.69)	1.9159*** (31.97)	1.8350*** (16.96)	1.7672*** (38.77)	2.1437*** (48.04)	1.8586*** (29.43)	2.0512*** (28.34)	1.9898*** (37.98)
时间固定	YES	YES	YES	YES	YES	YES	YES	YES
行业固定	YES	YES	YES	YES	YES	YES	YES	YES
地区固定	YES	YES	YES	YES	YES	YES	YES	YES

会对企业加成率产生负向影响,同样也说明存在一部分企业可通过参与价值链分工提高企业绩效。第二,在 $D>D^*$ 阶段,出口产品质量升级效应不显著,而产品创新和工艺创新在一定区间内均能促进出口企业加成率提升,但从嵌入 GVC 行为来看,企业参与价值链可与城市人力资本环境形成区间互补,通过中间品效应、大市场效应、竞争效应改善生产率水平,从而"放大"系统协调度提升的人力资本效应,从而提升出口绩效(吕越等,2017)。总的来说,企业自主创新升级在一定程度上可与城市劳动力质量匹配形成区间互补,但囿于目前城市劳动力匹配质量仍然较低,高工艺、高质量企业并不能利用或发挥好城市人力资本与产业结构的匹配红利。

第六节　本章小结

本章在拓展 M-O 模型的基础上,构建了劳动力投入与产业结构匹配程度和匹配质量对出口企业加成率影响效应的理论框架,并利用中国工业企业数据库和中国工业企业—海关匹配数据库进行经验研究。主要结论如下:第一,2000—2013 年城市人力资本综合序参量低于产业结构综合序参量,城市劳动力匹配程度处于高水平耦合阶段,而匹配质量处于勉强协调或濒临失调阶段,说明我国城市劳动力匹配存在低质量耦合锁定趋势。第二,实证研究表明,劳动力质量匹配与出口企业加成率之间存在非线性关系,其中系统耦合度与出口企业加成率之间存在显著的倒 U 形关系,系统协调度与出口企业加成率之间存在显著的 U 形关系。在 $C<C^*$ 阶段,因系统耦合度提高而产生的人力资本激励效应大于工资成本效应,使得系统耦合度提高会显著提升出口加成率;在 $C>C^*$ 阶段,系统耦合度并不能满足高生产率企业的发展需求,导致企业创新力不足而获得较低加成率。在 $D<D^*$ 阶段,系统协调度对高生产率企业无显著影响,因致使低生产率企业陷入创新惰性而不利于加成率提升;在 $D>D^*$ 阶段,高质量耦合更有利于企业创新升级,从而提高企业绩效。第四,促进劳动力质量匹配与行业技能密集度相协调、与行业技术水平相嵌套、与比较优势动态升级相结合、与企业自主升级行为区间互补,能让企业走出劳动力匹配低质量耦合锁定而提高加成率。第五,利用建立国家级经济技术开发区准自然实验、替换变量、使用工业企业新数据等方法进行检验,均表明结论存在一定的稳健性。

第八章 结论与启示：以市场化改革和创新环境培育促进外贸转型升级

前文通过严密的理论建构和实证研究对劳动力配置与中国出口企业加成率变动之间的关系进行了系统分析，为以市场化改革和创新环境培育促进外贸转型升级、培育贸易强国新优势提供了较为完整的学术框架。本章目的首先在于提炼全书基本观点，用"四个一"总结主要结论和学术边际贡献。在此基础上，从动力变革、效率变革、质量变革三个维度提出促进中国外贸竞争力提升的逻辑起点和路径选择。最后，在总结现有不足的基础上，为进一步深化研究提供了可能的参考和建议。

第一节 结 论

全书聚焦劳动力配置如何影响出口企业加成率这一基本命题，构建了基于劳动力价格、规模、质量三个维度分析出口企业绩效变动的内在机理框架，并就劳动力价格扭曲、劳动力集聚规模、劳动力质量匹配对出口企业加成率的影响效应、中间机制和破解路径进行了分析和检验，具体内容可以概括为以下四点。

第一，构建了一个解释劳动力配置与出口企业加成率变动的理论模型。以 Melitz 和 Ottaviano（2008）理论模型为基础，进行了三次必要拓展。一是引入从价税形式的劳动力价格扭曲，论证劳动力价格扭曲对出口企业加成率的影响机理，认为劳动力价格扭曲可通过成本节约效应和质量扭曲效应影响出口企业加成率，当成本节约效应大于（小于）质量扭曲效应时，出口企业将获得正向（负向）加成率效应。二是引入劳动力集聚的作用机制，揭示劳动力集聚对出口企业加成率的影响机理。认为劳动力集聚对出口企业加成率的影响取决于集聚经济效应和出口拥堵效应的相对大小，当集聚经济效应大于（小于）出口拥堵效应，集聚将提升（降低）出口企业加成率。三是引入企业内生化的创新与工资决定机制，分析"人力资本—产业结构"匹配程度和匹配质量对出口企业加成率的影响机理。认为"人力资本—产业结构"匹配程度通过人力资本激励效应与工资成本提升效应影响出口企业加成率，当匹配程度较低（较高）时，人力资本激励效应大于（小于）工资成本提升效应，加成率随着匹配程度的提升而上升（下降）；"人力资本—产业结构"匹配质量主要通过创新激励效应与创新成本提升效应影响企业加成率，当匹配质量较低（较高）时，创新激励效应小于（大于）创新成本提升效应，加成率随着匹配质量的提升而下降（上升）。

第二，打破了一个以扭曲性要素成本优势推动出口繁荣的效率增长假象。劳动力价格扭曲短期内能提升出口企业生产率和加成率，R&D 劳动力较弱的流动性使得存在市场分割时流出率较低，并随着企业 R&D 人员的培养和引进，生产率随 R&D 劳动力投入存量的增加而提高。但长期内，劳动力价格扭曲并不利于企业绩效增长。因劳动力价格负向扭曲产生的要素成本降低会刺激企业生产规模相继扩张，进而导致市场竞争强化而压缩企业超额利润，长期依赖于廉价劳动力成本的出口企业在"熊彼特效应"与"逃离竞争效应"的权衡博弈中具有较弱的研发动机和较少的研发投入，从而不利于长期出口质量和绩效提升。一般来说，动态条件下，企业跨越一定门槛后可通过以工艺创新和产品质量升级为内涵的自主创新矫正劳动力价格扭曲效应，从而通过转型式创新矫正要素市场扭曲的短期"效率增进假象"。同时，根据养老保险制度改革准自然实验，发现 21 世纪初沈阳、鞍山等城市的养老保险企业缴费比例下降改革弱化了当地的劳动力价格扭曲效应，进而弱化了出口企业加成率。

第三，提出了一个发挥劳动力集聚经济效应破解低端市场竞争的现实命题。一方面，当劳动力集聚程度提高后，信息共享、知识溢出等外部经济效应会导致企业生产率提高,从而产生集聚经济效应。另一方面,由于劳动力集聚引起的企业出口扩张,出口企业之间通过相互挤占或压缩对方的出口空间形成过度恶性竞争,从而产生出口拥堵效应。实证结果表明,劳动力集聚会使出口市场竞争强化,呈现出企业数量增加、市场份额挤压、创新动力不足、利润率降低的出口拥堵现象,当出口拥堵效应大于集聚经济效应时,劳动力集聚对出口企业产生负向加成率效应。主要原因在于:一是城市劳动力集聚并没有导致市场份额由低竞争力的在位企业向更高竞争力的企业再配置,出口市场陷入低效竞争状态;二是劳动力集聚因市场规模扩大降低了市场准入门槛,新进入出口企业质量阶梯较低,加剧了出口市场拥堵;三是城市高端人口不足导致的集聚经济效应释放不充分造成了企业效率和加成率呈双低形态。因此,除了要素市场不完全会长期抑制企业创新和效率提升,本国低端要素大市场也会造成出口企业加成率较低,破解出口企业绩效困局可从提升市场层级和要素能级入手。

第四,创新了一个从劳动力质量匹配视角提升出口企业绩效的新结构框架。首次测算了城市层面人力资本—产业结构的系统匹配程度和匹配质量,作出中国大部分城市存在劳动力匹配低质量耦合锁定的判断命题,人力资本不足导致的负向"激励效应"会严重弱化高生产率企业盈利水平。在成本竞争创新环境的导向下,一方面,系统协调度较低产生的人力资本成本竞争优势使企业倾向于选择提高生产率且易于模仿的简单创新,从而惰于对研发进行投入;另一方面,系统协调度较低的"温室效应"环境也会延缓企业对创新压力的感知,从而减弱企业选择高难度研发活动的动力,致使企业创新选择低端化。与此同时,加快提高城市人力资本与产业结构的匹配质量,形成较好的人力资本环境将有利于发展技能密集型产业、前沿技术产业、比较优势产业,通过研发投入、产品创新、嵌入全球价值链能够长期提升企业绩效。此外,通过建立国家级经济技术开发区的准自然实验发现,设立开发区的城市尽管表现为更高的人力资本和产业结构水平,但由于没有促进两者耦合协调发展,设立开发区的城市系统协调度显著下降,园区企业绩效的提升主要依赖廉价要素投入。

第二节 研究启示

建设现代化经济体系紧扣我国社会主要矛盾转化推进经济建设的客观要求，是适应我国经济已由高速增长阶段转向中高速高质量发展阶段的必然要求，迫切需要以完善产权制度和要素市场化配置为重点，破除要素跨国跨界自由流动的机制体制障碍，以高质量的人力资本要素禀赋和产业结构布局为发展支撑，实现产权有效激励、要素自由流动、价格反应灵活、竞争公平有序、企业优胜劣汰，推动形成全面开放的新格局，拓展开放范围和层次，完善开放结构布局和体制机制，以高水平开放推动高质量发展。

一、动力变革：摆脱廉价要素依赖由成本比较优势转向创新竞争优势，以转型式创新矫正要素市场扭曲的短期"效率增进假象"

从研究结论来看，虽然劳动力价格扭曲短期内会助推出口企业市场势力提升，但过度依赖廉价要素下的低价低质量生产决策并不是提升外贸竞争力的长效机制，中国可能到了推动要素市场化进程以促进外贸转型升级的关键时期。

第一，加大劳动力市场化改革力度。一是全面放开户籍管制，推行居住证制度，优先解决流动人口民生问题，促进城市转移人口社会融合。完善公平竞争优胜劣汰的市场机制，适当扭转中国企业对廉价要素的偏好和依赖。二是推进劳动力市场化配置，通过培训和教育提高非熟练劳动力质量，在义务教育、基础医疗、住房保障等方面加大政府购买力度，为弱势群体参与市场竞争提供良好的社会环境，以提升人力资本的方式为企业创新行为提供基础保证。三是推动社会保障缴费制度改革，将减税、减费有机协同，最大限度为企业降低成本，避免企业因负担过大而采取策略性工资扭曲行为。

第二，推动企业全面自主创新。作为动态条件下可持续提升出口企业盈利水平的重要机制，一是在转变企业发展理念上下功夫，倡导企业通过自主创新转变竞争模式,摆脱过分依赖低价低质量要素的惯性思维,积极探索高质量发展的运行机制、市场策略和竞争方式。二是在更好发挥政府作用上下功夫,通过建立技术研发联盟、实行企业研发费税前加计扣除、加速折旧、功能性补贴等方式降低企业创新成本,构建以公平竞争为导向的新产业政策体系,在基础设施配套、品牌策划推广、科技平台支撑等方面深化推进力度。三是在推动外贸政策由"奖出限入"向"优进优出"转变上下功夫,引导企业通过产品多样化和高质量化促进附加值提高和价值链攀升,使创新能力较强的企业参与出口竞争,形成"高质量、高利润、高市场竞争力"的外贸发展局面。

第三,完善地区制度环境。一是深化收入分配制度改革,初次分配中注重中低收入群体的就业和收入水平,再分配中进一步明确产权,促进公共资源分配公平,保障低收入群体合法权益,从根源上降低劳动力价格扭曲程度。二是利用制度激励创新的红利,让市场真正在创新资源配置中起决定性作用,发挥好要素自由流动、创新质量提升、市场公平竞争的协同效应,为提升出口企业绩效营造良性市场氛围。三是强化知识产权保护的质量与效率,注重保护程度与创新效益相适应,激励更多出口企业进行自主创新,增强产品或服务在研发、设计、生产、销售等全生命周期上的知识产权创新成果源头供给,在创新主体、创新基础、创新资源、创新环境等方面形成全方位竞争力。

二、效率变革:低水平市场竞争锁定是出口拥堵效应的现象本质,要在集聚经济中发挥本国大市场的"人口质量红利"

城市作为承载经济活动的主要空间,可通过提高城市经济发展质量和人口密度发挥空间外部性对外贸竞争力的提升作用。但从现实情况来看,虽然大多数城市经济总量较高,但单位土地面积承载的经济活动远远不够,尤其对于中西部地区来说,高昂的运输成本抑制了集聚经济效应的高效发挥,出口质量提升仍有较大空间。因此,随着"人口数量红利"的逐渐消失,如何让出口企业采取可持续的"竞争逃避"方法,让其在集聚经济中享受本国大市场的"人口质量红利"，依旧是现阶段推动高水平开放的有效途径。

第一，人口向大城市集聚仍是主流。一是要加强城市供给侧结构性改革，让市场成为配置资源的决定性力量，更好发挥政府作用，改善城市的数量、质量、结构和空间布局，顺应人口流动自然规律，逐步取消户籍制度在内的城乡分割制度。二是要依托建设"城市群"或"大都市"，通过调整区域功能定位和产业政策，发挥人口集聚的经济外部性功能，提高城市人力资本水平。三是要强化城乡社区建设，加大对网络化、数据化基础设施的投入、应用和普及，推动政府职能与信息科技耦合发展，提高政府网格化治理的精度、细度和准度，让城市居民安心变成市民，发挥集聚经济效应，巩固基层基础。

第二，产业向价值链中高端升级仍是主线。一是要加快劳动力低端纳入转向高端配置，通过大力引进、培养高端人力资本和技能人才，逐步降低对低端劳动力要素的内生依赖，以转化高端人力资本要素配置实现价值链攀升。二是要加快培育国内稀缺的技术型、知识型等优质劳动力要素，拓展国际贸易人力资本边界，有效突破制造业低水平供给瓶颈。三是要加快产业转型升级，劳动密集型企业应逐渐摆脱对简单劳动力的过度依赖并尝试技术改造升级，资本密集型企业要加快自主创新，提高价值链层级。政府在促进外资企业多样化发展的同时，也要给予内资企业更多创新升级政策支持，尤其要促进生产率较高的内资企业参与出口竞争。

第三，完善竞争环境仍是改革重点。一是进一步强调政策的非偏向性和非扭曲性，向要素流动、产品贸易提供不偏不倚的功能性扶持和无差别式普惠待遇，如加强各类基础设施建设、推动技术创新和人力资本投资等，创造更有效率的市场环境。二是进一步规范市场竞争行为，建构综合贸易、产业、科技、反垄断等多种政策工具的跨部门协同组合型贸易政策，推动多种政策工具协调一致和相互促进。三是进一步引导企业通过产品多样化和高质量化实现出口市场规模经济、范围经济和关联经济，使创新能力较强的企业参与出口竞争。

三、质量变革:高端要素不足使城市陷入劳动力质量匹配低端锁定,要以人力资本—产业结构耦合协调推动制造业高质量发展

人力资本系统与产业结构系统既具有静态独立性,也具有动态平衡性。随着人口数量红利逐渐消失,我国人口政策亟须从以流动追踪为中心的管理导向转向以质量培育为核心的治理导向,不断引导、强化人力资本系统与产业结构系统的耦合协调,既要根据区域人力资本要素禀赋制定相适应的产业政策,也要结合区域产业结构分布制定适宜的人力资本投资政策,促进两者良性互动、优势互补、共同提升,避免因人力资本与产业结构错配而制约产业技术创新和企业生产率提升。

第一,注重人力资本培育,促进劳动力质量匹配高级化。一是加大教育类综合投入,发展高等教育、新型职业教育和社会培训,统筹提升人才培养层次和质量,重塑高新技术型企业收益结构,提高人力资本回报率。二是强化人力资本要素与产业技术结构动态匹配,不断增强产业技术选择与人力资本供给间的耦合协调关系,形成以产业技术引致和人力资本互动的创新传导机制。三是充分利用外资进入带来的竞争效应、技术溢出效应和出口企业"干中学"效应,通过提高配置效率倒逼劳动力要素质量提升,构建资本、劳动力、金融、产权、技术等高端要素领域的国内统一大市场。

第二,调整发展战略布局,促进劳动力质量与产业特征相适应。一是通过政策调整和产业布局优化,在人力资本条件好的地区优先发展技能密集型产业,最大限度发挥城市人力资本的溢出效应和激励机制作用。二是对不同技术能力的行业实行差别化发展模式,鼓励具有后发优势的行业加大人力资本投入,优先为具备高端前沿技术的行业提供激励政策,最大限度发挥人力资本创新优势。三是加快传统产业数字化升级,以技术创新为动力推动比较优势转换,强化地区比较优势与人力资本要素环境耦合协调。

第三,搭建创新公共平台,促进劳动力匹配与企业行为优势互补。一是优化知识产权社会环境,通过建立知识产权交易中心、实行知识产权集中托

管、探索知识产权质押融资等形式，强化知识产权创造、保护、运用，为企业进行产品创新、工艺创新和产品质量升级提供法治保障。二是发挥好企业参与全球价值链的福利效应，最大力度支持有条件的企业融入全球分工合作体系，参与全球创新资源配置并提升自主创新能力，逐步推动垂直化分工中劳动密集型生产环境向利润更高的环节发展。三是率先融入全球新兴服务产业链，承接服务业梯度转移，吸引国际高端服务业入驻，化解国内市场高端生产型要素供给不充分的软约束。

第四，加强城市创新升级，促进人才—产业—市场深度融合。一是利用大数据、云计算加快推进城市智慧社区、网格化集成、智能交通、智慧旅游等数字化场景建设，拓展"城市大脑"在各领域的应用。二是依托互联网、区块链、人工智能等数字技术应用，开发出数字化的新产品、新服务和新业态，为城市创新资源、要素融合提供发展的产业土壤。三是发挥市场配置城市资源的决定性作用，包括更好发挥政府作用，完善城市服务体系、集聚高端人才、推进开放力度、优化营商环境、推进"放管服"改革等，突破劳动力匹配低质量耦合的机制体制桎梏，高质量推进城市转型升级。

第三节　未来进一步拓展方向

本书将劳动经济学和国际贸易学相关前沿基础理论相结合，聚焦中国出口企业低价、低质、低盈利、低分工地位这一基本现实，通过对 M-O 模型进行有益拓展，构建了一个在开放条件下覆盖价格、规模和质量三个维度的劳动力配置指标对出口企业加成率影响效应和作用机制的研究模型，分析发现除要素市场扭曲的制度因素外，本国要素市场低端竞争和要素质量低端锁定也是造成出口企业低加成率陷阱的重要因素，并进一步提出以动力转型式创新、效率集聚式破堵、质量结构式匹配促进出口企业提质增效。这一结论对现阶段构建全方位对外开放新格局，促进我国外贸实现由大到强跨越式发展具有重要的理论价值和现实意义。但是，限于目前的研究领域和数据，本书还存在一定研究不足。比如，在对劳动力的结构化刻画和对加成率的升维测算上仍具有较大的研究潜力,在如何发挥劳动力集聚经济效应促进出口企业绩效、如何实现劳动力质量与产业技术结构耦合协调的政策导向等方面仍存在较大的研究空间。

第一,数据可得性制约了刻画指标的进一步深化。一方面,现有刻画劳动力质量和人力资本结构的数据都属于宏观层面数据,微观层面工业企业数据库只有 2004 年汇报了从业人员学历结构的数据,难以从较长样本年限刻画企业劳动力质量和人力资本结构,从而导致人力资本领域的微观研究停滞不前。本书主要解释变量除了劳动力价格扭曲属于微观层面外,劳动力规模集聚和劳动力质量匹配指标都是采用城市层面的数据,在现有数据条件下相较于省份层面的研究做了更深一层的细化。另一方面,目前企业加成率的测算主要基于主流应用的 DLW 法,尚未细化到企业—产品层面,可能忽略了多产品企业内的异质性问题。但由于统计数据库中只报告了企业层面各类要素的投入水平,对于多产品企业不同产品之间要素的分配系数并不知晓。遗憾的是,目前并没有绝对科学的方法和数据支撑同一企业不同产品的要素投入比例情况。如何通过企业调查数据得到各企业不同要素的投入比例和劳动力结构,逐步将研究拓展到多产品企业从而细化到研究产品绩效,进而分析企业—产品加成率的基本特征和动态演进机制,是今后研究中仍需进一步学习和深化的方向。尽管如此,本书在附录中也提供了多产品企业加成率的决定方程,多产品情况下劳动力配置对出口企业加成率的影响与单产品情况基本一致,只是影响系数有所差异,并不会对本书结论造成影响。

第二,从劳动力配置视角提升出口企业加成率存在拓展空间。本书的理论与实证研究表明,一是优化劳动力市场配置,转型式工艺创新和垂直专业化创新能够提高出口企业长期绩效。由于工艺创新和垂直专业化创新的测算损失了较多样本,对于创新刻画可能存在识别偏差,如果以发明专利、实用新型专利和外观设计专利等指标细化企业层面的创新程度,可能会得到更具针对性的结果。二是扩大劳动力市场规模,以激发集聚经济效应破除低端拥堵市场。对于大城市而言,是以"疏"破"堵",还是以"聚"破"堵"一直是学界争论的命题。在中国城市普遍存在发展空间不足、人力资本不足的情况下,以"疏"破"堵"未必是有效的办法。大量人口特别是高端劳动人口在城市集聚，一方面能提高城市创新的要素基础，另一方面能缩短服务生产者和消费者之间的距离，提高城市资源配置效率，降低市场化交易成本，从而提高城市质量、产业水平和产品结构。在这一视角上，现有的文献并不多，仍有较大挖掘空间。三是提高劳动力市场质量，以人力资本与产业结构耦合协调激发企业创新活力。随着新一轮产业革命和信息革命的深度融合，以数字科技、数字金融、数字贸易、数字治理等为特色的新兴产业应运而生。如何培育与新技术、新产业、新业态相适应的人力资本，如何在产业转型和社会变迁中激发人才红利，如何通过人力资本升级促进产业结构升级和贸易结构升级……这一系列问题都是具有理论意义和实践价值的新命题。四是推进供给侧结构性改革，构建起经济社会协调发展的改革框架和政策支撑体系。提高劳动力配置效率既是经济问题也是社会问题，厚植经济社会协调发展的要素基础，要能够推进社会经济向质量更好、结构更优、分工更细的方向改变，那就涉及如何更好地健全和改革要素配置机制、供需适应机制、动力培育机制和生态保障机制。

参考文献

［1］包群,邵敏,Ligang Song,2012.地理集聚、行业集中与中国企业出口模式的差异性[J].管理世界(9):61—75.

［2］宾建成,2003.关于治理我国出口商品低价竞销行为的思考[J].现代财经(天津财经学院学报)(12):28—31.

［3］蔡昉,2010.人口转变、人口红利与刘易斯转折点[J].经济研究(4):4—13.

［4］陈朝阳,韩子璇,李小刚,2019.人力资本集聚及空间溢出对产业结构升级的影响研究——基于空间杜宾模型的实证分析[J].管理现代化(3):44—48.

［5］陈维涛,王永进,李坤望,2014.地区出口企业生产率、二元劳动力市场与中国的人力资本积累[J].经济研究(1):83—96.

［6］陈维涛,王永进,毛劲松,2014.出口技术复杂度、劳动力市场分割与中国的人力资本投资[J].管理世界(2):6—20.

［7］陈曦,边恕,范璐璐,等,2018.城乡社会保障差距、人力资本投资与经济增长[J].人口与经济(4):77—85.

［8］陈旭,邱斌,刘修岩,2016.空间集聚与企业出口:基于中国工业企业数据的经验研究[J].世界经济(8):94—117.

［9］陈瑛,2018.城市工资溢价:规模聚集效应与人力资本溢出效应[J].云南财经大学学报(10):86—98.

［10］陈勇兵,陈宇媚,周世民,2012.贸易成本、企业出口动态与出口增长的二元边际——基于中国出口企业微观数据:2000—2005[J].经济学(季刊)(4):1477—1502.

[11] 陈勇兵,仇荣,曹亮,2012.中间品进口会促进企业生产率增长吗——基于中国企业微观数据的分析[J].财贸经济(3):76—86.

[12] 程虹,王楚,余凡,2016.劳动技能结构与企业全要素生产率——基于中国企业—员工匹配调查数据的实证研究[J].中南民族大学学报(人文社会科学版)(5):137—144.

[13] 程锐,马莉莉,2019.人力资本结构高级化与出口产品质量升级——基于跨国面板数据的实证分析[J].国际经贸探索(4):42—59.

[14] 崔娜,柳春,2018.中国工业行业出口的本土市场效应:创新的调节作用[J].国际贸易问题(3):37—50.

[15] 戴魁早,2018.要素市场扭曲如何影响出口技术复杂度?——中国高技术产业的经验证据[J].经济学(季刊)(1):337—366.

[16] 戴魁早,刘友金,2015.要素市场扭曲、区域差异与R&D投入——来自中国高技术产业与门槛模型的经验证据[J].数量经济技术经济研究(9):3—20.

[17] 戴觅,余淼杰,2011.企业出口前研发投入、出口及生产率进步——来自中国制造业企业的证据[J].经济学(季刊)(1):211—230.

[18] 邓曲恒,2007.城镇居民与流动人口的收入差异——基于Oaxaca-Blinder和Quantile方法的分解[J].中国人口科学(2):8—16,95.

[19] 杜静玄,张佳书,2018.城市人力资本如何影响工资水平?[J].南方经济(6):46—66.

[20] 杜育红,赵冉,2018.教育在经济增长中的作用:要素积累、效率提升抑或资本互补?[J].教育研究(5):27—35.

[21] 范兆斌,2015.人力资本结构、相对工资与国际移民的收入分配效应[J].国际贸易问题(9):14—28.

[22] 方超,黄斌,2017.教育人力资本投资能够缩小农村居民的工资性收入差距吗?[J].教育与经济(4):33—41.

[23] 方超,黄斌,2018.资本—技能互补、技能偏态型技术进步与中国大学教育溢价[J].广东财经大学学报(1):4—14.

[24] 封进,2014.社会保险对工资的影响——基于人力资本差异的视角[J].金融研究(7):109—123.

[25] 盖庆恩,朱喜,程名望,等,2015.要素市场扭曲、垄断势力与全要素生产率[J].经济研究(5):61—75.

[26] 干春晖,郑若谷,余典范,2011.中国产业结构变迁对经济增长和波动的影响[J].经济研究(5):4—16,31.

[27] 高春亮,李善同,2018.人力资本专用性锁定效应与城市衰退:老工业城市转型的症结[J].经济学家(11):69—74.

[28] 高翔,刘啟仁,黄建忠,2018.要素市场扭曲与中国企业出口国内附加值率:事实与机制[J].世界经济(10):26—50.

[29] 高晓娜,彭聪,2019.产业集聚对出口产品质量的影响——基于规模效应和拥挤效应视角[J].世界经济与政治论坛(5):62—76.

[30] 高雅丽,2018.中国劳动收入份额的测算与分解[D].大连:东北财经大学.

[31] 高运胜,郑乐凯,杨张娇,2017.异质性产品质量与出口加成率[J].统计研究(9):28—35.

[32] 耿伟,2013.要素价格扭曲是否提升了中国企业出口多元化水平?[J].世界经济研究(9):49—54,67,88.

[33] 耿伟,李占霞,2018.进口技术复杂度与中国企业加成率[J].现代财经(天津财经大学学报)(1):53—67.

[34] 耿伟,廖显春,2016.要素价格负向扭曲与中国企业进口中间品多样化[J].国际贸易问题(4):15—26.

[35] 耿晔强,狄媛,2017.中间品贸易自由化、制度环境与企业加成率——基于中国制造业企业的实证研究[J].国际经贸探索(5):51—68.

[36] 龚关,胡关亮,2013.中国制造业资源配置效率与全要素生产率[J].经济研究(4):4—15,29.

[37] 顾新一,1997.技术创新与劳动生产率[J].科学学研究(4):40—43.

[38] 郭炳南,朱幼恩,2009.人力资本、技术创新与出口贸易绩效——以江苏

为例[J].技术经济与管理研究(6):48—52.

[39] 郭继强,2005.人力资本投资的结构分析[J].经济学(季刊)(2):689—706.

[40] 郭凯明,余靖雯,2017.工资增长、生育率差异与人力资本积累——基于内生生育和退休的动态一般均衡研究[J].金融研究(3):1—15.

[41] 郭凯明,余靖雯,龚六堂,2013.人口政策、劳动力结构与经济增长[J].世界经济(11):72—92.

[42] 郭晓丹,张军,吴利学,2019.城市规模、生产率优势与资源配置[J].管理世界(4):77—89.

[43] 郝良峰,邱斌,吴飞飞,2016.企业创新是否促进了出口边际的增长[J].经济问题探索(6):101—107.

[44] 郝楠,李静,2018.技术进步、人力资本"侵蚀效应"与国际技术差距——基于2001—2015年跨国面板数据的经验分析[J].经济学家(7):55—62.

[45] 贺建风,张晓静,2018.劳动力成本上升对企业创新的影响[J].数量经济技术经济研究(8):56—73.

[46] 胡晓义,2001.我们为什么要搞养老保险——关于我国养老保险制度历史、现实和未来的思考[J].中国社会保障(12):5—8.

[47] 胡馨月,黄先海,李晓钟,2017.产品创新、工艺创新与中国多产品企业出口动态:理论框架与计量检验[J].国际贸易问题(12):24—35.

[48] 黄玖立,冼国明,吴敏,等,2014.学校教育与比较优势:解构作为渠道的技能[J].经济研究(4):172—186.

[49] 黄先海,胡馨月,刘毅群,2015.产品创新、工艺创新与我国企业出口倾向研究[J].经济学家(4):37—47.

[50] 黄先海,金泽成,余林徽,2018.出口、创新与企业加成率:基于要素密集度的考量[J].世界经济(5):125—146.

[51] 黄先海,宋学印,2017.准前沿经济体的技术进步路径及动力转换——从"追赶导向"到"竞争导向"[J].中国社会科学(6):60—79,206—207.

[52] 黄先海,王煌,2016.社会治理体系供给侧改革路径选择[N].光明日报,2016-07-11(11).

[53] 黄先海,王煌,2019.创新保护体系推动我国知识产权"由大到强"[N].
光明日报,2019-04-21(7).

[54] 黄先海,诸竹君,宋学印,2016.中国出口企业阶段性低加成率陷阱[J].
世界经济(3):95—117.

[55] 黄羽,2017.进口竞争与中国企业加成率——来自中国制造业的证据
[J].商业经济研究(8):187—188.

[56] 纪玉俊,刘金梦,2016.环境规制促进了产业升级吗?——人力资本视角
下的门限回归检验[J].经济与管理(6):81—87.

[57] 纪月清,程圆圆,张兵兵,2018.进口中间品、技术溢出与企业出口产品创
新[J].产业经济研究(5):54—65.

[58] 简泽,2011.企业间的生产率差异、资源再配置与制造业部门的生产率
[J].管理世界(5):11—23.

[59] 简泽,2011.市场扭曲、跨企业的资源配置与制造业部门的生产率[J].中
国工业经济(1):58—68.

[60] 简泽,张涛,伏玉林,2014.进口自由化、竞争与本土企业的全要素生产
率——基于中国加入WTO的一个自然实验[J].经济研究(8):120—132.

[61] 江波,李美云,2012.生产服务业出口贸易、创新与生产率提升:理论与实
证[J].财经研究(7):68—78.

[62] 鞠蕾,王璐,2018.地方政府不当竞争、要素市场扭曲与产能过剩[J].财
经问题研究(8):26—33.

[63] 鞠晓伟,赵树宽,2009.产业技术选择与产业技术生态环境的耦合效应分
析[J].中国工业经济(3):71—80.

[64] 亢梅玲,王靖慧,2014.创新、生产率与出口技术复杂度——基于跨国面
板数据的实证研究[J].江汉论坛(8):25—30.

[65] 李兵,岳云嵩,陈婷,2016.出口与企业自主技术创新:来自企业专利数据
的经验研究[J].世界经济(12):72—94.

[66] 李成友,孙涛,焦勇,2018.要素禀赋、工资差距与人力资本形成[J].经济
研究(10):113—126.

［67］李德山,邓翔,2018.价格扭曲、资源错配是否抑制了我国创新生产率?[J].科学学研究(4):654-661,683.

［68］李方静,张静,2018.探究城市质量分工源泉——要素禀赋与本土市场效应[J].世界经济文汇(5):94-112.

［69］李建平,周磊,孙宁华,2019.劳动力市场扭曲与产业结构合理化[J].经济经纬(4):86-93.

［70］李建萍,辛大楞,2018.人力资本影响出口比较优势变动的行业差异与门槛估计[J].山东师范大学学报(人文社会科学版)(1):126-136.

［71］李金城,周咪咪,2017.互联网能否提升一国制造业出口复杂度[J].国际经贸探索(4):24-38.

［72］李静,2017.人力资本错配:产业比较优势演进受阻及其解释[J].统计与信息论坛(10):95-101.

［73］李静,楠玉,2016a.垂直专业化"挤出效应"与技术进步迟滞[J].国际贸易问题(11):54-64.

［74］李静,楠玉,2016b.中国产业比较优势演进为何受阻——基于人力资本错配的视角[J].财经科学(12):67-76.

［75］李静,楠玉,2017.人力资本匹配、产业技术选择与产业动态比较优势转化[J].宏观质量研究(4):31-41.

［76］李静,楠玉,2019.人才为何流向公共部门——减速期经济稳增长困境及人力资本错配含义[J].财贸经济(2):20-33.

［77］李静,楠玉,刘霞辉,2017a.中国经济稳增长难题:人力资本错配及其解决途径[J].经济研究(3):18-31.

［78］李静,楠玉,刘霞辉,2017b.中国研发投入的"索洛悖论"——解释及人力资本匹配含义[J].经济学家(1):31-38.

［79］李军林,罗来军,姚东旻,等,2014.人力资本、科技职工与技术进步[J].劳动经济研究(6):44-61.

［80］李俊青,刘帅光,刘鹏飞,2017.金融契约执行效率、企业进入与产品市场竞争[J].经济研究(3):136-150.

[81] 李凯,任晓艳,向涛,2007.产业集群效应对技术创新能力的贡献——基于国家高新区的实证研究[J].科学学研究(3):448-452.

[82] 李唐,韩笑,余凡,2016.企业异质性、人力资本质量与全要素生产率——来自2015年广东制造业企业-员工匹配调查的经验证据[J].武汉大学学报(哲学社会科学版)(1):73-83.

[83] 李新,曹婷,2013.企业出口动态、二元边际与出口增长:来自中国的证据[J].国际贸易问题(8):25-37.

[84] 李秀芳,施炳展,2012.出口企业竞争强度是中国出口低价格的主要因素吗?[J].世界经济研究(2):39-44,88.

[85] 李卓,赵军,2015.价格加成、生产率与企业进出口状态[J].经济评论(3):97-107.

[86] 梁静波,2007.企业出口贸易低价竞争的现实根源及影响[J].经济管理(7):48-50.

[87] 梁军,赵青,2018.教育人力资本及其溢出效应对中国科技创新的影响研究——基于省际面板数据的经验分析[J].上海大学学报(社会科学版)(6):122-131.

[88] 梁启华,何晓红,2006.空间集聚:隐性知识转移与共享机理与途径[J].管理世界(3):146-147.

[89] 林毅夫,2014.中国的奇迹:发展战略与经济改革[M].上海:格致出版社,上海三联书店,上海人民出版社.

[90] 林毅夫,刘培林,2003.中国的经济发展战略与地区收入差距[J].经济研究(3):19-25,89.

[91] 刘海洋,刘玉海,袁鹏,2015.集群地区生产率优势的来源识别:集聚效应抑或选择效应?[J].经济学(季刊)(3):1073-1092.

[92] 刘兰,肖利平,2013.技能偏向型技术进步、劳动力素质与经济增长[J].科技进步与对策(24):32-35.

[93] 刘啟仁,黄建忠,2015.异质出口倾向、学习效应与低加成率陷阱[J].经济研究(12):143-157.

[94] 刘啟仁,黄建忠,2016.产品创新如何影响企业加成率[J].世界经济(11):28—53.

[95] 刘穷志,罗秦,2015.中国家庭收入不平等水平估算——基于分组数据下隐性收入的测算与收入分布函数的选择[J].中南财经政法大学学报(1):3—11,158.

[96] 刘伟,张立元,2018.资源配置、产业结构与全要素生产率:基于真实经济周期模型的分析[J].经济理论与经济管理(9):7—24.

[97] 刘修岩,2014.空间效率与区域平衡:对中国省级层面集聚效应的检验[J].世界经济(1):55—80.

[98] 刘智勇,李海峥,胡永远,等,2018.人力资本结构高级化与经济增长——兼论东中西部地区差距的形成和缩小[J].经济研究(3):50—63.

[99] 刘忠璐,刘榆,2015.人力资本的空间溢出效应对产业结构的影响研究[J].西南民族大学学报(人文社科版)(8):112—121.

[100] 刘竹青,盛丹,2017.人民币汇率、成本加成率分布与我国制造业的资源配置[J].金融研究(7):1—15.

[101] 刘竹青,佟家栋,2017.要素市场扭曲、异质性因素与中国企业的出口—生产率关系[J].世界经济(12):76—97.

[102] 卢锋,2012.中国农民工工资走势:1979—2010[J].中国社会科学(7):47—67,204.

[103] 卢洪雨,2004.对我国产品出口非正常低价现象的探讨[J].国际贸易问题(2):11—14.

[104] 逯进,刘璐,郭志仪,2018.中国人口老龄化对产业结构的影响机制——基于协同效应和中介效应的实证分析[J].中国人口科学(3):15—25,126.

[105] 罗长远,智艳,王钊民,2015.中国出口的成本加成率效应:来自泰国的证据[J].世界经济(8):107—131.

[106] 罗德明,李晔,史晋川,2012.要素市场扭曲、资源错置与生产率[J].经济研究(3):4—14,39.

[107] 吕承超,王志阁,2019.要素资源错配对企业创新的作用机制及实证检验——基于制造业上市公司的经验分析[J].系统工程理论与实践(5):1137—1153.

[108] 吕越,黄艳希,陈勇兵,2017.全球价值链嵌入的生产率效应:影响与机制分析[J].世界经济(7):28—51.

[109] 马双,孟宪芮,甘犁,2014.养老保险企业缴费对员工工资、就业的影响分析[J].经济学(季刊)(3):969—1000.

[110] 马颖,何清,李静,2018.行业间人力资本错配及其对产出的影响[J].中国工业经济(11):5—23.

[111] 毛其淋,许家云,2016.中国对外直接投资如何影响了企业加成率:事实与机制[J].世界经济(6):77—99.

[112] 毛其淋,许家云,2017.中间品贸易自由化提高了企业加成率吗?——来自中国的证据[J].经济学(季刊)(2):485—524.

[113] 茅锐,张斌,2013.中国的出口竞争力:事实、原因与变化趋势[J].世界经济(12):3—28.

[114] 彭向,蒋传海,2011.产业集聚、知识溢出与地区创新——基于中国工业行业的实证检验[J].经济学(季刊)(3):913—934.

[115] 钱学锋,潘莹,毛海涛,2015.出口退税、企业成本加成与资源误置[J].世界经济(8):80—106.

[116] 上官绪明,2016.技术溢出、吸收能力与技术进步[J].世界经济研究(8):87—100,136—137.

[117] 邵敏,武鹏,2019.出口贸易、人力资本与农民工的就业稳定性——兼议我国产业和贸易的升级[J].管理世界(3):99—113.

[118] 邵文波,李坤望,王永进,2015.人力资本结构、技能匹配与比较优势[J].经济评论(1):26—39.

[119] 沈春苗,2016.垂直专业化分工对技能偏向性技术进步的影响——基于我国制造业细分行业的实证研究[J].国际贸易问题(2):77—87.

[120] 盛丹,刘竹青,2017.汇率变动、加工贸易与中国企业的成本加成率[J].

世界经济(1):3—24.

[121] 盛丹,王永进,2012.中国企业低价出口之谜——基于企业加成率的视角[J].管理世界(5):8—23.

[122] 盛仕斌,徐海,1999.要素价格扭曲的就业效应研究[J].经济研究(5):68—74.

[123] 施炳展,2010.中国出口增长的三元边际[J].经济学(季刊)(4):1311—1330.

[124] 施炳展,2014.中国企业出口产品质量异质性:测度与事实[J].经济学(季刊)(1):263—284.

[125] 施炳展,冼国明,2012.要素价格扭曲与中国工业企业出口行为[J].中国工业经济(2):47—56.

[126] 史晋川,赵自芳,2007.所有制约束与要素价格扭曲——基于中国工业行业数据的实证分析[J].统计研究(6):42—47.

[127] 苏为华,孔伟杰,2010.基于知识产权保护的国际贸易和FDI技术溢出效应研究[J].统计研究(2):58—65.

[128] 苏振东,洪玉娟,刘璐瑶,2012.政府生产性补贴是否促进了中国企业出口?——基于制造业企业面板数据的微观计量分析[J].管理世界(5):24—42,187.

[129] 苏振东,刘璐瑶,洪玉娟,2012.对外反倾销措施提升中国企业绩效了吗[J].财贸经济(3):68—75.

[130] 孙海波,刘忠璐,林秀梅,2018.人力资本积累、资本深化与中国产业结构升级[J].南京财经大学学报(1):56—68.

[131] 孙浦阳,彭伟瑶,2014.外商直接投资、资源配置与生产率提升——基于微观数据的验证[J].中南财经政法大学学报(6):131—139.

[132] 孙三百,2016.城市移民收入增长的源泉:基于人力资本外部性的新解释[J].世界经济(4):170—192.

[133] 台航,崔小勇,2017.人力资本结构与经济增长——基于跨国面板数据的分析[J].世界经济文汇(2):48—71.

[134] 唐东波,2014.垂直专业分工与劳动生产率:一个全球化视角的研究[J].世界经济(11):25—52.

[135] 唐杰英,2015.要素价格扭曲对出口的影响——来自中国制造业的实证分析[J].世界经济研究(6):92—101,129.

[136] 唐为,王媛,2015.行政区划调整与人口城市化:来自撤县设区的经验证据[J].经济研究(9):72—85.

[137] 田巍,余淼杰,2014.中间品贸易自由化和企业研发:基于中国数据的经验分析[J].世界经济(6):90—112.

[138] 佟家栋,刘竹青,2014.地理集聚与企业的出口抉择:基于外资融资依赖角度的研究[J].世界经济(7):67—85.

[139] 万道侠,胡彬,2018.产业集聚、金融发展与企业的"创新惰性"[J].产业经济研究(1):28—38.

[140] 汪伟,刘玉飞,彭冬冬,2015.人口老龄化的产业结构升级效应研究[J].中国工业经济(11):47—61.

[141] 王海晨,方大春,2016.产业结构高级化、人力资本与经济增长——基于省际动态面板数据 GMM 分析[J].广西财经学院学报(3):11—16.

[142] 王静文,王明雁,2019.我国劳动力集聚红利:区际异质性与区间辨识[J].云南财经大学学报(6):22—36.

[143] 王昆,李兆千,2018.全球视野下中国劳动力成本优势的弱化与应对[J].西部论坛(2):91—105.

[144] 王明益,2016.要素价格扭曲会阻碍出口产品质量升级吗——基于中国的经验证据[J].国际贸易问题(8):28—39.

[145] 王明益,戚建梅,2017.我国出口产品质量升级:基于劳动力价格扭曲的视角[J].经济学动态(1):77—91.

[146] 王宁,史晋川,2015.中国要素价格扭曲程度的测度[J].数量经济技术经济研究(9):149—161.

[147] 王奇珍,朱英明,朱淑文,2016.技术创新对出口增长二元边际的影响——基于微观企业的实证分析[J].国际贸易问题(4):62—71,82.

[148] 王思文,管新帅,刘雪强,2018.出口、创新与生产率:基于异质性企业的联合决策模型[J].经济评论(5):75－89,105.

[149] 王文珍,李平,2018.要素市场扭曲对企业对外直接投资的影响[J].世界经济研究(9):77－92,136.

[150] 王小洁,郑妍妍,刘鹏程,2017.外资进入与我国工业企业性别工资差距[J].国际商务(对外经济贸易大学学报)(5):90－103.

[151] 王永进,盛丹,2013.地理集聚会促进企业间商业信用吗?[J].管理世界(1):101－114,188.

[152] 王永进,张国峰,2015.人口集聚、沟通外部性与企业自主创新[J].财贸经济(5):132－146.

[153] 王玥,2018.人口集聚会促进产业结构升级吗?——基于中国 285 个城市的实证研究[J].安徽大学学报(哲学社会科学版)(3):133－139.

[154] 王志华,董存田,2012.我国制造业结构与劳动力素质结构吻合度分析——兼论"民工荒"、"技工荒"与大学生就业难问题[J].人口与经济(5):1－7.

[155] 魏金义,祁春节,2015.农业技术进步与要素禀赋的耦合协调度测算[J].中国人口·资源与环境(1):90－96.

[156] 温忠麟.张雷,侯杰泰,等,2004.中介效应检验程序及其应用[J].心理学报(5):614－620.

[157] 文东伟,2019.资源错配、全要素生产率与中国制造业的增长潜力[J].经济学(季刊)(2):617－638.

[158] 文东伟,冼国明,2014.中国制造业的空间集聚与出口:基于企业层面的研究[J].管理世界(10):57－74.

[159] 吴飞飞,邱斌,2015.产品创新、生产率与企业出口决策[J].软科学(11):11－15.

[160] 吴晓怡,邵军,2016.经济集聚与制造业工资不平等:基于历史工具变量的研究[J].世界经济(4):120－144.

[161] 吴艳芳,王明益,2018.我国出口产品质量升级:基于中间品价格扭曲的

视角[J].南开经济研究(1):124—139.

[162] 武晓霞,金素,2015.人力资本异质性和知识外溢对产业结构升级的影响研究——基于省级和区域面板数据的空间计量[J].南京审计学院学报(5):45—55.

[163] 夏广涛,胡汪音,2018.中国企业"出口—生产率悖论"的新解读——基于企业寻租与创新的双重选择[J].技术经济(3):44—51,138.

[164] 冼国明,徐清,2013.劳动力市场扭曲是促进还是抑制了FDI的流入[J].世界经济(9):25—48.

[165] 谢燮,杨开忠,2016.交通成本、劳动力流动与区域经济差异[M].长春:吉林出版集团股份有限公司.

[166] 许家云,毛其淋,胡鞍钢,2017.中间品进口与企业出口产品质量升级:基于中国证据的研究[J].世界经济(3):52—75.

[167] 许明,邓敏,2016.产品质量与中国出口企业加成率——来自中国制造业企业的证据[J].国际贸易问题(10):26—37.

[168] 许明,李逸飞,2018.中国出口低加成率之谜:竞争效应还是选择效应[J].世界经济(8):77—102.

[169] 许学军,2008.人力资本偏向性技术进步与人力资本投资[J].中国经济问题(2):50—55.

[170] 闫志俊,于津平,2019.出口企业的空间集聚如何影响出口国内附加值[J].世界经济(5):74—98.

[171] 杨帆,徐长生,2009.中国工业行业市场扭曲程度的测定[J].中国工业经济(9):56—66.

[172] 杨飞,2013.劳动禀赋结构与技能偏向性技术进步——基于技术前沿国家的分析[J].经济评论(4):5—12.

[173] 杨仁发,2013.产业集聚与地区工资差距——基于我国269个城市的实证研究[J].管理世界(8):41—52.

[174] 杨阳,程惠芳,李凯,2016.人力资本、创新与高技术产品出口竞争力分析[J].统计与决策(13):98—102.

[175] 姚惠泽,张梅,2018.要素市场扭曲、对外直接投资与中国企业技术创新[J].产业经济研究(6):22—35.

[176] 姚先国,2007.中国劳动力市场演化与政府行为[J].公共管理学报(3):13—21,121—122.

[177] 姚相如,马荣康,刘凤朝,2016.出口深广度是否影响了出口企业的创新能力?[J].科学学与科学技术管理,37(6):55—65.

[178] 叶林,简新华,2014.技术创新对中国高技术企业出口的影响[J].经济与管理研究(6):93—102.

[179] 叶宁华,包群,邵敏,2014.空间集聚、市场拥挤与中国出口企业的过度扩张[J].管理世界(1):58—72.

[180] 易靖韬,2009.企业异质性、市场进入成本、技术溢出效应与出口参与决定[J].经济研究(9):106—115.

[181] 易靖韬,蒙双,2016.异质性企业出口、技术创新与生产率动态效应研究[J].财贸经济(12):85—99.

[182] 印梅,陈昭锋,2016.人口年龄结构、人力资本与出口技术复杂度[J].当代经济管理(12):40—45.

[183] 于洪霞,龚六堂,陈玉宇,2011.出口固定成本融资约束与企业出口行为[J].经济研究(4):55—67.

[184] 于江宁,李承政,朱启贵,2017.中国工业生产率波动对资源配置的影响[J].系统管理学报(3):401—408.

[185] 于良春,王雨佳,2016.产业政策、资源再配置与全要素生产率增长——以中国汽车产业为例[J].广东社会科学(5):5—16.

[186] 余东华,2006.中国垄断性行业的市场化改革研究[J].经济研究参考(16):17—30.

[187] 余东华,孙婷,张鑫宇,2018.要素价格扭曲如何影响制造业国际竞争力[J].中国工业经济(2):63—81.

[188] 余凡,许伟,王平田,2016.人力资本质量、技能溢价与企业全要素生产率——基于中国企业—员工匹配调查(CEES)的实证分析[J].中南财

经政法大学学报(4):104—111.

[189] 余运江,高向东,2017.市场潜能与流动人口工资差异:基于异质性视角的分析[J].世界经济(12):98—118.

[190] 袁航,朱承亮,2018.国家高新区推动了中国产业结构转型升级吗[J].中国工业经济(8):60—77.

[191] 曾繁清,叶德珠,2017.金融体系与产业结构的耦合协调度分析——基于新结构经济学视角[J].经济评论(3):134—147.

[192] 曾淑桂.要素市场扭曲对企业增加值贸易的影响研究[D].南昌:江西财经大学,2018.

[193] 张杰,刘元春,郑文平,2013.为什么出口会抑制中国企业增加值率?——基于政府行为的考察[J].管理世界(6):12—27,187.

[194] 张杰,郑文平,束兰根,2013.融资约束如何影响中国企业出口的二元边际?[J].世界经济文汇(4):59—80.

[195] 张杰,郑文平,翟福昕,2014.中国出口产品质量得到提升了么?经济研究(10):46—59.

[196] 张杰,周晓艳,李勇,2011.要素市场扭曲抑制了中国企业R&D?[J].经济研究(8):78—91.

[197] 张杰,周晓艳,郑文平,等,2011.要素市场扭曲是否激发了中国企业出口[J].世界经济(8):134—160.

[198] 张军涛,黎晓峰,2019.中国的城镇化与资源配置效率——基于生产率分布视角的分析[J].经济问题探索(5):1—12.

[199] 张龙,葛晶,2015.人力资本、行业特征与行业收入差距——基于中国家庭追踪调查数据的研究[J].山西财经大学学报(11):65—76.

[200] 张胜满,张继栋,杨筱姝,2015.要素价格扭曲如何影响了企业出口[J].现代财经(天津财经大学学报)(6):15—27.

[201] 张同斌,李金凯,高铁梅,2016.技术差距变动、研发资源驱动与技术进步效应[J].中国人口·资源与环境(1):131—139.

[202] 张相伟,陆云航,2014.商品贸易结构变动对劳动收入份额的影响[J].

数量经济技术经济研究(1):59-76.

[203] 张晓晶,李成,李育,2018.扭曲、赶超与可持续增长——对政府与市场关系的重新审视[J].经济研究(1):4-20.

[204] 赵曼,王玺玮,2017.农村公共教育支出与地区经济增长——基于劳动力流动视角的分析[J].中国人口科学(5):29-39,126.

[205] 赵瑞丽,尹翔硕,孙楚仁,2019.大城市的低加成率之谜:集聚效应和竞争效应[J].世界经济(4):149-173.

[206] 赵耀辉,徐建国,2001.我国城镇养老保险体制改革中的激励机制问题[J].经济学(季刊)(1):193-206.

[207] 郑腾飞,赵玉奇,2019.要素市场扭曲、交通基础设施改善与企业出口[J].南方经济(4):23-40.

[208] 郑小碧,2019.贸易中介空间集聚如何提升出口边际:沟通外溢性视角[J].世界经济研究(9):46-66,135.

[209] 郑展鹏,王洋东,2017.国际技术溢出、人力资本与出口技术复杂度[J].经济学家(1):97-104.

[210] 周茂,李雨浓,姚星,等,2019.人力资本扩张与中国城市制造业出口升级:来自高校扩招的证据[J].管理世界(5):64-77,198-199.

[211] 朱希伟,金祥荣,罗德明,2005.国内市场分割与中国的出口贸易扩张[J].经济研究(12):68-76.

[212] 诸竹君,2018.中国出口企业加成率决定因素及动态演进:从低加成率陷阱向优质优价升级[D].杭州:浙江大学.

[213] 诸竹君,黄先海,宋学印,2016.中国企业对外直接投资促进了加成率提升吗?[J].数量经济技术经济研究(6):77-93.

[214] 诸竹君,黄先海,宋学印,等,2017.劳动力成本上升、倒逼式创新与中国企业加成率动态[J].世界经济(8):53-77.

[215] 诸竹君,黄先海,王煌,2017.产品创新提升了出口企业加成率吗[J].国际贸易问题(7):17-26.

[216] 诸竹君,黄先海,余骁,2018a.金融业开放与中国制造业竞争力提升

[J].数量经济技术经济研究(3):114—131.

[217] 诸竹君,黄先海,余骁,2018b.进口中间品质量、自主创新与企业出口国内增加值率[J].中国工业经济(8):116—134.

[218] 诸竹君,黄先海,余骁,2019.出口模式与企业加成率效应研究:基于中国企业层面数据的理论与实证[J].世界经济研究(1):105—120,137.

[219] 祝树金,钟腾龙,李仁宇,2018.中间品贸易自由化与多产品出口企业的产品加成率[J].中国工业经济(1):41—59.

[220] Acemoglu D,2002. Technical change,inequality,and the labor market [J]. Journal of Economic Literature,40(1):7—72.

[221] Acemoglu D, Gancia G A, 2012. Offshoring and directed technical change[Z]. CEPR Discussion Papers, DP9247.

[222] Acemoglu D, Zilibotti F, 2001. Productivity differences [J]. Quarterly Journal of Economics, 116(2):563—606.

[223] Acemoglu D, Zilibotti F, Aghion P, 2006. Distance to frontier, selection,and economic growth[J]. Journal of the European Economic Association, 4(1):37—74.

[224] Addario S D, Patacchini E,2008. Wages and the city: Evidence from Italy [J]. Labour Economics, 15(5):1040—1061.

[225] Aghion P, Blundell R, Griffith R, et al.,2009. The effects of entry on incumbent innovation and productivity [J]. The Review of Economics and Statistics, 91(1):20—32.

[226] Aghion P, Bergeaud A, Lequien M, et al.,2018. The impact of exports on innovation:Theory and evidence[Z]. National Bureau of Economic Research.

[227] Aghion P, Howitt P, 1998. Endogenous Growth Theory [M]. Cambridge:MIT Press.

[228] Allen R C,2001. The rise and decline of the Soviet economy[J]. Canadian Journal of Economics,34(4):859—881.

［229］Altomonte C，Nicolini M，Pellegrino D，2013. The impact of Chinese imports on Italian firms' price-cost margins：An empirical assessment ［Z］. Working Paper.

［230］Amiti M，Freund C，2010. The anatomy of China's export growth ［M］// China's Growing Role in World Trade. Chicago：University of Chicago Press：35－56.

［231］Ang J B，Madsen J B，Islam M R，2011. The effects of human capital composition on technological convergence ［J］. Journal of Macroeconomics，33(3)：465－476.

［232］Antoniades A，2015. Heterogeneous firms，quality，and trade［J］. Journal of International Economics，95(2)：263－273.

［233］Arnott R，2007. Congestion tolling with agglomeration externalities ［J］. Journal of Urban Economics，62(2)：187－203.

［234］Arnott R，Kraus M，1998. When are anonymous congestion charges consistent with marginal cost pricing？［J］. Journal of Public Economics，67(1)：45－64.

［235］Atkeson A，Burstein A，2008. Pricing-to-market，trade costs，and international relative prices［J］. The American Economic Review，98 (5)：1998－2031.

［236］Atkinson B A，Stiglitz E J A，1969. New view of technological change ［J］. The Economic Journal，79(315)：573－578.

［237］Bacolod M，Blum B S，Strange W C，2009. Skills in the city［J］. Journal of Urban Economics，65(2)：136－153.

［238］Bain J S，1951. Relation of profit rate to industry concentration： American manufacturing，1936－1940 ［J］. Quarterly Journal of Economics，65(3)：293－324.

［239］Baldwin R E，Okubo T，2005. Heterogeneous firms，agglomeration and economic geography：Spatial selection and sorting［Z］. CEPR

Discussion Papers, 6(3): 323346.

[240] Becker S O, Egger P H, 2013. Endogenous product versus process innovation and a firm's propensity to export [J]. Empirical Economics, 44(1): 329—354.

[241] Bellone F, Musso P, Nesta L, et al., 2016. International trade and firm-level markups when location and quality matter[J]. Journal of Economic Geography, 16(1): 67—91.

[242] Bernard A B, Jensen J B, 1999. Exceptional exporter performance: Cause, effect, or both? [J]. Journal of International Economics, 47(1): 1—25.

[243] Bils M, Klenow P J, 2000. Does schooling cause growth? [J]. The American Economic Review, 90(5): 1160—1183.

[244] Blalock G, Gertler P J, 2004. Learning from exporting revisited in a less developed setting[J]. Journal of Development Economics, 75(2): 397—416.

[245] Bloom N, Draca M, Reenen J V, 2011. Trade induced technical change? The impact of Chinese imports on innovation, IT and productivity[Z]. NBER Working Paper, 8622: 1—13.

[246] Blomström M, Sjöholm F, 1999. Technology transfer and spillovers: Does local participation with multinationals matter? [J]. European Economic Review, 43(4): 915—923.

[247] Boldrin M, Levine D K, 2004. Rent-seeking and innovation [J]. Journal of Monetary Economics, 51(1): 127—160.

[248] Booth A L, Frank J, 1999. Earnings, productivity, and performance-related pay[J]. Journal of Labor Economics, 17(3): 447—463.

[249] Brandt L, Tombe T, Zhu X. 2013. Factor market distortions across time, space and sectors in China[J]. Review of Economic Dynamics, 16(1): 39—58.

[250] Brandt L, Van Biesebroeck J, Zhang Y,2012. Creative accounting or creative destruction? Firm-level productivity growth in Chinese manufacturing [J]. Journal of Development Economics, 97(2): 339－351.

[251] Broersma L, Oosterhaven J,2009. Regional labor productivity in the Netherlands: Evidence of agglomeration and congestion effects[J]. Journal of Regional Science, 49(3): 483－511.

[252] Bugamelli M, Fabiani S, Sette E,2010. The pro-competitive effect of imports from China: An analysis of firm-level price data[J]. Temi di Discussione, 31(1): 78－93.

[253] Caldera A,2010. Innovation and exporting: Evidence from Spanish manufacturing firms [J]. Review of World Economics,146(4): 657－689.

[254] Camacho A, Conover E, 2010. Misallocation and productivity in Colombia's manufacturing industries [Z]. IDB Working Paper, No. 34.

[255] Carlino G A, 2001. Knowledge spillovers: Cities' role in the new economy[J]. Business Review,7(4): 17－26.

[256] Cerina F, Mureddu F, 2012. Agglomeration and growth with endogenous expenditures shares[J]. Journal of Regional Science, 52(2): 324－360.

[257] Chanaron J J, Perrin J,1987. The transfer of research,development and design to developing countries: Analysis and proposals [J]. Futures: The Journal of Policy, Planning and Futures Studies, 19(5): 503－512.

[258] Charlot S, Duranton G,2004. Communication externalities in cities [J]. Journal of Urban Economics, 56(3): 581－613.

[259] Chu A C, Cozzi G,2014. Effects of economic development in China on

skill-biased technical change in the US [J]. Review of Economic Dynamics, 18(2): 227—242.

[260] Ciccone A, Hall R E,1996. Productivity and the density of economic activity[J]. American Economic Review, 86(1): 54—70.

[261] Ciccone A, Peri G, 2010. Identifying human-capital externalities: Theory with applications[J]. Review of Economic Studies, 73(2): 381—412.

[262] Cockburn I M, Henderson R M,1998. Absorptive capacity, coauthoring behavior, and the organization of research in drug discovery[J]. The Journal of Industrial Economics, 46(2): 157—182.

[263] Combes P, Duranton G, Gobillon L, et al., 2012. The productivity advantages of large cities: Distinguishing agglomeration from firm selection[J]. Econometrica, 80(6): 2543—2594.

[264] Connolly R A, Hirsch B T, Hirschey M,1986. Union rent seeking, intangible capital, and market value of the firm[J]. The Review of Economics and Statistics, 68(4): 567—577.

[265] Cosar K, Guner N, Tybout J,2016. Firm dynamics, job turnover, and wage distributions in an open economy[J]. American Economic Review, 106(3): 625—663.

[266] Costantini J A, Melitz M J, 2008. The dynamics of firm level adjustment to trade liberalization [M]// Helpman E, Marin D, Verdier T. The Organization of Firms in a Global Economy. Cambridge: Harvard University Press: 104—117.

[267] Costinot A, 2009. On the origins of comparative advantage [J]. Journal of International Economics,7(2): 255—264.

[268] Costinot A, Oldenski L, Rauch J E, 2009. Adaptation and the boundary of multinational firms[Z]. CCES Discussion Paper, 93(1): 298—308.

[269] De Loecker J, Goldberg P K, Khandelwal A K, et al., 2016. Prices, markups, and trade reform[J]. Econometrica, 84(2): 445−510.

[270] De Loecker J, Warzynski F, 2012. Markups and firm-level export status[J]. American Economic Review, 102(6):2437−2471.

[271] De Palma A, Proost S, 2006. Imperfect competition and congestion in the city[J]. Journal of Urban Economics, 60(2): 185−209.

[272] Defever F, Riaño A, 2012. China's pure exporter subsidies[Z]. CEP Discussion Paper, NO. 1182.

[273] Dew-Becker, Bond I, 2014. Pricing with a time-varying price of risk in an estimated medium-scale Bayesian DSGE Model [J]. Journal of Money, Credit and Banking, 46(5):837−888.

[274] Domowitz I, Hubbard R G, Petersen B C, 1986. Business cycles and the relationship between concentration and price-cost margins[J]. The RAND Journal of Economics, 17(1): 1−17.

[275] Domowitz I, Hubbard R G, Petersen B C, 1988. Market structure and cyclical fluctuations in U. S. manufacturing[J]. Review of Economics and Statistics, 70(1): 55−66.

[276] Duranton G, Puga D, 2004. Micro-foundations of urban agglomeration economies [M]//Henderson J V, Thisse J F. Handbook of Rigional and Urban Ecomonics. Amsterdam: North Holland-Elsevier:2063−2117.

[277] Eckel C, Neary J P, 2010. Multi-product firms and flexible manufacturing in the global economy[J]. The Review of Economic Studies,77(1): 188−217.

[278] Edmond C, Midrigan V, Xu D Y, 2015. Competition, markups, and the gains from international trade[J]. American Economic Review, 105(10): 3183−3221.

[279] Eichengreen B, Irwin D A, 1998. The role of history in bilateral trade

flows[M]// Frankel J. The Regionalization of the World Economy. Chicago: University of Chicago Press: 33—62.

[280] Ericson R, Pakes A, 1995. Markov-perfect industry dynamics: A framework for empirical work[J]. Review of Economic Studies, 62 (1): 53—82.

[281] Fagerberg J, 1994. Technology and international differences in growth rates[J]. Journal of Economic Literature, 32(3): 1147—1175.

[282] Fajgelbaum P, Grossman G M, Helpman E, 2011. Income distribution, product quality, and international trade[J]. Journal of Political Economy, 119(4):721—765.

[283] Fan W, Ma Y, 2012. Estimating the external returns to education: Evidence from China [Z]. Working Paper.

[284] Färe R, Grosskopf S, Lindgren B, et al. , 1992. Productivity changes in Swedish pharamacies 1980—1989: A non-parametric malmquist approach international applications of productivity and efficiency analysis[J]. Springer Netherlands, 3(1-2): 85—101.

[285] Fernandes A M, 2008. Firm productivity in Bangladesh manufacturing industries[J]. World Development, 36(10): 1725—1744.

[286] Foster L, Haltiwanger J, Krizan C J, 2006. Market selection, reallocation, and restructuring in the U. S. retail trade sector in the 1990s[J]. Review of Economics & Statistics, 88(4): 748—758.

[287] Freund C, Hong C, Wei S J, 2011. China's trade response to exchange rate [C]. The 68th International Atlantic Economic Conference.

[288] Fu S, 2007. Smart Café' Cities: Testing human capital externalities in the Boston metropolitan area[J]. Journal of Urban Economics, 61 (1): 86—111.

[289] Fu S, Ross S L, 2013. Wage premia in employment clusters: How

important is worker heterogeneity? [J]. Journal of Labor Economics, 31(2): 271—304.

[290] Fujita M, Thisse J F, 2002. Economics of Agglomeration: Cities, Industrial Location, and Regional Growth [M]. New York: Cambridge University Press.

[291] Fujiwara I, Hirose Y, Shintani M, 2011. Can news be a major source of aggregate fluctuations? A Bayesian DSGE approach[J]. Journal of Money, Credit and Banking, 43(1):1—29.

[292] Gervais A, 2015. Product quality and firm heterogeneity in international trade[J]. Canadian Journal of Economics, 48(3): 1152—1174.

[293] Glaeser E L, Kallal H D, Scheinkman J A, 1992. Growth in cities [J]. Journal of Political Economy, 100(6): 1126—1152.

[294] Glaeser E L, Mare D C, 2001. Cities and skills[J]. Journal of Labor Economics, 19(2): 316—342.

[295] Gould E D, 2007. Cities, workers, and wages: A structural analysis of the urban wage premium[J]. Review of Economic Studies, 74(2): 477—506.

[296] Greenaway D, Kneller R, 2007. Industry differences in the effect of export market entry: Learning by exporting? [J]. Review of World Economics, 143(3): 416—432.

[297] Griliches Z, Regev H, 1995. Firm productivity in Israeli industry 1979—1988 [J]. Journal of Econometrics, 65(1): 175—203.

[298] Hall R E, 1988. The relation between price and marginal cost in U. S. industry [J]. Journal of Political Economy, 96(5):921—947.

[299] Hallak J C, Schott P K, 2011. Estimating cross-country differences in product quality[J]. The Quarterly Journal of Economics, 126(1): 417—474.

[300] Hallak J C, Sivadasan J, 2013. Product and process productivity:

Implications for quality choice and conditional exporter premia[J].
Journal of International Economics, 91(1): 53—67.

[301] Hallak J C, 2006. Product quality and the direction of trade[J].
Journal of International Economics, 68(1): 238—265.

[302] Halpern L, Koren M, Szeidl A, 2015. Import input and productivity
[J]. American Economic Review, 105(12):3660—3703.

[303] Hamilton J, Thisse J F, Zenou Y, 2000. Wage competition with
heterogeneous workers and firms[J]. Journal of Labor Economics, 18
(3): 453—472.

[304] Hanson G H, Xiang C, 2004. The home-market effect and bilateral
trade patterns[J]. American Economic Review, 94(4): 1108—1129.

[305] Harris T F, Loannides Y M, 2000. Productivity and metropolitan
density[Z]. Discussion Papers.

[306] Henderson V, 1997. Medium size cities[J]. Regional Science and
Urban Economics, 27(6): 583—612.

[307] Heuermann D F. Job matching efficiency in skilled regions: Evidence
on the microeconomic foundations of human capital externalities[Z].
IAAEG Discussion Papers until 2011, Institute of Labour Law and
Industrial Relations in the European Union (IAAEU).

[308] Hopenhayn H A, 1992. Entry, exit, and firm dynamics in long run
equilibrium[J]. Econometrica, 60(5): 1127—1150.

[309] Hottman C J, Monarch R, 2017. Reassessing Markups, Competition,
and Welfare with Supplier Trade Data for the U. S. [C]. EL Paso:
Federal Reserve System Committee on International Economic
Analysis.

[310] Hsieh C T, Klenow P J, 2009. Misallocation and manufacturing TFP
in China and India [J]. The Quarterly Journal of Economics,124(4):
1403—1448.

[311] Hummels D, Klenow P J, 2005. The variety and quality of a nation's exports[J]. The American Economic Review, 95(3): 704—723.

[312] Hummels D, Skiba A, 2004. Shipping the good apples out? An empirical confirmation of the Alchian-Allen conjecture[J]. Journal of Political Economy, 112(6): 1384—1402.

[313] Jacobs J, 1969. The Economy of Cities[M]. New York: Vintage Books.

[314] Jovanovic B, 1982. Selection and the evolution of industry[J]. Econometrica, 50(3): 649—670.

[315] Ju J, Lin J Y, Wang Y, 2015. Endowment structures, industrial dynamics, and economic growth[J]. Journal of Monetary Economics, 76(C): 244—263.

[316] Kasahara H, Rodrigue J, 2008. Does the use of imported intermediates increase productivity? Plant-level evidence[J]. Journal of Development Economics, 87(1): 106—118.

[317] Kee H L, Tang H, 2016. Domestic value added in exports: Theory and firm evidence from China[J]. American Economic Review, 106(6): 1402—1436.

[318] Khandelwal A, 2010. The long and short (of) quality ladders[J]. The Review of Economic Studies, 77(4): 1450—1476.

[319] Khandelwal A K, Schott P K, Wei S J, 2013. Trade liberalization and embedded institutional reform: Evidence from Chinese exporters[J]. The American Economic Review, 103(6): 2169—2195.

[320] Khanna T, Rivkin J W, 2001. Estimating the performance effects of business groups in emerging markets[J]. Strategic Management Journal, 22(1): 45—74.

[321] Kim W C, Mauborgne R, 1997. Value innovation: The strategic logic of high growth[J]. Harvard Business Review, 75(1): 103—112.

[322] Klette T J,1999. Market power, scale economies and productivity: Estimates from a panel of establishment data[J]. Journal of Industrial Economics, 47(4):451—476.

[323] Krautheim S,2007. Gravity and information: Heterogeneous firms, exporter networks and the "Distance Puzzle"[Z]. Working Paper.

[324] Krüger J J,2008. Productivity and structural change: A Review of the Literature[J]. Journal of Economic Surveys, 22(2): 330—363.

[325] Krugman P R, 1986. Pricing to market when the exchange rate changes[Z]. NBER Working Paper, No. 1926.

[326] Lachenmaier S, Wonessmann L, 2006. Does innovation cause exports? Evidence from exogenous innovation impulses and obstacles using German micro data[J]. Oxford Economic Papers, 58(2): 317—350.

[327] Lamorgese A R, Linarello A, Warzynski F, 2015. Free trade agreements and firm-product markups in Chilean manufacturing[Z]. Economics Working Papers, School of Economics and Management, University of Aarhus.

[328] Lazear E P,2000. Performance pay and productivity[J]. American Economic Review, 90(5): 1346—1361.

[329] Levinsohn J, Petrin A,2003. Estimating production functions using inputs to control for unobservables[J]. Review of Economic Studies, 70(2): 317—341.

[330] Liu Z, 2007. The external returns to education: Evidence from Chinese cities[J]. Journal of Urban Economics, 61(3): 542—564.

[331] Lu D, 2010. Exceptional exporter performance: Evidence from Chinese manufacturing firms[Z]. Mimeo: University of Chicago, Job Market Paper.

[332] Lu Y, Yu L, 2015. Trade liberalization and markup dispersion:

Evidence from China's WTO accession [J]. American Economic Journal: Applied Economics, 7(4): 221—253.

[333] Ma A C, 2006. Export spillovers to Chinese firms: Evidence from provincial data [J]. Journal of Chinese Economic and Business Studies, 4(2): 127—149.

[334] Manova K, 2013. Credit constraints, heterogeneous firms, and international trade[J]. Review of Economic Studies, 80(2): 711—744.

[335] Manova K, Zhang Z, 2012. Export prices across firms and destinations[J]. The Quarterly Journal of Economics, 127(1): 379—436.

[336] Manuelli R E, Seshadri A, 2014. Human capital and the wealth of nations[J]. The American Economic Review, 104(9): 2736—2762.

[337] Marshall A, 1920. Principles of economics: An introductory volume [J]. Social Science Electronic Publishing, 67(1742): 457.

[338] Martin P, Mayer T, Mayneris F, 2011. Spatial concentration and plant-level productivity in France[J]. Journal of Urban Economics, 69(2): 182—195.

[339] Martin S, 2001. Industrial Organization: A European Perspective [M]. Oxford: Oxford University Press.

[340] Matano A, Naticchioni P, 2012. Wage distribution and the spatial sorting of workers [J]. Journal of Economic Geography, 12(2): 379—408.

[341] Maurseth P B, Verspagen B, 2002. Knowledge spillovers in Europe: A patent citations analysis[J]. Scandinavian Journal of Economics, 104(4): 531—545.

[342] Mayer T M, Melitz J, Ottaviano G I P, 2014. Market size, competition, and the product mix of exporters [J]. American Economic Review, 104(2): 495—536.

[343] Melitz M J, 2003. The impact of trade on intra-industry reallocations

and aggregate industry productivity[J]. Econometrica, 71(6):1695—1725.

[344] Melitz M J, Ottaviano G I P, 2008. Market size, trade, and productivity[J]. Review of Economic Studies, 75(1): 295—316.

[345] Moretti E, 2004. Workers' education, spillovers, and productivity: Evidence from plant-level production functions[J]. The American Economic Review, 94(3): 656—690.

[346] Murphy K M, Shleifer A, 1997. Quality and trade[J]. Journal of Development Economics, 53(1): 1—15.

[347] Ngai L R, Pissarides C A, 2007. Structural change in a multisector model of growth[J]. American Economic Review, 97(1): 429—443.

[348] Noria G L, 2013. The effect of trade liberalization on manufacturing price cost margins: The case of Mexico, 1994—2003[J]. Working Papers, 128(15): 25—36.

[349] North D C, 1991. Institutions[J]. Journal of Economic Perspectives, 5(1): 97—112.

[350] Obstfeld M, Rogoff K, 1995. Exchange rate dynamics redux[J]. Journal of Political Economy, 103(3): 624—660.

[351] Ottaviano G I P, 2011. "New" new economic geography: Firm heterogeneity and agglomeration economies[J]. Journal of Economic Geography, 11(2): 231—240.

[352] Peters M, 2013. Heterogeneous mark-ups, growth and endogenous misallocation[Z]. Working Paper.

[353] Rauch J, 1993. Productivity gains from geographic concentration of human capital: Evidence from the cities[J]. Journal of Urban Economics, 34(3): 380—400.

[354] Rizov M, Oskam A, Walsh P, 2012. Is there a limit to agglomeration? Evidence from productivity of Dutch firms[J].

Regional Science and Urban Economics，42(4)：595－606.

[355] Rodrik D，2006. What's so special about China's exports[J]. China & World Economy，14(5)：1－19.

[356] Roeger W，1995. Can imperfect competition explain the difference between primal and dual productivity measures? Estimates for U. S. manufacturing[J]. Journal of Political Economy，103(2)：316－330.

[357] Romer P M，1986. Increasing returns and long-run growth [J]. Journal of Political Economy，94(5)：1002－1037.

[358] Rosenthal S S，Strange W C，2012. Female entrepreneurship，agglomeration，and a new spatial mismatch [J]. Review of Economics & Statistics，94(3)：764－788.

[359] Ruane F，Sutherland J，2005. Export performance and destination characteristics of Irish manufacturing industry[J]. Review of World Economics，141(3)：442－459.

[360] Rudd J B，2000. Empirical evidence on human capital spillovers[Z]. FEDS Discussion Series，2000-46.

[361] Schott P K，2004. Across-product versus within-product specialization in international trade[J]. The Quarterly Journal of Economics，119 (2)：647－678.

[362] Schott P K，2008. The relative sophistication of Chinese exports[J]. Economic Policy，23(53)：6－49.

[363] Schumpeter J A，1934. The Theory of Economic Development：An Inquiry into Profits，Capital，Credit，Interest，and the Business Cycle [M]. Cambridge：Harvard University.

[364] Shannon C E，1948. A mathematical theory of communication[J]. ACM SIGMOBILE Mobile Computing & Communications Review，27 (3)：379－423.

[365] Skoorka B M，2000. Measuring market distortion：International

comparisons, policy and competitiveness[J]. Applied Economics, 32 (3): 253—264.

[366] Smets F, Wouters R, 2004. Forecasting with a Bayesian DSGE Model: An application to the EURO area[J]. Journal of Common Market Studies, 42(4):841—867.

[367] Südekum J,2006. Human capital externalities and growth of high and low skilled jobs [Z]. IZA Discussion Paper, No. 1969.

[368] Trofimenko N,2008. Learning by exporting: Does it matter where one learns? Evidence from Colombian manufacturing firms [J]. Economic Development and Cultural Change, 56(4): 871—894.

[369] Van Biesebroeck J,2005. Exporting raises productivity in sub-Saharan African manufacturing firms[J]. Journal of International Economics, 67(2): 373—391.

[370] Vandenbussche J, Aghion P, Meghir C,2006. Growth, distance to frontier and composition of human capital[J]. Journal of Economic Growth, 11(2): 97—127.

[371] Vernon R,1966. International investment and international trade in the product cycle [J]. Quarterly Journal of Economics, 41(5): 335—350.

[372] Wheeler C H,2006. Cities and the growth of wages among young workers: Evidence from the NLSY[J]. Journal of Urban Economics, 60(2): 162—184.

[373] Xu B, Lu J,2009. Foreign direct investment, Processing trade and the sophistication of China's exports[J]. China Economic Review,20 (3): 425—439.

[374] Yang C H, Chen Y H,2012. R&D, productivity, and exports: Plant-level evidence from Indonesia[J]. Economic Modelling, 29(2): 208—216.

[375] Yang Y, Mallick S, 2010. Export premium, self-selection and learning-by-exporting: Evidence from Chinese matched firms[J]. The World Economy, 33(10): 1218—1240.

[376] Yankow J J, 2006. Why do cities pay more? An empirical examination of some competing theories of the urban wage premium[J]. Journal of Urban Economics, 60(2): 139—161.

[377] Young A, 2000. The razor's edge: Distortions and incremental reform in the People's Republic of China [J]. The Quarterly Journal of Economics, 115(4): 1091—1135.

[378] Yu M, 2015. Processing trade, tariff reductions and firm productivity: Evidence from Chinese firms [J]. The Economic Journal, 125(585): 943—988.

附　录

一、企业边际成本函数的推导

由企业生产函数(4-3)式可知,企业最优生产行为可以描述为

$$\max: x = AK^{1-\alpha-\beta}L^{\alpha}\left(\sum m_i^{(\sigma-1)/\sigma}\right)^{\beta/(\sigma-1)}$$

$$\text{s. t.} \qquad wl + rk + \sum p_i^m m_i = C$$

得到企业生产中资本、劳动力、中间品投入量分别为

$$L = \frac{\alpha C}{w}, K = \frac{(1-\alpha-\beta)C}{r}, m_i = \frac{\beta C(p_i^m)^{-\sigma}}{\sum (p_i^m)^{1-\sigma}}$$

企业生产函数可表示为

$$x = \frac{AC}{\Phi(w,r,p_i^m)}$$

从而可得企业边际成本函数为

$$\frac{\partial x}{\partial C} = \frac{x}{C} = \frac{A}{\Phi(w,r,p_i^m)}$$

二、市场均衡下进入门槛推导

由封闭经济下企业自由进出条件(4-8)式可知

$$(p^{\max})^{k_A+2} = \frac{2\lambda f_E k_A (k_A+1)(k_A+2)(k_q-k_A)[\Phi(w,r,p_i^m)]^{k_A}}{\underline{A}^{k_A}\underline{q}^{k_A}M}$$

从而可求出均衡条件下市场进入门槛(4-9)式。

由开放经济下企业自由进出条件(4-12)式可知

$$(p_H^{\max})^{k_A+2} + \tau_{HF}^{-k_A}(p_F^{\max})^{k_\varphi+2}$$

$$= \frac{2\lambda f_E k_A(k_A+1)(k_A+2)(k_q-k_A)[\Phi(w,r,p_i^m)]^{k_A}}{\underline{A}^{k_A}\underline{q}^{k_A}M}$$

$$(p_F^{\max})^{k_\varphi+2} + \tau_{FH}^{-k_A}(p_H^{\max})^{k_\varphi+2}$$

$$= \frac{2\lambda f_E k_A(k_A+1)(k_A+2)(k_q-k_A)[\Phi(w,r,p_i^m)]^{k_A}}{\underline{A}^{k_A}\underline{q}^{k_A}M}$$

从而可求出均衡条件下市场进入门槛(4-13)式。

由引入劳动力价格负向扭曲下企业自由进出条件(4-16)可知

$$(p_H^{\max})^{k_A+2} + \tau^{-k_A}(p_F^{\max})^{k_\varphi+2}$$

$$= \frac{2\lambda f_E k_A(k_A+1)(k_A+2)(k_q-k_A)[\Phi(w,r,p_i^m)]^{k_A}\theta^{k_A(\gamma+\mu\beta)}}{\underline{A}^{k_A}\underline{q}^{k_A}M}$$

$$(p_F^{\max})^{k_\varphi+2} + \tau^{-k_A}(p_H^{\max})^{k_\varphi+2}$$

$$= \frac{2\lambda f_E k_A(k_A+1)(k_A+2)(k_q-k_A)[\Phi(w,r,p_i^m)]^{k_A}}{\underline{A}^{k_A}\underline{q}^{k_A}M}$$

从而可求出均衡条件下市场进入门槛(4-17)式。

由引入劳动力集聚下企业自由进出条件(4-23)可知

$$(p_H^{\max})^{k_A+2} + \tau^{-k_A}(p_F^{\max})^{k_\varphi+2}$$

$$= \frac{2\lambda f_E k_A(k_A+1)(k_A+2)(k_q-k_A)[\Phi(w,r,p_i^m)]^{k_A}}{M_H(\vartheta(\bar{L}))(f(\vartheta(\bar{L}))\underline{A_0})^{k_A}\underline{q}^{k_A}}$$

$$(p_F^{\max})^{k_\varphi+2} + \tau^{-k_A}(p_H^{\max})^{k_\varphi+2}$$

$$= \frac{2\lambda f_E k_A(k_A+1)(k_A+2)(k_q-k_A)[\Phi(w,r,p_i^m)]^{k_A}}{M_F(f(\vartheta(\bar{L}))\underline{A_0})^{k_A}\underline{q}^{k_A}}$$

从而可求出均衡条件下市场进入门槛(4-24)式。

三、出口企业加成率表达式推导

由(4-11)式可知,企业出口至国外以及内销产品的加成率与产量分别为:

$$\mu_{HH}(q,A) = \frac{1}{2} + \frac{qAp_H^{\max}}{2\Phi}, \mu_{HF}(q,A) = \frac{1}{2} + \frac{qAp_F^{\max}}{2\tau_{HF}\Phi},$$

$$x_{HH}(A) = \frac{M_H}{2\lambda q}\left(p_H^{\max} - \frac{\Phi}{qA}\right), x_{HF}(A) = \frac{M_F}{2\lambda q}\left(p_F^{\max} - \tau_{HF}\frac{\Phi}{qA}\right)$$

从而可知

$$\mu_H(q,A) = \frac{\mu_{HH}(q,A)x_{HH}(q,A) + \mu_{HF}(q,A)x_{HF}(q,A)}{x_{HH}(q,A) + x_{HF}(q,A)}$$

$$= \frac{qA}{2\Phi} \frac{\tau_{HF}p_H^{\max}(qAp_H^{\max} - \Phi) + p_F^{\max}(qAp_F^{\max} - \tau_{HF}\Phi)}{\tau_{HF}(qAp_H^{\max} - \Phi) + \tau_{HF}(qAp_F^{\max} - \tau_{HF}\Phi)} + \frac{1}{2}$$

在引入劳动力价格负向扭曲情况下,企业出口至国外以及内销产品的加成率与产量分别为:

$$\mu_{HH}(q,A) = \frac{1}{2} + \frac{qAp_H^{\max}}{2\theta^{\gamma+\mu\beta}\Phi}, \mu_{HF}(q,A) = \frac{1}{2} + \frac{qAp_F^{\max}}{2\tau\theta^{\gamma+\mu\beta}\Phi},$$

$$x_{HH}(A) = \frac{M_H}{2\lambda q}\left(p_H^{\max} - \frac{\theta^{\gamma+\mu\beta}\Phi}{qA}\right), x_{HF}(A) = \frac{M_F}{2\lambda q}\left(p_F^{\max} - \tau\frac{\theta^{\gamma+\mu\beta}\Phi}{qA}\right)$$

从而求出(4-18)式。

在引入劳动力集聚情况下,企业出口至国外以及内销产品的加成率与产量分别为:

$$\mu_{HH}(q,A) = \frac{1}{2} + \frac{qA_0 f(\theta(\bar{L}))p_H^{\max}}{2\Phi},$$

$$\mu_{HF}(q,A) = \frac{1}{2} + \frac{qA_0 f(\theta(\bar{L}))p_F^{\max}}{2\tau\Phi},$$

$$x_{HH}(A) = \frac{M_H(\vartheta(\bar{L}))}{2\lambda q}\left(p_H^{\max} - \frac{\Phi}{qA_0 f(\theta(\bar{L}))}\right),$$

$$x_{HF}(A) = \frac{M_F}{2\lambda q}\left(p_F^{\max} - \tau\frac{\Phi}{qA_0 f(\theta(\bar{L}))}\right)$$

从而求出(4-25)式。

在引入人力资本—产业结构匹配程度与质量的情况下,企业出口至国外以及内销产品的加成率与产量分别为:

$$\mu_{HH}(q,A) = \frac{1}{2} + \frac{q\eta\kappa Ap_H^{\max}}{2\Phi(w)}, \mu_{HF}(q,A) = \frac{1}{2} + \frac{q\eta\kappa Ap_F^{\max}}{2\tau\Phi(w)},$$

$$x_{HH}(A) = \frac{M_H}{2\lambda q}\left(p_H^{\max} - \frac{\Phi(w)}{q\eta\kappa A}\right), x_{HF}(A) = \frac{M_F}{2\lambda q}\left(p_F^{\max} - \tau\frac{\Phi(w)}{qA\eta\kappa A}\right)$$

从而求出(4-28)式。

四、影响机制分析

在劳动力价格扭曲对出口企业加成率影响机制上，由（4-18）式可知

$$\frac{\partial \ln(2\mu_H - 1)}{\partial \theta}$$

$$= \frac{\partial \ln B_1}{\partial \theta} + \frac{\dfrac{\partial \ln B_1}{B_1 \partial \theta} + \dfrac{\partial B_2}{\tau \partial \theta}\left(B_2 - \dfrac{\tau}{B_1}\right) + \dfrac{B_2}{\tau}\left(\dfrac{\partial B_2}{\partial \theta} + \dfrac{\tau \partial \ln B_1}{B_1 \partial \theta}\right)}{\left(1 - \dfrac{1}{B_1}\right) + \dfrac{B_2}{\tau}\left(B_2 - \dfrac{\tau}{B_1}\right)}$$

$$- \frac{\dfrac{\partial \ln B_1}{B_1 \partial \theta} + \left(\dfrac{\partial B_2}{\partial \theta} + \dfrac{\tau \partial \ln B_1}{B_1 \partial \theta}\right)}{\left(1 - \dfrac{1}{B_1}\right) + \left(B_2 - \dfrac{\tau}{B_1}\right)}$$

$$= \frac{\partial \ln B_1}{\partial \theta} + \frac{\left[\dfrac{\partial \ln B_1}{B_1 \partial \theta} + \dfrac{\partial B_2}{\tau \partial \theta}\left(B_2 - \dfrac{\tau}{B_1}\right) + \left(\dfrac{B_2}{\tau} - 1\right)\left(\dfrac{\partial B_2}{\partial \theta} + \dfrac{\tau \partial \ln B_1}{B_1 \partial \theta}\right)\right]\left[\left(1 - \dfrac{1}{B_1}\right) + \left(B_2 - \dfrac{\tau}{B_1}\right)\right]}{\left[\left(1 - \dfrac{1}{B_1}\right) + \dfrac{B_2}{\tau}\left(B_2 - \dfrac{\tau}{B_1}\right)\right]\left[\left(1 - \dfrac{1}{B_1}\right) + \left(B_2 - \dfrac{\tau}{B_1}\right)\right]}$$

$$= \frac{\partial \ln B_1}{\partial \theta} + \frac{\dfrac{\partial \ln B_1}{B_1 \partial \theta}\left(B_2 - \dfrac{\tau}{B_1}\right)\left(1 - \dfrac{B_2}{\tau}\right) + \dfrac{\partial B_2}{\tau \partial \theta}\left(B_2 - \dfrac{\tau}{B_1}\right)\left[\left(1 - \dfrac{1}{B_1}\right) + \left(B_2 - \dfrac{\tau}{B_1}\right)\right] + \left(\dfrac{\partial B_2}{\partial \theta} + \dfrac{\tau \partial \ln B_1}{B_1 \partial \theta}\right)\left(1 - \dfrac{1}{B_1}\right)\left(\dfrac{B_2}{\tau} - 1\right)}{\left[\left(1 - \dfrac{1}{B_1}\right) + \dfrac{B_2}{\tau}\left(B_2 - \dfrac{\tau}{B_1}\right)\right]\left[\left(1 - \dfrac{1}{B_1}\right) + \left(B_2 - \dfrac{\tau}{B_1}\right)\right]}$$

$$= \frac{\partial \ln B_1}{\partial \theta} + \frac{-\dfrac{\partial \ln B_1}{\tau B_1 \partial \theta}(B_2 - \tau)^2 + \dfrac{\partial B_2}{\partial \theta}\left[\left(\dfrac{2B_2}{\tau} - \dfrac{1}{B_1} - 1\right)\left(1 - \dfrac{1}{B_1}\right) + \left(\dfrac{B_2}{\tau} - \dfrac{1}{B_1}\right)\left(B_2 - \dfrac{\tau}{B_1}\right)\right]}{\left[\left(1 - \dfrac{1}{B_1}\right) + \dfrac{B_2}{\tau}\left(B_2 - \dfrac{\tau}{B_1}\right)\right]\left[\left(1 - \dfrac{1}{B_1}\right) + \left(B_2 - \dfrac{\tau}{B_1}\right)\right]}$$

$$= \frac{\partial \ln B_1}{\partial \theta}\left\{1 - \frac{\left(B_2 - \dfrac{\tau}{B_1}\right)^2}{\left[\left(1 - \dfrac{1}{B_1}\right) + \dfrac{B_2}{\tau}\left(B_2 - \dfrac{\tau}{B_1}\right)\right]\left[\left(1 - \dfrac{1}{B_1}\right) + \left(B_2 - \dfrac{\tau}{B_1}\right)\right]}\right\}$$

$$+ \frac{\dfrac{\partial B_2}{\partial \theta}\left[\left(\dfrac{2B_2}{\tau} - \dfrac{1}{B_1} - 1\right)\left(1 - \dfrac{1}{B_1}\right) + \left(\dfrac{B_2}{\tau} - \dfrac{1}{B_1}\right)\left(B_2 - \dfrac{\tau}{B_1}\right)\right]}{\left[\left(1 - \dfrac{1}{B_1}\right) + \dfrac{B_2}{\tau}\left(B_2 - \dfrac{\tau}{B_1}\right)\right]\left[\left(1 - \dfrac{1}{B_1}\right) + \left(B_2 - \dfrac{\tau}{B_1}\right)\right]}$$

进一步可得（4-19）式。（4-20）式与（4-21）式证明基本一致，因此在此附录中

仅证明（4-20）式。

$$\frac{\partial \ln(1-\Psi_q)}{\partial \theta}$$

$$= 2\frac{\frac{\partial B_2}{\partial \theta}+\frac{\tau \partial \ln B_1}{B_1 \partial \theta}}{B_2-\frac{\tau}{B_1}} - \frac{\frac{\partial \ln B_1}{B_1 \partial \theta}+\frac{\partial B_2}{\tau \partial \theta}\left(2B_2-\frac{\tau}{B_1}\right)+\frac{B_2 \partial \ln B_1}{B_1 \partial \theta}}{\left(1-\frac{1}{B_1}\right)+\frac{B_2}{\tau}\left(B_2-\frac{\tau}{B_1}\right)}$$

$$- \frac{(1+\tau)\frac{\partial \ln B_1}{B_1 \partial \theta}+\frac{\partial B_2}{\partial \theta}}{\left(1-\frac{1}{B_1}\right)+\left(B_2-\frac{\tau}{B_1}\right)}$$

$$= \frac{\frac{\partial B_2}{\partial \theta}+\frac{\tau \partial \ln B_1}{B_1 \partial \theta}}{B_2-\frac{\tau}{B_1}} - \frac{\frac{\partial \ln B_1}{B_1 \partial \theta}+\frac{\partial B_2}{\tau \partial \theta}\left(2B_2-\frac{\tau}{B_1}\right)+\frac{B_2 \partial \ln B_1}{B_1 \partial \theta}}{\left(1-\frac{1}{B_1}\right)+\frac{B_2}{\tau}\left(B_2-\frac{\tau}{B_1}\right)}$$

$$+ \frac{\frac{\partial B_2}{\partial \theta}+\frac{\tau \partial \ln B_1}{B_1 \partial \theta}}{B_2-\frac{\tau}{B_1}} - \frac{(1+\tau)\frac{\partial \ln B_1}{B_1 \partial \theta}+\frac{\partial B_2}{\partial \theta}}{\left(1-\frac{1}{B_1}\right)+\left(B_2-\frac{\tau}{B_1}\right)}$$

$$= \frac{\frac{\partial B_2}{\partial \theta}\left(1-\frac{1}{B_1}-\frac{(B_2-\tau/B_1)^2}{\tau}\right)+\frac{\partial \ln B_1}{B_1 \partial \theta}(\tau-B_2)}{\left(B_2-\frac{\tau}{B_1}\right)\left[\left(1-\frac{1}{B_1}\right)+\frac{B_2}{\tau}\left(B_2-\frac{\tau}{B_1}\right)\right]}$$

$$+ \frac{\left(\frac{\partial B_2}{\partial \theta}+\frac{\tau \partial \ln B_1}{B_1 \partial \theta}\right)\left(1-\frac{1}{B_1}\right)-\left(B_2-\frac{\tau}{B_1}\right)\frac{\partial \ln B_1}{B_1 \partial \theta}}{\left(B_2-\frac{\tau}{B_1}\right)\left[\left(1-\frac{1}{B_1}\right)+\left(B_2-\frac{\tau}{B_1}\right)\right]}$$

$$= \frac{\left(\frac{\partial \ln B_2}{\partial \theta}+\frac{\partial \ln B_1}{\partial \theta}\right)\left[2\left(1-\frac{1}{B_1}\right)+\left(B_2-\frac{\tau}{B_1}\right)\left(1+\frac{B_2}{\tau}\right)\right]+\frac{\partial \ln B_2}{\partial \theta}\left(\frac{(B_2-\tau/B_1)^2}{\tau}\right)\left(1-\frac{1}{B_1}\right)}{\left(B_2-\frac{\tau}{B_1}\right)\left[\left(1-\frac{1}{B_1}\right)+\frac{B_2}{\tau}\left(B_2-\frac{\tau}{B_1}\right)\right]\left[\left(1-\frac{1}{B_1}\right)+\left(B_2-\frac{\tau}{B_1}\right)\right]} < 0$$

进一步可得（4-20）式。

在劳动力价格扭曲对出口企业加成率影响机制上，由（4-25）式可知

$$\ln(2\mu-1) = \ln B_3 + \ln \frac{(1+1/\tau)B_3-2}{2B_3-(1+\tau)}, B_3 \equiv \frac{qA_0 f(\vartheta(\overline{L}))p^{\max}}{\Phi} > \tau$$

由上式可知

$$\frac{\partial \ln B_3}{\partial \vartheta(\overline{L})} = \frac{f(\vartheta(\overline{L}))}{f(\vartheta(\overline{L}))} - \frac{1}{k_A+2} \frac{M(\vartheta(\overline{L}))}{M(\vartheta(\overline{L}))} - \frac{k_A}{k_A+2} \frac{f(\vartheta(\overline{L}))}{f(\vartheta(\overline{L}))}$$

$$\frac{\partial \ln(2\mu-1)}{\partial \ln B_3} = 1 + B_3 \left(\frac{1+1/\tau}{(1+1/\tau)B_3-2} - \frac{2}{2B_3-(1+\tau)} \right)$$

进一步可得(4-26)式。

五、关于多产品企业加成率的推导

在多产品企业刻画上,本书借鉴 Eckel 和 Neary(2010)以及 Mayer 等(2014)的方法,即采用企业边际生产成本阶梯形式进行刻画,企业生产第 n 种产品的边际生产成本为:

$$c(A,w,r,n) = \zeta^{n-1}\Phi/A, \zeta > 1$$

可知企业在利润最大化下各产品的内销和出口价格、产量和利润分别为:

$$p_{ii}(A,n) = \frac{q}{2}\left(p_i^{\max} + \frac{\zeta^{n-1}\Phi}{A}\right), p_{ij}(A,n) = \frac{q}{2}\left(p_j^{\max} + \tau_{ij}\frac{\zeta^{n-1}\Phi}{A}\right)$$

$$x_{ii}(A,n) = \frac{M_i}{2\lambda q}\left(p_i^{\max} - \frac{\zeta^{n-1}\Phi}{A}\right), x_{ij}(A,n) = \frac{M_j}{2\lambda q}\left(p_j^{\max} - \tau_{ij}\frac{\zeta^{n-1}\Phi}{A}\right)$$

$$\pi_{ii}(A,n) = \frac{M_i}{4\lambda}\left(p_i^{\max} - \frac{\zeta^{n-1}\Phi}{A}\right)^2, \pi_{ij}(A,n) = \frac{M_j}{4\lambda}\left(p_j^{\max} - \tau_{ij}\frac{\zeta^{n-1}\Phi}{A}\right)^2$$

由企业自由进出条件可得到

$$p_H^{\max} = \left(\frac{1-\tau_{FH}^{-k_A}}{1-\tau_{HF}^{-k_A}\tau_{FH}^{-k_A}}\right)^{1/(k_A+2)} \left[\frac{2\lambda f_E k_A(k_A+1)(k_A+2)(k_q-k_A)(1-\zeta^{-k_A})\Phi^{k_A}}{\underline{A}^{k_A}\underline{q}^{k_A}M}\right]^{1/(k_A+2)}$$

多产品企业加成率为

$$\mu_H(q,A) = \frac{qAp_H^{\max}}{2\Phi} \frac{\left(p_H^{\max} - Z\frac{\Phi}{qA}\right) + \frac{p_F^{\max}}{\tau_{HF}p_H^{\max}}\left(p_F^{\max} - \tau_{HF}Z\frac{\Phi}{qA}\right)}{\left(p_H^{\max} - Z\frac{\Phi}{qA}\right) + \left(p_F^{\max} - \tau_{HF}Z\frac{\Phi}{qA}\right)} + \frac{1}{2}, Z \equiv \frac{\zeta^n-1}{n(\zeta-1)}$$

从上面分析可看出,在引入多产品之后出口企业加成率与单产品情况基本一致,只是系数上存在一定差异。

后　记

　　一方书桌，四地流转，寒窗苦读，勾勒出成长的轨迹；红色基因，蓝色力量，知行合一，铺垫了奋斗的方向。十八而起，求学于白山黑水之间，徜徉于湖光山色之中，耕耘于京城府院之内，求知之路漫漫，期兴之梦青青。幸逢恩泽，学以勤奋固基、创新为本，习于求是求真、严当表率，也算百尺竿头更进一步，受益匪浅记于心中。回顾过去，取得的些许成绩不仅是我个人努力的成果，更是一路走来与我一道并肩作战的人，给予我无限的关心和帮助、无限的鼓励和支持、无限的体谅和奉献的结果。

　　经师易遇，人师难遇。感谢浙江大学副校长、导师黄先海教授的知遇之恩，黄老师勤勉求是的治学态度、执善向上的处事原则、经世济民的人格魅力是值得我学习的精神标尺。一次次疑惑，黄老师一针见血的观点总让我豁然开朗；一次次讨论，黄老师缜密严谨的逻辑总让我心悦诚服。在本书写作期间，从研究选题、框架设计、观点提炼、论证分析、修改提升到最终定稿，都凝聚了黄老师大量心血和智慧。黄老师教会我的，绝不只是系统的经济理论、科学的研究方法、辩证的逻辑思维，还有不怕事、不躲事、敢担事的能力和修养。无论是我们一起去国家深度贫困县扶贫济困，还是一起为区域经济发展建言献策，无论是他毫无保留地鼓励我参加社会工作，还是想方设法地帮助我解决实际困难，这些温馨难忘的点点滴滴都将成为我人生路上的宝贵记忆。

　　凤凰鸣矣，于彼高冈。梧桐生矣，于彼朝阳。感谢桐学社陈广胜导师的谆谆教诲，求是堂上的唇枪舌剑、人文讲坛上的叩心问道、品茗随谈上的致知求艺，让我深深体悟到"求是、悟道、立己、尽责"八字箴言带来的心灵成长，深刻学习到"读书、写作、兴趣、习惯"这些简单而富有思想的人生哲学，倾心感受到"志于道、据于德、依于仁、游于艺"的精神愉悦。梧桐历来就有高洁美好的品格寓意，能遇到这位才华与智慧并存、英雄与道义并重的导师，是我莫大的荣幸。感谢全国大骨班柏贞尧导师、紫领计划干武东导师对我的支持和点拨，感谢徐李孙、陈启清、何成、田园、李泓磊、史志杰、刘璇等领导和同事对我的帮助与信任，是他们的言传身教，让我从学习中坚定了信仰，在实践中笃定了初心，于奋斗中找到了力量，努力成为一个自己想成为的人。

大学者，非有大楼之谓也，有大师之谓也。浙江大学是一所美好的大学，在于她一流的办学条件，也在于她深厚的人文关怀。感谢金德水、邹晓东、吴朝晖、任少波、宋永华、郑强、胡旭阳、邬小撑、王立忠等校领导的悉心培养，感谢罗卫东、史晋川、姚先国、顾国达、葛赢、陆菁、余林徽、张旭昆、赵伟、金雪军、马述忠、方红生、宋华盛、陆毅、董雪兵、朱希伟、张自斌、叶建亮、何樟勇、胡培战、叶兵等授课老师的无私付出，感谢张荣祥、张子法、陈凯旋、王珏、朱佐想、颜鹏、阮俊华、卢飞霞、吴维东、田慧、王璐莎等思政老师的关心支持，他们用实际行动诠释了浙大人海纳江河的博大胸怀、启真厚德的远大追求、开物前民的创新意识和树我邦国的赤子之心，为我今后求是创新、奋发向上提供了源源不断的精神动力和榜样力量。

独学无友，则孤陋寡闻。感谢黄门杨高举、宋学印、陈航宇、诸竹君、余骁、何秉卓、蒋墨冰、胡馨月、曾旭达、卿陶、刘堃、王毅、王玉莹、邵婧儿、范皓然等师兄弟妹，是他们的关心让我的学术生涯并不孤单。感谢浙江大学博士生会黄博滔、车文、徐建、傅铁铮、应泽春、欧阳、陈铂锟、陆梦恬等兄弟姐妹，是他们的付出让我的校园生活并不单调。感谢张亚飞、廖鹏飞、韩笑、苏洋、王嘉祯、刘敏、孟天兰、王文强、朱煜松、王昆、程斐、彭绍骏等兄弟姐妹，是他们的陪伴让我感受到天涯四处皆兄弟的朋辈情谊。感谢第十一期全国青年马克思主义者培养工程、第十九期浙江省新世纪人才学院、第八期浙江大学紫领人才培养计划、第十三期浙江大学研究生干部讲习所和2018年百人会英才学者中给予我关心和帮助的所有人。

感谢给予我最大精神鼓励和物质保障的家人，我取得的一切成果都是他们无条件支持和默默付出的结果。而立之年，我却仍无法为他们分担一点压力,看到父母日渐双鬓斑白,内心惭愧之至。他们始终是我奋斗的精神支柱,让我相信未来一切都会更好的。感谢一路陪伴我、关心我、理解我、支持我的爱人,她说的缘分,是最神秘的遇见;她说的浪漫,是最简单的温暖;她说的未来,是不早不晚,恰在最好的时代。依稀记得我们相遇相知相许的每一份感动,都像是刚烤出来的面包,柔软、细腻、甜美。因为她的出现,让我知道我不是一个人在战斗,更让我明白理想的背后还有生活。我希望,我们可以一直做彼此的光,相随相伴到永远。感谢刚出生一百天的女儿,每每工作疲惫之余,看到她都能感受到一种独特的温暖,也多了一份责任和牵挂。

浙江大学出版社为本书的顺利出版提供了大力支持,尤其在重要表述、语言润色、内容核校、美编设计等方面提出了许多有益的意见建议,进一步提升了书稿的出版质量。在此,谨向为本书研究、撰写和出版提供指导帮助的所有领导、老师和同志致以最衷心的感谢和诚挚的敬意。写作过程中,本书参考和借鉴了大量研究信息资料,这里一并向原作者表示感谢。受本人学术视野、研究水平限制,书中定有纰漏和错谬之处,对一些问题的研究阐释还有不足,恳请有关领域专家学者和读者给予批评指正。

王 煌

2023 年 1 月